中青年法律科学文库

我国刑事强制措施体系化新论

New Study on
the Systematization of
Criminal Coercive Measures in China

程 光·著

http://press.hust.edu.cn
中国·武汉

图书在版编目（CIP）数据

我国刑事强制措施体系化新论/程光著. —武汉：华中科技大学出版社，2024.3
 ISBN 978-7-5772-0514-4

Ⅰ.①我… Ⅱ.①程… Ⅲ.①刑事诉讼-强制执行-研究-中国 Ⅳ.①D925.218.34

中国国家版本馆 CIP 数据核字（2024）第 020929 号

我国刑事强制措施体系化新论
Woguo Xingshi Qiangzhi Cuoshi Tixihua Xinlun

程 光 著

策划编辑：郭善珊	
责任编辑：郭善珊　张婧旻	
封面设计：傅瑞学	
责任校对：刘小雨	
责任监印：朱　玢	
出版发行：华中科技大学出版社（中国·武汉）	电话：(027) 81321913
武汉市东湖新技术开发区华工科技园	邮编：430223
录　　排：华中科技大学出版社美编室	
印　　刷：武汉市洪林印务有限公司	
开　　本：710mm×1000mm　1/16	
印　　张：20.75	
字　　数：260 千字	
版　　次：2024 年 3 月第 1 版第 1 次印刷	
定　　价：79.00 元	

本书若有印装质量问题，请向出版社营销中心调换
全国免费服务热线：400-6679-118　竭诚为您服务
版权所有　侵权必究

序　　言

　　刑事强制措施是刑事诉讼制度核心内容之一。一般而言，刑事强制措施是刑事诉讼程序展开的起点，其既关涉国家安全，又关乎公民的人身自由、财产和人格权等基本权利。因此，刑事强制措施确立及其适用的正当性，在立法、司法和理论研究中的地位毋庸置疑。第一，在刑事诉讼法学理论体系中，该制度多作为一个独立的研究模块而存在，同时又与公民基本权利理论有着跨学科的紧密关联。第二，在刑事诉讼司法实践中，公安、司法机关在办理每一起刑事案件时几乎都会用到各种刑事强制措施（包括我国法律语境下的侦查措施），相关措施的适用在我国刑事诉讼程序运行过程中从未缺席。第三，在刑事强制措施制度的基本功能上，刑事强制措施关系到公安、司法机关能否准确、及时地打击刑事犯罪，也事关涉案自然人与单位的基本权益能否免受不当干预或损害。我国《民法典》的颁行，确立了公民人身自由、财产和人格权利的基本样态和保护路径，标志着我国社会治理模式从权力主导向权利保护转型，治理范式从国家政策治理走向法律治理。而刑事强制措施的适用是对公民（被告人、被害人等）的人身自由、财产和人格权等基本权利最直接且严厉的决定，其必然要求公安、司法机关对每一个刑事案件的办理应当理性而坚定，对任何一种刑事强制措施的适用必须审慎而克制。因此，刑事强制措施的研究具有理论价值和现实意义。

本书作者程光同志以刑事强制措施为选题完成了博士论文，并于2022年7月顺利通过了答辩。

近年来，作者对其博士论文进行了全面修改，内容和形式均有所完善。本书结合我国《刑事诉讼法》及相关司法解释对我国刑事强制措施体系作出了规范考察。同时，作者对域外国家或地区的刑事强制措施理论和立法进行了批判性吸收和借鉴。在研究方法上，作者以体系化研究方法为主，辅之以规范研究、比较研究、实证研究等其他研究方法，从内外两个维度着手对我国刑事强制措施体系的构建进行探讨，形成了层次分明、内容全面的我国刑事强制措施新体系。从论证思路和写作风格上看，作者十分注重全书篇章结构的合理安排，整体论证逻辑较为清晰，基本能够做到全书前后对应，论证依据较为扎实，文字风格朴实无华，具有较强的可读性。从写作效果来看，本书与我国《刑事诉讼法》及司法解释的联系较为紧密，紧扣我国刑事强制措施司法实践，从理论层面阐述了一些新的观点和想法，使我国刑事强制措施研究的理论成果更为丰富，也从立法层面对我国未来刑事强制措施体系的修法路径作出了讨论，颇具实践价值。需要指出的是，刑事强制措施体系化建设是我国《刑事诉讼法》及司法解释亟须讨论的问题，但是在我国现阶段建立司法审查机制、确立刑事强制措施证明标准等尚有难度。同时，虽然作者对书中部分问题作出了实证分析，但是全书从整体上看实证数据仍旧偏少，理论探讨居多而实践观察不足，期待作者在未来的司法实践中能够对此问题继续进行深入观察并提出新的观点，形成新的成果。

山水虽远，行则可至；事业虽难，干当能成。程光同志工作在基层司法一线，对司法实践有着一定程度的了解和认识，能够及时捕捉到司法实践中值得研究探讨的新问题。在走出校园进入法院工作之后，依然能够不忘初心，开展学术研究，尽力发表论文、撰写书稿。这一点殊为不易，望其能够坚持下去。

作为程光同志的导师，为其能够扎根实践、深研理论并取得了一些成果而感到欣慰。希望程光同志能够始终如一，在坚守以个案推进实现社会公平正义的同时，能够达成自己的学术理想。

是为序。

于珞珈山天马斋

2024 年春

前　言

"进入新时代以来，整个哲学社会科学好像突然发现了'体系'的意义，大量以体系之名的修饰词组，包括后置词组（法治体系、法律体系等）和前置词组（体系思维、体系解释等），如雨后春笋般涌现。特别是在习近平总书记提出加快中国特色哲学社会科学三大体系（学科体系、学术体系和话语体系）建设的任务后，包括法学在内的整个哲学社会科学研究仿佛顷刻间燃起对'体系'的兴致，出现了众多值得研究的'体系'语用。"① 在此法学研究的背景下，不少部门法研究者都从"体系"出发对所属学科的相关问题进行了有益探讨。刑事强制措施体系化构想的提出和这种研究热潮分不开。

具体来说，我国刑事强制措施体系化研究源发于一个疑问：我国刑事强制措施体系是如何构成的？从目前规范来看，这个问题似乎很容易回答。即根据《中华人民共和国刑事诉讼法》（以下简称《刑事诉讼法》）的规定，我国刑事强制措施体系由拘传、拘留、取保候审、监视居住和逮捕这五种措施构成。但是，综观域外其他部分国家或地区的立法，考虑到刑事强制措施的理

---

① 陈金钊：《体系语用的法思考》，载《东方法学》2021年第1期，第90页。

论观点，结合我国社会发展、司法改革等实际情况，笔者不禁产生了以下疑惑。第一，刑事强制措施是否仅限于目前立法中的五种？在立法上和实践中，存在不少和这五种措施本质相同、功能相同、目的相同乃至于适用频率可能更高的措施，它们是否也应当被纳入这个体系中予以规制？第二，如果这些措施应当纳入我国刑事强制措施体系的话，那么需要继续思考纳入了这些措施后是否意味着我国刑事强制措施体系得到了完满构建。换言之，刑事强制措施基本类型的扩大是否就是刑事强制措施体系化的全部意涵？刑事强制措施体系化是否还包括其他维度的内容？基于此，"我国刑事强制措施体系化"这一研究主题应运而生。对此研究主题，学界已经进行了一些探讨。但是，观诸刑事强制措施体系化之旧论，其或忽略刑事强制措施体系与公民权利法律规范之间的关系，或仅关注刑事强制措施类型的扩大，或仅试图建构刑事强制措施司法审查机制而缺少对证明要件的讨论，或体系的各组成部分之间缺少逻辑关联，考虑全面、逻辑清晰、层次分明的刑事强制措施体系较为少见。有鉴于此，笔者尝试从新的角度探讨如何对我国刑事强制措施制度作体系化完善。从研究思路上说，刑事强制措施的本质是本研究的出发点，根据由本质反映出的刑事强制措施体系化要素，延伸出对刑事强制措施体系化思路的探讨。即在从原则到规则的法律体系化模式的指导之下，从内在要素和外在要素出发分别延伸出内在维度体系化和外在维度体系化两个方面的内容，最终形成由刑事强制措施体系运行之基本原则引导的、由内外两个维度的内容组成的新的刑事强制措施体系，从而为我国未来的修法活动提供参考，也为理论研究提供新的范式。

一、我国刑事强制措施体系化研究的必要性

(一) 我国刑事强制措施体系化研究的理论必要性

第一,刑事强制措施的本质有待厘清,从而进一步发挥刑事强制措施体系对我国公民基本权利的保障作用。从刑事强制措施的内涵来说,虽然大多数研究成果都倾向于将刑事强制措施界定为干涉公民基本权利之处分行为,但是实际上大部分成果对何谓我国公民在刑事强制措施语境中享有的基本权利、刑事强制措施会干涉我国公民哪些基本权利以及这些基本权利是否在我国基本法上具有规范基础等问题均较缺乏跨部门法的探讨。这不利于从理论层面理解我国法中的刑事强制措施的本质内涵。一直以来,实务界习惯站在功能主义视角看待法律制度,反映到立法上体现为我国立法活动更多从制度功能出发来框定法律制度的外延。以刑事强制措施制度为例,在实践中公安司法机关长期通过控制人身的强制方式实现打击犯罪之刑事诉讼目的,故刑事诉讼立法便长期坚持仅以人身自由权为出发点构建我国刑事强制措施体系,而忽视刑事强制措施全面干预公民基本权的属性,致使部分干涉公民基本权利的措施游离于刑事强制措施体系之外,并另外构成了侦查行为体系。对此,学界虽多有批评但理论基础尚欠扎实,且立法仍未改善,故需予以澄清。

第二,借助宪法基本权利与民法民事权利的基本理论和法律规定,完善以往学界提出的"刑事强制措施系基本权干预手段"之论断。目前,"刑事强制措施系基本权干预手段"这一论断基本为学界所接受。但是,由于大部分研究者在论述这一问题时多仅从刑事诉讼法学理论和刑事强制措施制度着眼进行展开,因而缺

少跨学科的多元考察。有鉴于此,笔者认为需要结合宪法以及民法规定与理论学说,对刑事强制措施干涉基本权的内涵、对象、限度等问题进行解析,厘清刑事强制措施干涉基本权的观点在《中华人民共和国宪法》(以下简称《宪法》)与《中华人民共和国民法典》(以下简称《民法典》)之规范框架下究竟应当如何理解,并以此作为扩大我国刑事强制措施类型的本土法律依据。换言之,目前的刑事强制措施体系研究缺少《宪法》及《民法典》与刑事诉讼制度之间的互动。当前,《宪法》与刑事诉讼制度之间的互动已逐渐被不少研究者所关注,从刑事强制措施制度的视角对该问题进行解析,有助于我们在部门法领域中加深对《宪法》基本权利条款的理解。此外,尤其值得关注的是《民法典》对我国刑事诉讼制度的影响。① 如何在刑事诉讼制度中对《民法典》作出回应,是刑事强制措施制度研究应当作出的理论贡献。

第三,结合当下我国刑事司法体制改革的时代背景对刑事强制措施制度进行观察与优化,满足我国刑事司法体制改革的精神和要求。近年来,我国刑事司法体制改革大步向前发展,取得了一系列突破与成绩。刑事强制措施制度作为整个刑事司法体制中的关键一环,如何在这一时代背景下对其作出优化亟须思考。从目前研究成果来看,不少研究者虽然都对我国刑事强制措施制度的完善作出了分析。但是,这些分析多建立在比较法层面,以比较法为主要研究内容。例如,有论者从比较法角度对令状制度进行了细致探讨,试图从中提炼出适合我国刑事强制措施制度借鉴

---

① 参见华炫宁:《对标民法典精神,将全面保障人权贯穿刑事诉讼中——专访中国刑事诉讼法学研究会会长卞建林》,载《人民检察》2020年第15期,第23页。

的立法思路。① 然而，对近年来我国开展的刑事司法体制改革对刑事强制措施制度产生的影响，学界目前关注不多。因此，如何结合我国刑事司法体制改革对刑事强制措施制度进行观察是一个值得思考的理论命题。

第四，加强对刑事强制措施证明标准的研究，助益于未来可能进行的刑事强制措施司法审查机制的构建。目前，学界对刑事强制措施司法审查机制的构建给予了高度关注。但是，需要注意这些研究往往仅将重点放在了公安机关侦查权制约、检察机关批捕机制、人民法院审判权定位等基本问题上，认为只要建立了逮捕等刑事强制措施的司法审查机制就能够对侦查权形成有效限制，而忽视了对作为司法审查之实质内容的刑事强制措施证明标准的考察。通过观察现有研究成果，不难发现学界对于刑事强制措施司法实践中争论较大的证明标准问题关注较少，多数成果只是对该问题进行了初步探讨而没有提出体系化立法方案。这就可能导致司法审查机制的探索性建立陷入有名无实的尴尬境地。② 例如，有论者以搜查为例指出："我国内地学者在论证刑事诉讼法的搜查程序时，只关注'搜查令'的批准主体而忽视对相当理由等证明标准的考量，似乎搜查证批准权由法院行使就解决了'任意搜查'的问题，公民免于非法搜查的权利就能得到保障，但是其实搜查批准权无论属于哪一个机关，即使是属于法官，如果没有相应证明标准的支撑则也将仅具有形式的外壳而无实质意义故而缺少正当性，因此对搜查申请的实质性约束不是令状而是搜查理由和证

---

① 参见项焱，张烁：《英国法治的基石——令状制度》，载《法学评论》2004年第1期，第118页。

② 参见林感：《我国侦查程序中强制措施证明标准的研究——以美国法为参考》，中国政法大学2017年硕士学位论文。

明标准。"① 可见，在研究思路上我们需要将司法审查机制和证明标准作一体化考察而不可偏废。在有限的关于刑事强制措施证明标准的研究成果中，学界以往一般将研究重点放在了最引人关注的逮捕上面。针对《刑事诉讼法》和司法解释的规定，有论者提出将逮捕的证明标准区分为两种，即针对刑法可捕罪的证明标准为合理相信，针对刑法一般犯罪的证明标准为优势证明。② 除了逮捕之外，对于现行法上其他四种刑事强制措施，以及尚未被纳入刑事强制措施体系但具有刑事强制措施本质的侦查措施而言，厘定其证明标准都是必要的，进而为人民法院事后审查刑事强制措施的适用是否具有适当性提供评价依据。③ 例如，有研究者提出除逮捕之外还要明确查封、扣押、冻结等财产性刑事强制措施的证据标准，通过增设必要的门槛来防止随意启动搜查、查封、扣押，规范搜查、查封、扣押的实施程序。④

（二）我国刑事强制措施体系化研究的实践必要性

一方面，从立法实践来说，《刑事诉讼法》中相关章节修法工作的开展需要有理论研究的基础。在立法上，《刑事诉讼法》至今仍将刑事强制措施的种类限定为五种干预公民人身自由权的措施。从目前研究来看，不少研究者都对取保候审、逮捕、查封、技术侦查等单个措施存在的问题进行了梳理。这种研究视角能够对某

---

① 参见刘金友，郭华：《搜查理由及其证明标准比较研究》，载《法学论坛》2004年第4期，第16-17页。
② 参见胡之芳，郑国强：《论逮捕证明标准》，载《湖南科技大学学报（社会科学版）》2012年第3期，第88页。
③ 参见侯晓焱：《论我国搜查证明标准的完善》，载《国家检察官学院学报》2006年第1期，第116页。
④ 参见林偶之：《功利主义视角下的刑事强制措施》，载吴钰鸿主编：《西南法律评论》，法律出版社2019年版，第191页。

一种刑事强制措施作出考量,但是难以对整个刑事强制措施制度作出观察。同时,不少研究者主张将刑事强制措施种类作扩大化处理。在参考域外立法的背景下,提出我国未来立法至少要把干涉公民财产权和隐私权的措施纳入刑事强制措施体系。例如,有论者指出我国刑事强制措施只包括对公民人身自由权产生限制的五种国家行为,并未涵括侵害公民财产权和隐私权的扣押、搜查等行为,这体现出了刑事强制措施体系的不完整性故而需要调适。① 这种修法路径被很多学者所关注,并将之视为刑事强制措施体系化的主要意涵,具有理论创新性。② 但是,这些研究成果提出的体系化构想基本被限定在类型扩大化层面,将刑事强制措施体系化的命题近乎等同于刑事强制措施类型的扩大化,鲜有研究者从体系化视角全面考察刑事强制措施制度。

笔者认为,从方法论上看类型之体系化只是体系思维中的一个方面,而非体系化研究的全部。因此,这种研究思路不当缩小了体系化研究方法的法理内涵,忽视了刑事强制措施体系化的其他要求。落实到未来可能进行的修法工作中,这种单一化研究思路虽然对刑事强制措施类型的扩大作出了论述,但是缺少对刑事强制措施体系其他要素的探讨,不利于完整的刑事强制措施体系的形成。有鉴于此,有必要在继续展开刑事强制措施基本类型扩大化研究的同时,兼顾权力归属、证明标准、非法证据排除规则等构成刑事强制措施体系的其他要素,从而为修法工作提供更为全面的参考。这要求研究者运用体系化思维,从不同方面、不同角度观察刑事强制措施制度,实现该制度的应有功能。

---

① 参见侯晓焱:《论我国搜查证明标准的完善》,载《国家检察官学院学报》2006年第1期,第115页。

② 参见胡杰:《刑事诉讼对物强制措施研究》,武汉大学出版社2018年版,第33-47页。

从司法实践来说,我国刑事强制措施制度的运行需要来自理论研究的指导。首先,我们需要在审视现有实践难点的基础上对刑事强制措施制度提出体系化构建的新路径。从立法源头来看,我国刑事强制措施制度与苏联刑事诉讼法的规定渊源颇深,延续至今已难以适应现代社会的刑事司法需求,实践中常常遇到侵害公民基本权利的情况,不仅不利于公安司法机关侦破刑事案件,也不利于公民基本权利保障。为了在司法实践中实现刑事强制措施制度的立法目的,并保障公民基本权利不受非法干涉,体系化完善刑事强制措施制度势在必行。其次,通过构建体系化的刑事强制措施制度以实现刑事强制措施之"打击犯罪与保障人权"的双重目的。实践中,刑事强制措施需要发挥打击犯罪的作用。根据司法实践完善刑事强制措施的法定类型能够对此起到帮助。而刑事强制措施在打击犯罪的同时,也需要完成保障人权的目标。对此,探讨刑事强制措施的证明标准以及程序要件可以弥合司法实践的客观需求,最终从两个方面促动刑事强制措施体系的规范运行。最后,如何进一步在实践中规范各类侦查措施的运用,亟须得到刑事强制措施理论研究的回应。如欲解决这一难题,则应重新看待各种侦查手段在刑事强制处分体系中的位置,从理论层面结合目前法律规定予以澄清。例如,有论者指出盘查本身的强制性对公民基本权利构成了实质性威胁,故需对盘查的属性作双重理解,进而更便于对该措施实施法律控制以防止警察滥用权力。[①] 还有论者以当前作为侦查措施的搜查为例指出,我国刑事搜查的相关规定在过去的三十多年中都未曾根据时代发展进行修正和调整,其限制公权力之成效可想而知,对该制度进行整体上的重构不可避免,虽然这并非一朝一夕所能完成的,但我们仍旧应

[①] 参见万毅:《论盘查》,载《法学研究》2006年第2期,第130页。

当根据我国当前的司法体制特点循序渐进地予以修正和完善。① 这种理论定位上的模糊给侦查实践带来了困惑，不仅没有能够保证侦查措施的规范化运行，也没有完全达成保障公民基本权利的制度目标。

概言之，我国目前的刑事强制措施体系属于萨维尼笔下所描述的那种"尚未真正体系化的成果"②。虽然，该体系已经有了较为坚实的研究基础，但是仍旧有必要结合当前立法实践与司法实践进行反思。

二、我国刑事强制措施体系化研究的主要价值

（一）为我国刑事强制措施理论探讨提供新的研究范式

综合现有理论研究成果，作者认为拆分式研究难以全面促成我国刑事强制措施制度的现代化，零散的碎片化研究难免流于隔靴搔痒，各个研究部分之间缺少联系。例如，在刑事强制措施领域设置令状机制已为学界讨论甚久。但是，如果我们连刑事强制措施证明标准都没有厘清，那么即使建立了令状机制恐怕也难以发挥应有效果。再者，有研究者提出扩大我国刑事强制措施法定类型，从而保障公民的财产权、隐私权等基本权利。但是，若仅仅只是在刑事诉讼法领域自说自话地试图通过这种方式保障公民基本权，却不基于"基本权法定原则"去探查清楚我国公民到底有何基本权及其内在要件，则刑事强制措施法定类型扩大化的宪

---

① 参见屈舒阳：《我国刑事有证搜查制度之反思——从苹果"叫板"FBI事件说起》，载《上海政法学院学报（法治论丛）》2017年第1期，第145页。

② 参见杨代雄译：《萨维尼法学方法论讲义与格林笔记》，胡晓静校，法律出版社2014年版，第21页。

法根基不稳,可能难以在全国人大严格的立法程序面前经受住层层审查和论证。此外,不少研究者从比较法视角进行观察后,都对德国等其他国家或地区的刑事强制措施制度十分推崇,认为一旦"设置检查哨"等措施进入我国刑事强制措施体系之中就可避免由警方一家独断的弊端,我国公民的权利保障级别可以得到相应提升。① 然而,由于我国目前并未实施令状制度,故即使我国将侦查措施纳入刑事强制措施体系之中恐怕也难以达到这种效果。

因此,我们需要尝试依托法理学上关于"体系化研究方法"的论述,整合我国刑事强制措施制度。众所周知,体系化思维是一种在法理学上经过了大量探讨并有深厚积淀的研究方法。刑事强制措施的本质在于干预公民基本权,从整体上观察刑事强制措施制度有利于形成系统性成果并推动修法,实现我国刑事强制措施制度的全面法治化,开拓刑事强制措施制度研究的新视阈。可见,对我国刑事强制措施制度进行体系化研究进而形成新的理论范式应属有益。

(二)进一步保障我国公民的各类基本权利

以刑事诉讼法学研究为视阈,从理论基础观之,刑事强制措施属于国家干预公民基本权利的一种公权力行为,是国家公权力对公民基本权利进行限制的一种方式。虽然,刑事强制措施属干预公民基本权的行为,但为社会安定计,国家应当以其强制力打击犯罪进而实现有效管理社会的目标。故而,刑事强制措施的适用需要在制度层面证成其正当性,方可对公民基本权进行限制,而刑事强制措施体系便是检验刑事强制措施之施行是否具有正当

---

① 参见邓子滨:《刑事诉讼原理》,北京大学出版社2019年版,第355页。

性的制度设计。随着我国公民的权利意识不断增强，国家公权力对公民私权利的干预越来越受到公民的重视。刑事强制措施具有"干涉公民基本权"之意涵，所以其自然成为理论界重点关注的内容。

从规范上看，我国《宪法》关于公民基本权利的法律规定即第二章"公民的基本权利和义务"在理论上还有进一步探讨的空间，其中部分内容难以直接为刑事强制措施体系的完善提供支撑。同时，《民法典》已经颁布施行，我国公民享有的权利种类、权利内涵、权利内容均得到了法律的明确规定。在此时代背景下，针对干预我国公民基本权利的刑事强制措施制度进行探讨和修正，就成为保障我国公民基本权利的必行之举。此外，在根据公民基本权利确立了新的刑事强制措施基本类型体系之后，各类刑事强制措施适用标准的设定和审查则成为完善我国刑事强制措施体系的另一个方面的内容。从比较法视角来看，这正是域外其他国家或地区的立法和司法实践中探讨较多的重要内容。在我国实践中，实务部门已经注意到现行法律关于逮捕等刑事强制措施的证明标准较为抽象，故发布了司法解释对部分争议问题进行了解读。例如，最高人民检察院与公安部在2015年颁布施行了《关于逮捕社会危险性条件若干问题的规定（试行）》。该规定从规范上对逮捕社会危险性条件的判断基准进行了阐述，在学界引起了不少讨论。① 除此之外，最高人民检察院还在2016年颁布施行了《人民检察院办理羁押必要性审查案件规定（试行）》。该规定同样旨在厘清涉及羁押问题的刑事强制措施的审查标准。进而言之，既然

---

① 参见洪浩，赵洪方：《我国逮捕审查制度中"社会危险性"认定之程序要件——兼评最高人民检察院和公安部〈关于逮捕社会危险性若干问题的规定（试行）〉第5—9条》，载《政法论丛》2016年第5期，第116-123页。

在理论和规范上已经产生了刑事强制措施证明标准的探讨和规定，那么是否需要由有关机关依据该基准对刑事强制措施的适用进行外部审查以实现他向节制便成为下一步需要面对的问题。对此，大多数研究者都给出了肯定的回答。除此之外，学界讨论已久的司法审查机制也是其中重点关注的命题。这些司法解释的发布以及理论观点的提出，不仅为刑事强制措施体系的完善提供了新素材，还提示我们在未来修订《刑事诉讼法》过程中刑事强制措施体系的完善是一个亟须解决的问题。对这些刑事强制措施配套机制进行探讨和完善，将有助于进一步保障我国公民的各类基本权利。

（三）弥合刑事强制措施实践的客观需求

虽然，刑事强制措施是我国刑事诉讼法学界长期以来关注的热门话题，但是从实践角度观之，该制度的运转仍旧存在不少问题需要理论界给出回答。整体来看，刑事强制措施体系化研究的展开主要可以应对以下两个方面的实践难题。

一方面，改良刑事强制措施的启动要件，为公安司法机关提供适用刑事强制措施的证据标准。实践中，我国刑事强制措施的适用标准抽象而实操性不强。这一点在检察机关批准逮捕的问题上体现得尤其明显。从实践来看，拥有批捕权的检察机关有时会以批捕证据不足而不予批捕，公安机关往往对此会提出异议，双方在交流意见过程中所体现出的证据法学理论问题是值得我们深思的。即逮捕需要在满足何种证据条件的情况下方得使用。有论者指出："《刑事诉讼法》规定了五种具有逮捕社会危险性的具体表现，在个案中是否具有五种情形之一是需要运用证据加以证明的对象，作为逮捕条件之一的社会危险性是否存在应由专门机关承担证明责任，若无充分证据能够证明社会危险性存在则不得采取刑事强制措施,而《刑事诉讼法》对于逮捕环节的社会危险性事实之证明标准是什么尚不明确。"① 有论者也指出:"《刑事诉讼法》对逮捕证明标准没有具体规定,也没有明确逮捕证明标准是限于事实要件的证明标准,还是包含事实要件、刑罚要件、必要性要件三个方面的证明标准。"② 还有论者指出可以尝试以"有相当的理由怀疑"作为逮捕的实质性条件。③ 除了逮捕外,其他刑事强制措施乃至于各类侦查措施也都存在这个问题。尤其,如果我们从立法上将刑事强制措施的种类扩大之后,证明标准的界定难题将更加突出。例如,有论者以扣押为例指出:"我国立法对扣押的证明标准未作规定,导致侦查机关随意扩大扣押范围侵犯公民财产权,这体现出了侦查人员在公正与效率之间偏重于效率、在国家权力和个人权利之间倚重于国家权威的两害相权取其轻的办案思维。"④ 还有论者以搜查为例指出:"由于实践中搜查证的签发不存在任何证明标准需要遵循,因此有的侦查人员坦言现在想要搜查什么场所则一般都能办到,在部分案件中出现过公安机关侦查人员持空白搜查证闯入公民家中的情况,遭到了被搜查主体的强烈反对。"⑤ 可见,刑事强制措施证明标准的设计和运用值得关注。

另一方面,完善刑事强制措施配套机制,进一步促进刑事强

---

① 参见孙远:《刑事诉讼法解释问题研究》,法律出版社 2016 年版,第 218-219 页。
② 参见胡之芳,郑国强:《论逮捕证明标准》,载《湖南科技大学学报(社会科学版)》2012 年第 3 期,第 89 页。
③ 参见刘根菊,杨立新:《逮捕的实质性条件新探》,载《法学》2003 年第 9 期,第 68 页。
④ 参见谭秀云:《刑事扣押的"相当理由"证明标准及其规制路径》,载《证据科学》2018 年第 2 期,第 187 页。
⑤ 参见侯晓焱:《论我国搜查证明标准的完善》,载《国家检察官学院学报》2006 年第 1 期,第 107 页。

制措施制度规范化运行。实践中，刑事强制措施配套机制不完善，产生了公安司法机关不当适用刑事强制措施等弊端。例如，学界提倡已久的司法令状制度一直以来在我国刑事诉讼中未得落实。诚然，这虽然有本土法治环境等因素的影响，但是也需要注意到缺乏司法审查机制会导致刑事强制措施制度运行始终由部分机关所掌控，极易造成权力监督的缺位以及权利保障的缺乏。与此同时，部分实务研究者已经开始提倡由检察机关对包括查封在内的各类侦查行为实施侦查监督，以形成具有我国特色的"令状制度"。① 可见，此类问题在我国刑事强制措施体系的完善过程中十分重要且倍受重视。除此之外，我国立法在非法证据排除规则等方面均有改良空间，进而促进刑事强制措施体系的规范运转。

概言之，刑事强制措施改良不仅是理论上的难点也是实践中的堵点，同时更是关涉我国司法体制改革的关键点。因而，在刑事强制措施的完善路径之中既要充分考虑我国现有法律制度的独特性，又要结合刑事诉讼程序的特点，还要遵循司法改革的精神，以期能够形成新的刑事强制措施体系。

三、我国刑事强制措施体系化研究的基本范畴

（一）刑事强制措施的内涵

"欲分析法律体系必然要分析和解释法律概念，因为对法律概念的理解和解释必然会影响，甚至决定法律体系的构成要素，而法律体系化的基础就是法律的构成要素。"② 因此，本书在开展刑

---

① 参见王传红：《创新检察机关侦查监督工作若干问题研究》，载《人民检察》2018年第21期，第54页。

② 钱大军，马新福：《法律体系的重释——兼对我国既有法律体系理论的初步反思》，载《吉林大学社会科学学报》2007年第2期，第76页。

事强制措施体系化研究时,需要对刑事强制措施的内涵作说明。虽然学界对这一问题基本形成了统一看法,但是考虑到该概念是刑事强制措施体系化的起点以及其与后文的关联,笔者在此对该问题作简要阐述。

第一,通说之主张。我国刑事诉讼法学界通说一般认为:"刑事诉讼中的强制措施是指公安机关、人民检察院与人民法院为了保证刑事诉讼的顺利进行,依法对犯罪嫌疑人、被告人的人身自由进行限制或剥夺的各种强制性方法。"① 对于该主张来说,其定义来自《刑事诉讼法》第一编第六章"强制措施"中的内容,是对该章节内容的重新描述,具有相对合理性。但是,从体系化研究方法的视角来看,这是理论过度靠向法源内容的表现,其仅仅是完成了对法源内容的文义再现而没有兼顾到法律规定中其他与这个概念相关的内容,丧失了理论研究的抽象性进而在整个刑事强制措施体系中滋生了矛盾。因此,"这一界定看起来非常贴切但实际上是不科学的"②。这也是我国目前体系化研究中"以规则或规范为重心之理路和态势"③的体现。从通说观之,我国立法实践及司法实务长期以来习惯从功能主义视角看待刑事强制措施,导致刑事强制措施体系保障公民基本权利的功能尚待进一步释放,

---

① 关于刑事强制措施的内涵,我国刑事诉讼法学科的主流教科书基本持此观点而差别不大。虽然,教科书中观点的产生可能是基于课堂教学的需求,不一定是教科书作者本人的观点。但是,这一广泛通行的概念表述的确在理论上和实务中影响重大。参见陈光中主编:《刑事诉讼法》,北京大学出版社、高等教育出版社 2013 年版,第 219 页;樊崇义主编:《刑事诉讼法》,法律出版社 2009 年版,第 144 页。

② 瓮怡洁:《我国刑事搜查、扣押制度的改革与完善》,载《国家检察官学院学报》2004 年第 5 期,第 62 页。

③ 参见马斌:《作为制度体系的法:成因、主题及启示》,载《西部法学评论》2016 年第 4 期,第 101 页。

而保全证据和控制人身的目的却在不断扩张。诚然,刑事强制措施乃是刑事诉讼中公权力机关保全证据与控制人身的必要手段,在诉讼程序上具备次第进行并帮助完成整个刑事诉讼程序的地位。然而,此类措施限制公民基本权利的特性将其与程序法上之立案、起诉、审判等诉讼行为相互区别,尤其应在国家权力和公民权利之间保持平衡。质言之,通说似模糊了刑事强制措施的本质,导致理论研究出现认识错位而亟须调整。在此基础上,《刑事诉讼法》的传统立法体例应依照刑事强制措施本质内涵作出实质性调整。① 另外,基于学界通说对刑事强制措施内涵的理解,《刑事诉讼法》以公安司法机关控制人身的实务需求为基准,构建了目前只涉及人身自由权的刑事强制措施体系,其他基本权利类型则游离于该体系之外。相应地,刑事强制措施理论又在概念上直接取用并回应了这种法律规定。在此基础上,为满足侦查机关客观需要并处置在刑事强制措施体系中无处安放的除人身自由权外的其他基本权利,《刑事诉讼法》在刑事强制措施体系之外另起炉灶构建了侦查行为体系,形成了我国刑事强制措施体系与侦查行为体系双轨并行的制度构造。对此,有论者指出刑事诉讼法修改对刑事强制措施的改造难称成功,制度实践暴露出不少问题,尤其在刑事强制措施的概念上,我国立法和理论存在着偏狭地将人身保全措施直接等同于刑事强制措施,而将搜查等证据保全措施排除在刑事强制措施概念外的重大瑕疵,导致后者的手段强制性和权利侵害性被完全忽略。② 这种立法现状与通说对刑事强制措施内涵的理解关系密切。

---

① 参见万毅:《论强制措施概念之修正》,载《清华法学》2012 年第 3 期,第 44-46 页。

② 参见万毅:《论我国刑事强制措施体系的技术改良》,载《中国刑事法杂志》2006 年第 5 期,第 70 页。

第二，意思说之主张。这是指以当事人的意思是否被违反为标准来判断该行为是否属于刑事强制措施。如果违反当事人的意思即属于刑事强制措施，反之则属于任意措施。该说以当事人是否存在配合公权力机关采取相应措施的意愿来判断该措施是否属于刑事强制措施。根据办案经验，犯罪嫌疑人或被告人大多无意配合公安司法机关，而与案件产生牵连关系的其他主体在多数场合也往往以不参与案件进程为第一选择。因此，基本所有旨在调取证据或控制人身的措施在这个思路下都可以被视作刑事强制措施看待，刑事强制措施认定范围较为宽泛。同时，该说存在的另一个特点是将判断某个措施是否属于刑事强制措施的标准交给了当事人。即以案件中当事人的主观意愿作为标准。由此，在该说的指导下，不同案件中的同一种措施可能由于当事人对待该措施的主观意愿存在区别而被赋予不同属性。这是该说在认定刑事强制措施范畴时具有的动态性特点。意思说虽然强调公民意思表示的自主性，形成了形式化外在标准，但是该说没有照顾到刑事强制措施干预公民基本权利的本质，故有待探讨。

第三，有形力说之主张。这是指只有有形的强制手段才属于刑事强制措施的范畴，无形的侦查手段不符合刑事强制措施的本质。例如，王兆鹏教授指出："强制处分以国家公权力为后盾，直接或间接以物理力或胁迫方法，拘束人之意思或自由，使之服从。"① 在我国立法背景下，如果将研究视野扩大到各种侦查行为之中，有论者也提出了类似观点："所谓强制侦查行为是指采用强制性手段，对当事人的重要生活权益造成侵害的侦查行为，任意侦查行为则是指不使用强制措施，不对当事人的生活权益造成侵

---

① 参见王兆鹏：《刑事诉讼讲义》，元照出版有限公司 2006 年版，第 23 页。

害，而由当事人自愿配合的侦查行为。"① 该说试图从外部对刑事强制措施的内涵作出界定，认为有形的强制方法是构成刑事强制措施的前提。换言之，监听等不具有外在强制样态的手段不宜纳入刑事强制措施范畴。单从法律规定来看，这种界定方式与我国历部《刑事诉讼法》关于刑事强制措施的界定存在相似之处。即拘传、拘留、取保候审、监视居住和逮捕皆为从外在形态上看具有明显强制力的措施，因而属于刑事强制措施。对于该观点来说，其与意思说一样都能够形成较为明晰的外在判断基准。但是，该说没有考虑到刑事侦查手段的多样性，尤其是在现代各种无接触式侦查技术迅猛发展的情况下，以有形说为判断基准会使刑事强制措施的范围过窄。

第四，权利侵害说之主张。这是指如果某强制行为涉及对被处分人的隐私权等基本权利的侵犯，则属于刑事强制措施范畴。从比较法视角观察，我国台湾地区的不少学者持此观点。例如，陈运财教授认为："从区别任意处分和强制处分的角度来看，若要对强制处分做一般性的定义，应该以有无侵害个人之实质或者重要的权益作为判断基准。"② 林山田教授认为："强制处分乃是刑事程序中，刑事追诉机关或者审判机关为了探索犯罪事实或保全刑事证据，确保刑事程序的顺利进行，使用限制或者剥夺其基本自由或者权利的强制手段，而针对犯罪嫌疑人或者被告以及其他诉讼关系人所为之强制措施。"③ 林钰雄教授认为："强制处分在公

---

① 参见谢佑平，万毅：《刑事侦查制度原理》，中国人民公安大学出版社2003年版，第226页。

② 参见陈运财：《刑事诉讼与正当法律程序》，台湾元照出版有限公司1998年版，第169页。

③ 参见林山田：《刑事程序法》，台湾五南图书出版有限公司2000年版，第253页。

法上的定位，毫无疑问属于干预人民基本权利之行为。"① 可见，我国台湾地区刑事强制处分概念与政府干预公民权利息息相关，是一种导源于公民基本权的刑事诉讼程序行为，因其在程序法上常表现为对公民基本权的侵犯，故亦具有实体属性，划分任意处分和强制处分的标准不在于实施者是否作出了强制行为，而在于是否侵犯了公民基本权利。同样，德国法对刑事强制措施的界定也与公民基本权利密切相关。基于公民基本权利不得任意侵犯的理念，在刑事诉讼过程中所有可能限制公民基本权的行为都是刑事强制措施。正如德国学者罗科信指出："刑事诉讼法上的强制措施均为对基本权利（即宪法权利）之侵犯。"② 在此基础上，甚至有德国学者进一步指出传统的强制处分用语不能涵盖通讯监察等现代形态的干预行为，刑事诉讼法应该根本放弃"强制处分"的传统用语，改以"刑事诉讼上之基本权干预"替代，如此才能精确描述这种公法行为的特性。③

综合上述内容，根据《刑事诉讼法》立法实际、域外比较法研究成果和相关学说理论，笔者认为权利侵害说是阐释刑事强制措施内涵时的合适观点。该观点关注到了公民基本权利的保障问题，在维护公民基本权方面具有较大的延伸空间，因而得到不少研究者的赞同，符合域外部分国家或地区立法趋势及理论研究对这个问题的看法。④ 从刑事强制措施的行使效果上看，其固然具有

---

① 林钰雄：《刑事诉讼法（上册）》，中国人民大学出版社2005年版，第224页。

② 参见[德]克劳思·罗科信：《刑事诉讼法》，吴丽琪译，法律出版社2003年版，第273页。

③ 参见林钰雄：《刑事诉讼法（上册）》，中国人民大学出版社2005年版，第226页。

④ 参见郭烁：《新刑诉法背景下的强制措施体系》，载《政法论坛》2014年第3期，第59页。

保全证据和控制人身的功能，但其本质应在于公权力于刑事判决生效前对公民基本权利作出的提前限制。在设定刑事强制措施的种类时，"限制或剥夺基本自由或权利"是理解刑事强制措施性质与定位的关键词。① 从比较法视野来看，与我国刑事程序立法联系甚密的苏联刑事诉讼程序立法亦持此观点。② 当然，权利侵害说同样也有自身的缺陷。由于公民基本权利的类型多样，该说如不划定受侵害的基本权利类型，则容易导致刑事强制措施的类型范围过宽。对此，重要权利侵害说对权利侵害说作出了修正。前者在后者的基础上进一步厘定了刑事强制措施的本质属性，指出只有对公民的重要权利造成侵害的措施才是刑事强制措施。这既可以满足国家司法机关打击犯罪的需要，又可以实现对公民基本权利的保护，符合现代法治社会的需要。将被处分人的重要权利即宪法基本权利是否受到侵犯作为区分强制措施和任意措施的界限，这既揭示了刑事强制措施的性质，也合理界定了刑事强制措施的标准和范围。对此，有论者指出对宪法规定的公民基本权利即干预财产权、隐私权的强制处分应属于强制措施。③ 进而言之，基于刑事强制措施基本权干预的本质特性，其应当在适用条件、审查规则、事后救济等方面被给予特殊对待。

（二）刑事强制措施体系化的内涵

根据萨维尼对法律体系化方法的理解，对概念内涵的界定是

---

① 参见邓子滨：《刑事诉讼原理》，北京大学出版社2019年版，第320页。

② 苏联刑事诉讼法曾规定了以下几种强制处分：1. 不远出的具结；2. 人保；3. 社会团体的担保；4. 羁押；5. 担保物；6. 对现役军职人员实行部队指挥部的监督；7. 将未成年人交付看管。参见［苏］蒂里切夫等编著：《苏维埃刑事诉讼》，张仲麟等译，法律出版社1984年版，第193页。

③ 参见李明：《论刑事强制措施法定原则——兼评程序法定原则》，载《中国刑事法杂志》2008年第3期，第56页。

体系化工作的前提。① 因此，如欲探讨刑事强制措施体系化，自然首先需要阐释刑事强制措施体系化的含义、模式和要素，以作为后文论述的基础。

1. 体系化释义

"刑事强制措施体系化"是"刑事强制措施"与"体系化"这两个概念的组合，厘清何谓"体系化"是理解"刑事强制措施体系化"的前提，而如欲厘清何谓"体系化"则首先需要对"体系"一词作出阐释。一般来说，"体系"从词性上看属于名词，指的是若干有关事物或者某些意识互相联系而构成的一个整体，例如有防御体系、工业体系、思想体系等。② "体系"一词从词源角度看可谓源远流长，其在古希腊语源中的词根包括"共同"和"放置"两个部分，因而"体系"一词最初就带有组合、复合、聚集的含义。③ 有论者具体指出："体系一词源于古希腊语，原义为构造、构造物以及组合物。体系有着丰富的内容，由多个要素构成，要素间还要具有统一性、连贯性等，否则就不能被称为体系。作为认知对象的体系不是自然状态的存在，对体系的理解也不是对对象的直观反映。体系是逻辑思维的概念，包含主观思维的成分，少不了逻辑规则的运用。没有逻辑规则的运用不可能有体系思维。体系思维是在要素间实现连贯性或统一性。"④ 黑克认为主要可从

---

① 参见李栋：《萨维尼法学方法论的内容及其展示》，载《法治现代化研究》2020年第1期，第155页。
② 参见中国社会科学院语言研究所词典编辑室编：《现代汉语词典》，商务印书馆2009年版，第1342页。
③ 参见冯威：《法律体系如何可能？——从公理学、价值秩序到原则模式》，载《苏州大学学报（法学版）》2014年第1期，第34页。
④ 陈金钊：《体系语用的法思考》，载《东方法学》2021年第1期，第91页。

三个层面来看待体系:"其一为将思考所得者,利用秩序的概念加以分类排序所构成之秩序上的体系,此为外在体系;其二为与思考过程有关之秩序,此与方法之概念相当;其三为根据研究所得结果间之异同,按存在于其思想中之事务上的关联来构成体系,此为内在体系。故体系在具体情形究竟所指为何,不可一概而论而需要结合内容判断,为说明之目的而谈体系则为外在体系,以内容为基础之体系则为内在体系。"① 可见,"体系"这一用语具有如下特点:体系由多个在特定标准下进行分类后得到的要素构成,内部体现出一致性的特点;体系的形成并非认知对象简单地自然反应,而是经过研究者主观建构后才形成的统一体,其中夹杂了研究者的自我认识,选择性是一个体系的结构要素之一。②

基于此,"体系化"的语词概念逐渐清晰。从联想延展的角度看,"体系"一词如果再加上"性""化"这类字眼,然后再和其他概念进行比较,便能更清楚地理解体系的意蕴。③ 可见,体系和体系化之间的关联颇深,探讨何为体系化有助于我们反过来理解何为体系。从语词使用方法和基本含义上说,"体系化"中的"化"字可以作为名词或形容词的后缀,加在名词或形容词之后构成动词,表示转变成某种性质或状态,例如绿化、电气化、机械化等。④ 因此,"体系化"在语义上是指使某一对象具有体系之属性的方法。可见,"体系化"这一用语具有如下特点:体系化的对

---

① 黄茂荣:《法学方法与现代民法》,法律出版社2007年版,第568-569页。

② 参见陈爱娥:《法体系的意义与功能——借镜德国法学理论而为说明》,载《法治研究》2019年第5期,第55页。

③ 参见陈金钊:《体系语用的法思考》,载《东方法学》2021年第1期,第93页。

④ 参见中国社会科学院语言研究所词典编辑室编:《现代汉语词典》,商务印书馆2009年版,第587页。

象往往不成体系或者尚不成完整体系,因而需要完成整合形成统一;体系化在属性层面一般表现为一种动态的方法,与静态的已经形成的"体系"相比较,"体系化"是使某对象形成体系的动态过程。

随着历史的发展,"体系"和"体系化"这一对在社会科学领域被广泛使用的词语也在法学研究中扎下了根,与法学研究产生了密切关联,成为法理学界研究的重要问题。

首先,由于体系的构建包含有逻辑思维的成分,因此当体系形成之后开始运转时必然体现出体系思维。随着这种体系思维的深化和完善,其开始出现在一些学科的研究活动中。法学受到体系思维的影响,形成了法律体系的概念。对于法律体系的概念,萨维尼曾做过这样的描述:"所有的形式要么涉及单个的规则,或者说涉及包含于这些规则中的概念、定义与划分,要么涉及这些规则的连结、整合。人们通常将第二种情形称为法律体系。"[①] 英国法学家拉兹教授也指出:"构成一种法律体系必要组成部分的法律之间存在内部联系,这是指一条或数条法律规范的存在涉及或者是以其他法律规范的存在为前提的。"[②] 陈爱娥教授则从两个方面解释了何为法律体系,指出法律体系一方面是指在法律工作范围内的体系性思考,另一方面是指将整个法理解为一个社会体系的思考。[③] 还有论者指出:"所谓法律体系,即是通过若干法律要素,以及这些法律要素之间形成的若干关系,按照特定的结构所

[①] 杨代雄译:《萨维尼法学方法论讲义与格林笔记》,胡晓静校,法律出版社 2014 年版,第 23 页。

[②] [英]约瑟夫·拉兹:《法律体系的概念》,吴玉章译,商务印书馆 2017 年版,第 7 页。

[③] 陈爱娥:《法体系的意义与功能——借镜德国法学理论而为说明》,载《法治研究》2019 年第 5 期,第 54 页。

形成的集合。这些法律要素依据彼此之间的不同关系，也可能分别形成若干子体系（子集），然后进一步形成统一的法律体系。"① 其次，从法律体系的特点上说，法律具有"规范的、制度化的、强制性的"这三个基本特点，所以每一种法律体系理论都必须与对这三个特点的解释相互一致。② 即法律体系具有规范属性，其是作为一种国家制度而存在的，在效力上具有强制性，是由组织在一起的法律规范之整体来引导人们行为的标准体系。③ 最后，法律体系的形成具有实践价值。一般来说，体系的构成有两个任务：一是认识内在体系；二是说明构成外在体系，这两个任务大致分别在先后两个阶段完成，前者先于后者。④ 概念的关联可以利用两种方法建立，其一是利用枝分由上而下，其二是利用总结由下而上加以类型化，黑克建议将二者分别用演绎的及归纳的体系称呼之。⑤ 正是由于"法律体系"思维对一国法律制度建设所具有的重要价值，我国在改革开放以后就对法律体系的构建问题有过三次大的讨论：一是 1981 年关于法律体系即部门法体系的研究，二是 1992 年以后关于社会主义市场经济法律体系的研究，三是 1999 年提出的十年立法规划，指出在十年内建成中国特色社会主义法律体系。⑥ 可见，法律体系概念对我国法律制度建设的影响颇深。

---

① 冯威：《法律体系如何可能？——从公理学、价值秩序到原则模式》，载《苏州大学学报（法学版）》2014 年第 1 期，第 40 页。

② 参见［英］约瑟夫·拉兹：《法律体系的概念》，吴玉章译，商务印书馆 2017 年版，第 3 页。

③ 参见钱大军，马新福：《法律体系的重释——兼对我国既有法律体系理论的初步反思》，载《吉林大学社会科学学报》2007 年第 2 期，第 78 页。

④ 参见黄茂荣：《法学方法与现代民法》，法律出版社 2007 年版，第 535 页。

⑤ 参见黄茂荣：《法学方法与现代民法》，法律出版社 2007 年版，第 538 页。

⑥ 陈金钊：《体系语用的法思考》，载《东方法学》2021 年第 1 期，第 97 页。

进而言之，在对法律体系的内涵进行简单探讨后，需要进一步探讨法律体系化的含义。从历史发展来看，在法律体系的提法产生并逐渐流行之后，法律体系化的思维方式逐渐被更多人所肯定和追求，部分法学研究者开始尝试通过各种方式使法律制度达至体系完满的状态，以符合法律体系化的要求。例如，早在古希腊时期，柏拉图便撰文写到人们应该在制定法之前设置一个序言，用来阐明该制定法的意义，可见其已经注意到了法律的结构问题。而到了罗马共和国时期，伴随着罗马法自身的实践和希腊化时代的斯多葛哲学的影响，《法学阶梯》等体系化的法学教科书开始出现，经过历代罗马法学家们的体系化努力，这些成果很大程度上体现在了优士丁尼的《民法大全》之中。① 对于法律体系化的含义，有论者指出："取向于目的，设定所期功能，将知识或事务根据其存在上之关联、作用组织起来的方法，便是体系化。因为体系化是科学化所必需的方法，所以体系化亦为法律学之科学化所必需。为使科学方法（体系化）在法律学上能获得发挥，首先法律学所研究之对象当然必须具有被体系化之存在上的基础。否则，空有方法，到头来，一切的努力也是枉然。"② 马克斯·韦伯则指出："体系化是构成一个逻辑清晰，具有内在一致性，至少理论上无漏洞的规则体系。"③ 萨维尼在《当代罗马法体系》的开篇中就曾明确将自己的方法命名为"体系化方法"，因为在他看来，通过对法律关系的内在关联或者亲和性进行认识和描述，能够将具体

---

① 参见冯威：《法律体系如何可能？——从公理学、价值秩序到原则模式》，载《苏州大学学报（法学版）》2014年第1期，第38页。

② 黄茂荣：《法学方法与现代民法》，法律出版社2007年版，第561-562页。

③ ［德］马克斯·韦伯：《经济与社会》，阎克文译，上海人民出版社2010年版，第798页。

的法律概念与法律规则连接成一个大的统一体。① 不同于以上研究者从正面探讨法律体系化的含义，萨维尼在其法学方法论思想中试图从反面明确非体系化法律研究的特点，进而澄清体系化法律研究的含义。他认为体系的概念虽然简单，可以被理解为对解释的各种对象的统一，但是实践中经常出现两种与体系化方法相背离的情况，其一是尚未达到体系化的高度，这是指研究者拥有应当被整合为一个体系的多样性素材但事实上并未成功地进行整合，因而不属于体系化阐释，只能算是条理化的法源汇编；其二是超出了体系化的高度，这是指研究工作或多或少地追求统一性但却欠缺多样性的素材，因而是一种不忠实的研究工作。② 可见，以对法律体系的理解为基础，法律体系化是从各要素出发对法律制度进行统一性建构的方法。

2. 刑事强制措施体系化释义

刑事强制措施制度属于法律制度的范畴，因此可通过前文所述来推导出刑事强制措施体系化的含义、特点及价值。

首先，根据前文对"体系化"用语的理解，刑事强制措施体系化在语义上是指使刑事强制措施制度具有体系属性的方法。对于这一内涵，可以从以下几个方面来剖析。其一，刑事强制措施体系化的对象是一国的刑事强制措施制度。这就从对象层面确定了体系化研究针对的客体。除了刑事强制措施制度之外，其他法律制度可以另外构成自己单独的体系化形态，而不属于刑事强制措施体系化的范畴。其二，刑事强制措施体系化可以使得刑事强

---

① 参见冯威：《法律体系如何可能？——从公理学、价值秩序到原则模式》，载《苏州大学学报（法学版）》2014年第1期，第38页。
② 参见李栋：《萨维尼法学方法论的内容及其展示》，载《法治现代化研究》2020年第1期，第154页。

制措施制度内部的各规范之间具备逻辑性。"法律体系的逻辑性体现在其内部的法律规范之间具有严格的逻辑,以表明不同法律规范之间的相互关系。"① 刑事强制措施体系化的功能也在于使刑事强制措施法律规范之间形成较为清晰的逻辑关系,进而避免刑事强制措施制度缺少必需的组成要素,或者各个组成要素之间不能实现和谐统一状态。其三,刑事强制措施体系化是研究刑事强制措施制度的方法。这是从属性层面对刑事强制措施体系化进行的理解。"法律体系是法律学者们研究其他法律问题的分析工具。"② 同样,法律体系是我们在研究刑事强制措施制度时的方法。通过这一方法,可以对刑事强制措施制度进行系统性规划和整体性处理,其主要的实践价值在于进一步实现我国刑事强制措施立法的体系化。

其次,基于刑事强制措施体系化的基本含义,其具有如下特点。其一,由于体系化的对象往往不成体系或者尚不成完整体系,因此作为刑事强制措施体系化之对象的刑事强制措施制度一般具有不成体系或尚不成完整体系的形态。这种形态可能表现为刑事强制措施制度内部缺少相关要素,也可能表现为刑事强制措施制度与其他制度之间的衔接度不高。究其本质,刑事强制措施体系化针对的对象需要借助体系化方法来完成对自身体系的重构,以满足法律体系化的要求。其二,由于体系化是一种动态的研究方法,与静态的已经形成的体系并不相同,后者只是前者的研究对象。因此,刑事强制措施体系化作为动态的研究方法,其是针对

---

① 吴玉章:《论法律体系》,载《中外法学》2017年第5期,第1136页。
② 黄文艺:《法律体系形象之解构与重构》,载《法学》2008年第2期,第24页。

现有刑事强制措施制度进行体系化研究的活动，与现有的已经形成的刑事强制措施制度不属于同一概念。

最后，从价值层面来说，法律体系化作为"萨维尼所述绝对法学方法论的一个组成部分"①的法学研究方法，对于法学学术研究来说具有较大价值。有论者形象地指出法律体系化是将一国的法律制度从原始森林变成一个精心规划的花园，要把混沌变为秩序。②对于我国现行刑事强制措施制度来说，其虽然算不上原始森林而存在混沌状态，但是也需要作出调整进而成为一座秩序井然的花园。由此，基于我们对刑事强制措施体系化内涵的理解，刑事强制措施体系化对刑事强制措施制度研究来说具有重大意义。其一，刑事强制措施体系化有助于我们对整个刑事强制措施制度进行整体观察。法律体系化是收集整理当前法规范的合乎逻辑的方式，有助于我们从整体视野观察现存的法秩序。"体系化的功能在于，可对拟处理的资料获得较好之鸟瞰以及较佳之掌握的可能性。"③从微观上说，刑事强制措施制度是刑事程序法的专门制度，其内部构成要素复杂；从宏观上说，刑事强制措施制度不仅属于刑事程序法，还关涉一国基本法、民事实体法以及刑事实体法的内容。这些规定相互交织，共同推动刑事强制措施制度的运转。因此，亟须用体系化思维观照整个法律规范系统，从整体上对该制度进行观察。其二，刑事强制措施体系化有助于增强刑事强制措施制度的可预见性和安定性。"体系性思考属于法律工作的基本形式。此种思考的目标是：将众多的规范与事实问题安排进一个

---

① 李栋：《萨维尼法学方法论的内容及其展示》，载《法治现代化研究》2020年第1期，第152页。

② 参见黄文艺：《法律体系形象之解构与重构》，载《法学》2008年第2期，第27页。

③ 黄茂荣：《法学方法与现代民法》，法律出版社2007年版，第525页。

秩序里，由此创造出一个统一体。根据体系性的法律思考可以发展一般性的法律原则，藉此可使法秩序避免矛盾、确保法安定性与法律上的平等。"① 可见，法律体系化方法可以提高整个法律秩序的可预测性和安定性，民众得以准确判断自身的法律状态，在可靠的法秩序基础上实施社会行为。因此，运用体系化思维对刑事强制措施制度进行思考，可以在现有法律规定基础上进一步增强该制度的稳定性和可预测性。同时，通过对刑事强制措施体系运行之基本原则的规定，为该制度的运转增添适当的灵活性，有利于公安司法机关自由裁量权的运用。其三，刑事强制措施体系化有助于加强刑事强制措施法律规范的统一性。"体系方法的目标在于，经过发现、辨认和揭示的各种法律关系所形成的法概念和法规则连接成一个更大的统一体即法体系。"② 体系化方法可以使互相未能有效连接的法律规则相互连接，形成共同运转的法律统一体，进而实现法体系的统一。因此，刑事强制措施体系化不仅可以在刑事强制措施制度内部强化各规范之间相互连接的状态，还可以在外部夯实该制度与我国基本法等其他法律部门之间的关系，形成较为统一的规范体系。

四、本书的主要创新点

第一，以刑事强制措施的本质为基础，从刑事强制措施体系化的要素出发，根据刑事强制措施体系化的理论逻辑和制度逻辑，采用从原则到规则的法律体系化结构，形成了由若干基本原则引

---

① 陈爱娥：《法体系的意义与功能——借镜德国法学理论而为说明》，载《法治研究》2019年第5期，第55页。
② 李栋：《萨维尼法学方法论的内容及其展示》，载《法治现代化研究》2020年第1期，第160页。

导的、由内在维度和外在维度两个方面内容组成的我国刑事强制措施新体系。

第二，结合刑事强制措施体系化的价值、结构、标准三个层面的要求，依照我国《宪法》和《民法典》，以我国公民的人身自由权、财产权和隐私权三项基本权利为基础，从内在维度建构我国新的刑事强制措施类型体系。

第三，在从内在维度重构我国刑事强制措施的类型体系之后，进一步从外在维度提出我国新的刑事强制措施运行要件。一方面，试图从整体上设计我国刑事强制措施的证明要件体系；另一方面，从事前、事中和事后三个层面入手建构我国刑事强制措施的程序要件体系。

目 录

第一章 刑事强制措施体系化的要素 /1
  第一节 刑事强制措施体系化的内在要素 /2
  第二节 刑事强制措施体系化的外在要素 /14
  第三节 刑事强制措施体系化的双重维度 /32

第二章 刑事强制措施体系化的理论逻辑 /39
  第一节 价值层面:权力行使与权利保障相平衡 /40
  第二节 结构层面:原则指导与规则构建相结合 /57
  第三节 标准层面:内部和谐与外部和谐相统一 /66

第三章 刑事强制措施体系化的制度逻辑 /79
  第一节 公民权利的发展 /79
  第二节 诉讼结构的变化 /101
  第三节 侦查技术的进步 /114

第四章 刑事强制措施体系运行的基本原则 /127
  第一节 分工负责、互相配合、互相制约原则 /128
  第二节 程序法定原则 /140
  第三节 比例原则 /152

第五章　我国刑事强制措施的类型完善　/164
第一节　我国刑事强制措施的类型缺陷及其成因　/164
第二节　针对人身自由权的刑事强制措施　/172
第三节　针对财产权的刑事强制措施　/185
第四节　针对隐私权的刑事强制措施　/193

第六章　我国刑事强制措施的要件确立　/206
第一节　我国现行刑事强制措施体系的要件评析　/207
第二节　我国刑事强制措施的证明要件　/224
第三节　我国刑事强制措施的程序要件　/241

结语　/269

参考文献　/275

后记　/292

第一章 刑事强制措施体系化的要素

"体系是以系统存在和运行的整体,是由整体的构成要素在相互联系和配合中构成的以系统运行和存在的和谐整体。所以,研究体系必然要研究构成体系的要素。"① 从前述刑事强制措施系基本权之干预手段的本质出发,刑事强制措施运行要素包括内在要素和外在要素两个方面的内容。这两个方面的内容不仅是对刑事强制措施本质的拓展,也是刑事强制措施体系化的基本构件。刑事强制措施体系化需要结合刑事强制措施的要素来进行,围绕刑事强制措施的要素来展开。换言之,体系化的刑事强制措施制度是一个由各种要素组成的完整系统,这个系统的运行与程序主体、适用客体等要素之间存在紧密联系。只有对这些要素进行细致分析,才能够深入理解刑事强制措施体系化的内涵。根据对内在要素和外在要素的分析,我们可以总结出不同的刑事强制措施体系化模式,进而为内外结合的刑事强制措施体系化思路提供参考,以便形成新的刑事强制措施体系。

---

① 钱大军,马新福:《法律体系的重释——兼对我国既有法律体系理论的初步反思》,载《吉林大学社会科学学报》2007年第2期,第76页。

第一节 刑事强制措施体系化的内在要素

从内容上看，刑事强制措施体系化的内在要素包括刑事强制措施的程序主体和适用客体。这两个要素表明了在刑事强制措施制度中，国家权力向公民基本权利逐步接近并实施干预的权力运行方向和权利收缩态势，是对刑事强制措施之本质的客观表达。因此，这两个要素属于内在要素的范畴。

一、刑事强制措施的程序主体

在刑事诉讼法理上，基于事实或法律规定参与刑事诉讼的全体参加者即为刑事诉讼主体。[1] 从效果上看，主体要素是厘定刑事诉讼行为之辐射范围的根据，不同类型的主体所实施的刑事诉讼行为不仅在内容上可能存在差别，还可能导致该刑事诉讼行为的属性发生变化。具体到刑事强制措施制度中，刑事强制措施的实施主体是国家机关，在程序上存在决定和执行这两个运行阶段，故实施刑事强制措施的国家机关可分为决定机关与执行机关。[2] 在我国法语境下，刑事强制措施和侦查措施的决定主体和执行主体主要是公安机关，人民检察院和人民法院在特殊情况下有权决定但无权执行部分刑事强制措施和侦查措施。同时，实施刑事强制措施的国家机关只是刑事强制措施程序主体的一部分，其权力行

---

[1] 参见宋振武：《刑事诉讼主体的法理分析——以刑事法律关系为基础》，载《烟台大学学报（哲学社会科学版）》2002年第4期，第398页。

[2] 参见林钰雄：《刑事诉讼法（上册）》，中国人民大学出版社2005年版，第227页。

使还必须有特定的对象，即被适用刑事强制措施的程序主体。这主要表现为犯罪嫌疑人或被告人以及案外第三人。

一方面，从国家权力层面来看，公安机关、人民检察院和人民法院有权运用刑事强制措施办理案件，故而是刑事强制措施的程序主体。除了特殊情况外，公安机关是刑事案件的侦查机关，负责大部分刑事案件的侦查活动，刑事强制措施是公安机关获取证据并控制犯罪嫌疑人或被告人人身的常用方法。总体来说，公安机关在处理各类案件的过程中都可能会涉及刑事强制措施的适用。在刑事强制措施的实施层面，公安机关享有较大的权力。另一方面，检察机关和人民法院虽然分别是我国的审查起诉机关和裁判机关，但是根据《刑事诉讼法》及司法解释的规定，它们在特定场合也有权决定适用刑事强制措施。例如，《刑事诉讼法》第165条规定检察机关对于本机关直接受理的案件，有权在符合条件的前提下决定逮捕或拘留犯罪嫌疑人。在司法解释层面，《最高人民法院关于适用〈中华人民共和国刑事诉讼法〉的解释》第163条规定，人民法院对具有《刑事诉讼法》第81条第1款和第3款规定情形的被告人应当决定逮捕；第166条规定人民法院对可能判处徒刑以下刑罚的被告人，违反取保候审、监视居住规定，严重影响诉讼活动正常进行的，可以决定逮捕；第332条规定人民法院在审理自诉案件的过程中，如果被告人下落不明，则人民法院可以裁定中止审理并在符合条件的情况下对被告人依法决定逮捕。可见，检察机关和审判机关一般来说虽然不直接执行逮捕等刑事强制措施，但是其有权决定逮捕等刑事强制措施的适用。需要注意的是，由作为国家公权力机关的公安司法机关实施刑事强制措施固然是一种常态，但是在部分案件中可能出现国家机关委托医生等不具有国家公务员身份的主体实施身体检查等强制处分的情况。此时，由于后者属于受国家机关委托的主体，故其行使的是国家公权力,涉及国家与公民之间的公法关系,属于对公民基本权利的干预。①

另一方面,从基本权利层面来看,被告人、犯罪嫌疑人或案外第三人的基本权利均可能遭受来自刑事强制措施的干涉。故而,其均是刑事强制措施的程序主体。根据《刑事诉讼法》以及刑事强制措施制度的设置目的,犯罪嫌疑人或被告人是公安司法机关运用刑事强制措施时主要针对的对象。对此,该法第66条、第67条、第68条、第74条、第75条、第81条等条款都将犯罪嫌疑人或被告人确定为刑事强制措施的运用对象。这就限定了拘留等五种刑事强制措施的适用对象,不能扩展到犯罪嫌疑人、被告人以外的其他诉讼参与人以及案外人。② 需要注意的是,这只是根据《刑事诉讼法》关于刑事强制措施类型的规定作出的总结。根据《刑事诉讼法》中关于侦查行为的规定,同时参照域外其他国家或地区的刑事程序立法,考虑到前述理论上扩大刑事强制措施之概念内涵的观点,除了《刑事诉讼法》目前规定的五种刑事强制措施之外,搜查、扣押、身体检查等其他在域外法中被列入刑事强制措施范畴的诉讼行为的实施对象不止于犯罪嫌疑人或被告人,还可以扩大到犯罪嫌疑人或被告人以外的第三人。换言之,从刑事强制措施概念扩大化的视角来看,这些目前被《刑事诉讼法》作为侦查行为对待的各类措施的运用对象较广,其已经干预到了犯罪嫌疑人或被告人之外的其他公民的基本权利。例如,《刑事诉讼法》第136条"可能隐藏罪犯或者犯罪证据的人的身体、

---

① 参见林钰雄:《从基本权体系论身体检查处分》,载《台湾大学法学论丛》2004年第3期,第156页。
② 参见洪浩:《刑事诉讼法学》,武汉大学出版社2019年版,第154页。

物品、住处等其他有关的地方"的规定，在实践中往往就表现为将犯罪嫌疑人或被告人之外的第三人作为搜查对象。

二、刑事强制措施的适用客体

刑事强制措施具有公权力属性，该权力的行使势必指向特定客体。具体来说，刑事强制措施的适用客体包含实质客体和形式客体两个方面的含义：前者是指刑事强制措施干预的公民基本权利，这主要包括公民的人身自由权、财产权等基本权利；后者是指由于权力和权利属于立法和理论上存在的无形物，故而二者的实现必须依附于特定有形标的，或者说反映在客观社会生活之中的有形物。

一方面，刑事强制措施制度的体系化运行必然指向特定的实质客体。根据刑事强制措施乃限制公民基本权利之诉讼行为的定义，刑事强制措施体系化运行针对的实质客体是公民的基本权利。这是刑事强制措施制度存在的基础。但是，究竟何为公民在刑事诉讼程序中享有的基本权利，以至于这些基本权利如何成为搭建刑事强制措施体系的基础，却是一个少有研究者涉及的问题。"当前几乎没有一个国家不基于人道之无限好意的考虑，而在其宪法中明白肯定人民的基本权利，并以之为文明与野蛮的分际。但对何谓基本权利及其内涵为何，却不是在任何国家都已获得同等程度的具体化。"[①] 进而言之，在明确一国公民于本国法语境中究竟享有哪些基本权利的基础上，思考这些与公民安定生活息息相关的各类权利为何要受到来自刑事强制措施的干涉，将有助于我们从更深层次理解刑事强制措施体系的建构方式与运行逻辑。然而，

---

① 黄茂荣：《法学方法与现代民法》，法律出版社 2007 年版，第 77-78 页。

正如《牛津法律大词典》指出:"基本权利是一个不精确的术语,一般用来表示国民基本自由或为政治理论家,尤其是美国和法国革命时期的理论家所主张的自然权利。"① 在公法理论上,基本权利是一个难以被准确界定的法律概念,尤其是在界定基本权利之"基本"二字时显得非常困难。② 因此,学界在理解该概念时虽然会有各种不同的解读,但是当具体到某一国家的基本权利体系时都会落脚到该国的基本法规定上,或者说基本权利应当仅限于一国实定法上的权利类型。从《宪法》与《刑事诉讼法》目前的规定来说,刑事强制措施的实质客体仅指公民的人身自由权。公安司法机关通过逮捕、拘留等五种刑事强制措施对公民的人身自由权实施限制。从比较法视角以及刑事强制措施的理论研究层面考量,仅将人身自由权作为实质客体乃是刑事强制措施制度体系化程度不足的表现。对此,刑事强制措施体系针对的实质客体至少还应当包括财产权、隐私权等基本权利。当然,这需要结合一国基本法对公民基本权利的具体规定来阐述。只有这样,才可能将国家基本法层面的公民基本权利结合刑事强制措施的运行特点落实到刑事强制措施体系之中。

另一方面,刑事强制措施制度的体系化运行必然指向特定的形式客体。刑事强制措施干预的基本权利的内容存在于基本法以及相关理论之中,其需要依附于客观存在的标的物才能够得以展现。因此,在刑事强制措施作为基本权干预手段的属性之外,刑事强制措施的适用在客体层面还存在着具体的指向物,即刑事强制措施作为一项公安司法机关普遍运用的公权力,其在形式上存

---

① [英] 戴维·M·沃克:《牛津法律大辞典》,北京社会与科技发展研究所组织翻译,光明日报出版社1989年版,第364页。
② 参见 [英] W·Ivor·詹宁斯:《法与宪法》,龚祥瑞、侯健译,生活·读书·新知三联书店1997年版,第178页。

在着具体的承受公权力的客体。总体来看，这些客体主要包括犯罪嫌疑人或被告人以及其他诉讼参与人的人身、物品以及信息。具体言之，首先，人身是刑事强制措施主要针对的形式客体。从效果上说，限制公民的人身自由是刑事强制措施对人身实施干涉的主要方式。通过在一段时间内将公民的身体限制在特定场所，使得公民在这段时间无法脱离特定区域而始终处在公安司法机关的控制之下。《刑事诉讼法》上的五种刑事强制措施都是在这个层面发挥作用的。虽然，这五种刑事强制措施对公民人身自由的限制时间、限制场所、限制方式等存在差别，但是总体上看都属于对人身自由进行限制的措施。同时，公安司法机关可以采用不限制公民人身自由的方式形成干涉公民人身的效果。例如，侦查机关对犯罪嫌疑人或被告人以及被害人的身体进行检查以获取相应证据时，就属于采取不限制人身自由的方式而对公民人身进行干涉的措施。其次，物品逐渐成为刑事强制措施频繁针对的形式客体。公安司法机关在侦破传统刑事犯罪时，往往以限制犯罪嫌疑人或被告人的人身自由为主要侦查方式。但是，随着刑事犯罪模式的变化以及我国刑事司法体制的不断完善，对各类涉案物品的获取越来越被侦查机关所重视。尤其在单位犯罪中，涉罪单位的工作场所、生产设备、涉案资金等具体物，往往都是公安司法机关在适用刑事强制措施时限制的形式客体。有论者据此将这类刑事强制措施统称为对物刑事强制措施。[①] 最后，信息是随着侦查技术的快速发展而逐渐被刑事强制措施针对的形式客体。刑事强制措施以"信息"为形式客体进行适用的情况，多发生在侦查机关使用技术侦查措施侦破案件的过程中。在这个过程中，侦查机关

---

① 参见严林雅：《我国刑事对物强制措施体系的构建》，载《政法学刊》2021年第2期，第66页。

并非以具体的人身或物品为目标进行控制或提取,而是适用监听、监控、大数据侦查等方式来对相关主体的信息流进行提取并实施针对性分析。其中,犯罪嫌疑人或被告人以及第三人的行踪轨迹、通讯记录、互联网浏览记录等信息是侦查机关重点关注的内容。在当前新的犯罪形势下,信息作为刑事强制措施之形式客体的场合愈发多见。这类措施成为公安司法机关较为倚重的侦破案件的方法。

三、内在要素下的体系化模式

"依据不同标准对权利进行分类,一向是权利研究的重点之一。"[①] 不仅权利研究有此特点,针对权力的研究同样如此。刑事强制措施作为公安司法机关享有的一种公权力,可以从不同角度出发尝试对其进行特点各异的体系化建构。这是不同模式或不同类型的刑事强制措施体系化思路的反映。以《刑事诉讼法》为基础,结合域外其他国家或地区的立法实践,在内在要素的指导下刑事强制措施体系化的模式主要分为人财分立和对象区分两种。对这些基本模式的特点进行描述和分析有助于刑事强制措施体系化研究的展开。

(一) 人财分立模式

以人财分立为标准对刑事强制措施制度进行的体系化是指,将整个刑事强制措施体系中的各类刑事强制措施分为干涉人身自由权的人身性刑事强制措施和干涉财产权的财产性刑事强制措施,即研究者作出这一分类的基础在于刑事强制措施所干涉的公民基

---

① 龙卫球:《民法总论》,中国法制出版社2002年版,第123页。

本权利的种类。从立法上说，我国现行刑事强制措施体系只承认干涉公民人身自由权的措施属于该体系范畴，而将干涉公民财产权的各类措施均归属于侦查措施的范畴。① 在比较法层面，这与域外其他国家或地区的规范模式大不相同。例如，在英国的侦查体制中，统一涵盖了涉及限制或剥夺个人人身自由权、财产权和隐私权的各类强制性侦查措施。② 从这个角度上说，《刑事诉讼法》在立法上简单地将人身自由权和财产权分割开来而放置在不同的制度体系之内，其刑事强制措施体系目前在立法层面不存在以此模式为基准进行体系化探讨的可行性。只有从刑事强制措施理论研究层面纳入侦查行为的内容，才能够从宏观上观察这一分类模式的基本思路。正如有论者指出："虽然对物强制措施与对人强制措施均属于强制措施，但立法者对两者采取了区别处理。前者被《刑事诉讼法》第二编第二章第六节中的五个条文所统摄，后者被该法第一编第六章予以专门规定。"③

由此，从《刑事诉讼法》的规定来看，立法机关以人身自由权和财产权的分立为基准同时构建起了刑事强制措施体系和侦查行为体系。一方面，对于人身性刑事强制措施来说，其包括拘传、取保候审、监视居住、拘留和逮捕五个具体措施。这五个措施都能够实现对公民人身自由的限制，便利公安司法机关在审前环节控制公民人身，防止犯罪嫌疑人或被告人潜逃并搜集案件证据。因此，这类措施干涉的公民基本权利类型为人身自由权。在实践中，我国公安司法机关习惯于在控制犯罪嫌疑人或被告人人身的

---

① 参见郭烁：《刑事强制措施体系研究——以非羁押性强制措施为重点》，中国法制出版社2013年版，第81页。
② 参见陈瑞华：《比较刑事诉讼法》，北京大学出版社2021年版，第87页。
③ 严林雅：《我国刑事对物强制措施体系的构建》，载《政法学刊》2021年第2期，第67页。

条件下办理刑事案件,因此人身性刑事强制措施不仅一直为刑事程序法立法活动所关注,还是司法实践当中被适用的主要措施。另一方面,财产性刑事强制措施包括查封、扣押、冻结等措施。这些措施不属于我国现行刑事强制措施体系的范畴,而属于侦查行为体系的组成部分。从效果上看,这类措施的形式客体为公民的各类涉案财物,公安司法机关通过查封等方式可以实现对公民财物的控制和管理,以便于在刑事诉讼程序中被作为证据提出和使用。因此,这类措施干涉的公民基本权利类型为财产权。在以往我国社会经济尚不发达的阶段,这类措施的适用对公民财产权的干预程度较低。同时,财产权的地位在我国基本法立法上存在一个逐渐提高的过程。比较来看,财产性刑事强制措施在以往的刑事程序立法和司法当中受到的关注较之于人身性刑事强制措施来说相对较少。随着我国公民财富的日益增长,《宪法》越来越重视对公民财产权的保障,再加上经济类犯罪在我国整个刑事犯罪中的占比逐步提高,干涉财产权的这类刑事强制措施虽然仍旧被《刑事诉讼法》以侦查行为体系予以规制,但是其重要性已不可同日而语。法律体系的融贯性要求各法律部门与宪法部门之间建立起评价上的积极关联。这不仅仅意味着其他法律部门与制度的规范不能与宪法规范相冲突,也意味着前者在实质评价上与后者保持一致。① 以人财分立为标准进行的刑事强制措施体系化模式需要对这一要求作出回应。

概言之,以人财分立为标准对刑事强制措施制度进行的体系化的关键在于明确刑事强制措施所干涉的公民基本权利是人身自由权还是财产权。这一分类模式虽然不符合我国现行刑事强制措

---

① 参见雷磊:《融贯性与法律体系的建构——兼论当代中国法律体系的融贯化》,载《法学家》2012年第2期,第6页。

施体系的单一化建构方式,但是从理论上看其照顾到了人身自由权和财产权这两个对公民来说至关重要的基本权利,进而从基本权利类型出发为刑事强制措施体系的构建提供了思路,被不少研究者所推崇。[①] 但是,仅考虑人身自由权和财产权这两种基本权利是否足以概括刑事强制措施干涉公民基本权利的状态是该体系化模式需要考虑的问题。尤其,在信息网络不断发展的当代,公民隐私权意识迅速提高,公权力机关的技术侦查措施升级革新,刑事强制措施体系化工作需要从基本权利层面因应这一时代背景。

(二) 对象区分模式

以适用对象为标准对刑事强制措施制度进行的体系化是指,根据刑事强制措施适用对象的不同来对刑事强制措施制度作体系化处理的一种模式。这种模式有两层含义:其一,以适用对象在案件中的地位不同而把刑事强制措施区分为针对犯罪嫌疑人或被告人适用的刑事强制措施,以及针对其他第三人适用的刑事强制措施;其二,以适用对象的自身特点不同而把刑事强制措施区分为针对自然人适用的刑事强制措施,以及针对单位适用的刑事强制措施。总体来看,这两种分类模式都试图以适用对象为基准实现刑事强制措施制度的体系化,希望体现出针对不同对象适用的不同刑事强制措施之间的区别。

一方面,刑事强制措施体系可分为针对犯罪嫌疑人或被告人适用的刑事强制措施,以及针对其他第三人适用的刑事强制措施。以我国台湾地区为例,其刑事强制处分的对象包括被告和第三人,前者被称为对被告之强制处分而包括通缉、逮捕等措施,后者被

[①] 参见周继业:《对物的强制措施的规范化分析》,载《人民司法》2009年第3期,第65-68页。

称为对第三人之强制处分而包括搜索、扣押、身体检查等措施。^①虽然，在以《刑事诉讼法》为规范来源的前提下刑事强制措施的适用对象仅是犯罪嫌疑人或被告人。但是，基于对《刑事诉讼法》之侦查行为体系的把握，技术侦查等侦查行为同样涉及对公民基本权的干涉，且干涉对象可以延伸至被害人等案外第三人。^② 因此，理论上才作出了以适用对象与案件之间关系为标准的体系化分类。这样分类的意义在于方便立法为这两种不同类型的刑事强制措施设置不同要件，例如采取不同的审批模式和证据标准，以达到对被害人等不涉嫌犯罪的案外第三人的倾斜保护。

另一方面，刑事强制措施体系可分为针对自然人适用的刑事强制措施以及针对单位适用的刑事强制措施。前者一直都是立法和实务中的关注重点而不需赘述，关键在于学界对后者的认识需要提升。从立法现状来看，我国刑事实体法自 1997 年以来就对单位犯罪做了全面规定，不少罪名的犯罪主体都包括单位。这不仅从刑事实体法层面给单位的经营活动划定了刑事法律红线，也使单位需要在刑事程序法层面面对刑事强制措施的限制。从刑事诉讼法理来说，这种限制具有存在的基础。第一，从刑事强制措施之基本权干预的理论定位出发，单位成为刑事强制措施的运用对象之一的前提是其享有基本权利。对此，相关理论给予了肯定，即虽然单位只是法律拟制主体，与作为自然人的实在主体存在区别，但是，单位作为参与社会经济生活的主体之一，势必需要享有特定的基本权利。只是单位无需享有那些以肉体的存在为前提

---

① 参见林钰雄：《刑事诉讼法（上册）》，中国人民大学出版社 2005 年版，第 231 页。

② 参见王东：《技术侦查的法律规制》，载《中国法学》2014 年第 5 期，第 276 页。

或其利益只能由自然人享有的人权。① 由于单位是通过行使财产权的方式来参与社会经济生活的，故理论上一般认为单位享有的基本权利主要是财产权。第二，涉罪单位可能实施妨碍刑事诉讼顺利进行的行为，有必要适用刑事强制措施对此类行为予以规制。当前，我国单位犯罪数量逐步上升且社会危害性较大，这是国家经济发展到一定程度之后必然会出现的状态。例如，在涉及单位犯罪的生态环境犯罪案件中，涉罪企业可能会实施破坏作为犯罪证据的生产工具、划拨企业流动资金、销毁可以证明企业资金往来的账目材料等行为，以此给公安司法机关的取证活动造成阻碍，减轻企业在未来承担给付环境修复资金的义务，进而达到逃避刑事追诉的目的。可见，公安司法机关有必要适用恰当的刑事强制措施来对涉罪企业的活动进行限制，以减少后者对刑事诉讼程序运转造成的不利影响。我国当前社会经济的发展速度不断加快，以公司为主的各类单位在整个社会发展过程中起到了重要推动作用。如何对其中涉嫌刑事犯罪的单位恰当适用刑事强制措施或侦查措施，达到服务和优化企业营商环境的社会治理目标，是我国立法机关和司法机关的关注重点。总而言之，自然人和单位均属于刑事强制措施的适用对象。这两种不同的适用对象可以成为刑事强制措施制度体系化的基础，进而在刑事强制措施类型的设计上体现出各自特点。例如，限制经营这类措施就只能针对单位实施而无法针对自然人适用。

概言之，除了犯罪嫌疑人或被告人之外，被害人、证人等犯罪嫌疑人或被告人以外的第三人可能成为刑事强制措施的适用对象。同时，除了自然人犯罪之外，刑事强制措施在单位犯罪中也

---

① 参见徐显明，曲相霏：《人权主体界说》，载《中国法学》2001年第2期，第57页。

得到了广泛应用,涉嫌犯罪的单位属于刑事强制措施的运用对象。由此,以上特点就成了以适用对象为标准对刑事强制措施制度进行体系化构建的根据。需要注意的是,该模式内部的两种不同层面的分类模式会出现一定程度的重合。即犯罪嫌疑人、被告人以及第三人可能以单位的形式而不仅限于以自然人的形式在刑事强制措施运行过程中出现。同时,自然人或单位成为刑事强制措施适用对象时其本身与案件之间的关系既可以是涉嫌犯罪的主体,也可以是与案件存在其他关联的主体。

第二节 刑事强制措施体系化的外在要素

从内容上看,刑事强制措施体系化的外在要素包括刑事强制措施的启动条件和运行程序。相比于刑事强制措施体系化的内在要素,刑事强制措施体系化的外在要素是刑事强制措施体系更深层次的内容,是对内在要素的深入和检验并为刑事强制措施制度的运转提供了正当性基础。我国刑事强制措施立法对外在要素的关注略有不足。从比较法视角来看,域外部分国家或地区正是通过严格控制刑事强制措施的适用条件与适用程序来实现对公民基本权利的保护的。[①] 因此,在阐述刑事强制措施外在要素的过程中有必要进行适当的比较法研究。

一、刑事强制措施的启动条件

由于国家公权力的行使会导致对公民私权利的干涉,因此各

---

① 瓮怡洁:《我国刑事搜查、扣押制度的改革与完善》,载《国家检察官学院学报》2004年第5期,第63页。

类国家权力的运用都需要满足法律上的特定条件。刑事强制措施是公安司法机关在刑事诉讼程序中广泛行使的国家公权力，其运行需要满足特定的启动条件。这是刑事强制措施体系化的外在要素之一。从比较法视角看，这一要素在各国刑事强制措施体系中主要以证明标准的形式表现出来，相当理由、合理怀疑等刑事强制措施的启动要件为审判机关的令状审查工作提供了基准，对刑事强制措施体系的不当运行起到了防范作用。正如有论者以搜查为例指出："搜查的实质条件即启动搜查的理由，它通常是决定搜查时所需达到的证据要求。"① 有鉴于此，笔者将首先简要介绍这一要素的内涵和特点，再从比较法的角度对美国法上的刑事强制措施证明标准作出考察。

（一）刑事强制措施证明标准的内涵及特点

刑事强制措施证明标准导源于证据法学理论中的证明标准概念，其包括刑事强制措施和证明标准两个方面的内容。前者的内涵可见前文而此处不赘，重点在于对证明标准概念的把握。在证据法学理论上，证明标准的概念已经经过了众多学者的多年讨论。虽然，学者们对证明标准概念的表述方式存在不同，但是已经形成了比较稳定的内涵结构。一般来说，证明标准是指"法官或当事人证明某一事实或法律关系存在，并为了解决这一法律争议或确认当事人的相关责任所需要达到的证据的质与量的要求。"② 从司法实践的角度观之，证明标准是一个关涉主客观因素的实践理念，起到了确保裁判结论的正当性、合法性和可接受性的作用，

---

① 闵春雷：《完善我国刑事搜查制度的思考》，载《法商研究》2005年第4期，第122页。

② 洪浩：《刑事诉讼法学》，武汉大学出版社2019年版，第222页。

是裁判者事实认定活动的最低终点线。① 具体到刑事强制措施制度中，结合刑事强制措施的含义及其要素，刑事强制措施证明标准是指：在刑事诉讼程序中，公安司法机关实施干涉公民人身自由权、财产权、隐私权等基本权利的诉讼行为时，根据法律规定所需要达到的证据的质与量的要求。② 从基本权理论来说，国家如欲干涉人民基本权利的辐射范围则其必须能够提出宪法上的正当理由，负有提出合宪理由的举证责任，否则即构成对人民基本权利之违法侵害。③ 刑事强制措施系基本权干预手段，属国家干涉公民基本权利辐射范围的行为，故国家有义务证明案件达到了刑事强制措施证明标准，否则该措施的适用将涉及违法。可见，在刑事强制措施运行过程中，证明标准可以在一定程度上起到防范特定措施被任意启动的作用，提高公安司法机关适用刑事强制措施时的正当性、合法性和可接受性。具体来说，刑事强制措施的证明标准具有以下特点。

第一，从形式上看，刑事强制措施证明标准具有法定性。根据刑事强制措施程序法定原则，刑事强制措施的启动要件应当在刑事程序中得到事先规定。刑事强制措施证明标准是刑事强制措施启动要件中的重要内容，理应由刑事程序法予以明确。换言之，《刑事诉讼法》是刑事强制措施证明标准的规范依据，某一种刑事强制措施证明标准的确定应当以《刑事诉讼法》为准。公安司法机关应严格遵循这些规定的内容，被适用刑事强制措施的个人或

---

① 参见杨波：《审判中心下统一证明标准之反思》，载《吉林大学社会科学学报》2016年第4期，第134页。
② 参见胡之芳，郑国强：《论逮捕证明标准》，载《湖南科技大学学报（社会科学版）》2012年第3期，第88页。
③ 参见李建良：《基本权利理论体系之构成及其思考层次》，载《人文及社会科学集刊》1997年第1期，第67页。

单位可以根据此标准提出相应主张来保护自己的合法权利。第二，从对象上看，刑事强制措施证明标准针对的对象是特定的刑事强制措施。从概念上说，刑事强制措施证明标准是"证明标准"在刑事司法制度中的一种具体化形式。这就指明了这一标准所针对的对象。不同于刑事审判的证明标准指向的是人民法院对被告人进行定罪量刑时所需要达到的证据质量的要求，刑事强制措施证明标准关注的是公安司法机关适用刑事强制措施时的证据质量是否达到法定标准。前者针对的是实体法事实，后者针对的是程序法事实。根据比例原则的要求，虽然每一种刑事强制措施都有自己的证明标准，但是由于各个刑事强制措施的运行方式不同，故而在证明标准上会存在区别。第三，从效果上看，满足刑事强制措施证明标准是公安司法机关使用刑事强制措施的前提，否则不得实施该刑事强制措施。在证据法学理论上，证明标准从证据质量的角度对解决法律争议、确定当事人权利义务关系起到了检验作用。在刑事强制措施制度的运行中，公安司法机关和被适用刑事强制措施的主体对刑事强制措施的适用与否可能也存在法律争议，进而影响到前者的权力行使和后者的权利保护。在立法上和实践中运用刑事强制措施证明标准对公安司法机关适用刑事强制措施的活动进行检验，有助于从刑事强制措施实施的初始阶段规范公安司法机关的行为，为刑事强制措施的实施设置证据限度，为是否适用刑事强制措施提供了证据质量上的法定依据。

（二）美国法中的刑事强制措施证明标准

从比较法的视角看，刑事强制措施证明标准在各国刑事强制措施体系中都有所体现。尤其，英美法系刑事诉讼制度的特点在于控辩双方的对抗性强，制度设计强调诉讼双方基于宪法规定以犯罪嫌疑人或被告人的基本权利为依凭展开诉讼攻防。因此，英美法系刑事强制措施制度十分强调对各类刑事强制措施之启动标准即证明标准的考量。其中以美国法为代表，形成了层次化的刑事强制措施证明标准体系。

一方面，美国刑事诉讼程序强调根据宪法保障本国公民的基本权利，各项强制性侦查措施的证明标准的界定是其中关键。对此，合理怀疑（reasonable suspicion）的证明标准是首先需要注意的内容。一般而言，"侦查人员应当根据当时事实，依据警察之执法经验，作合理推论或推理，形成合理怀疑，通常只要有些微的客观正当性即可构成合理怀疑。"① 在美国刑事侦查实践中，该标准主要被用于拦阻、拍搜等对公民基本权利侵犯程度较轻的刑事强制措施。从理论上看，该证明标准的设置目的主要是在公共场合限制公权力机构的权力行使，例如，当本国公民处于公共场所时，警察等公权力主体只有在存在合理怀疑时才能够对公民身体及其特定物品实施拍搜，否则该行为属于违法。但是，为了保障行使公权力的主体在此类场合及时行使公权力以预防犯罪发生并保障自身安全，公权力行使与私权利保障之间需要保持平衡，因此合理怀疑之证明标准从本质上说对证据质量的要求相对较低。② 具体来说，合理怀疑的标准主要适用于拦阻和拍搜的场合，用来评估警察针对特定公民实施的拦阻和拍搜是否具备合理性。美国法中的拦阻是指警察基于特定理由在公共场所暂时限制公民人身自由使之不能离去并进行询问，而拍搜是指警察基于特定理由触碰公民的衣物，确认其身上是否携带了枪支等危险物品。对这两种措施来说，美国联邦最高法院在1968年的Terry v. Ohio一案中指出警察实施拦阻或拍搜等强制程度较轻的刑事强制措施时，为

---

① 王兆鹏：《刑事诉讼讲义》，元照出版有限公司2009年版，第231页。
② 参见邓子滨：《刑事诉讼原理》，北京大学出版社2019年版，第350页。

了便于警察执法并及时制止可能发生的犯罪行为,将合理怀疑确立为这两种刑事强制措施的证明标准,而不需要遵循证明程度要求较高的相当理由(probable cause)标准。

另一方面,除了合理怀疑之外,相当理由是美国法中另一个值得关注的刑事强制措施证明标准。相当理由是美国宪法第四修正案及美国刑事程序法的基础性概念,是法律正当程序的基础要素,其发展与美国法中的个人自由民主等基本原则的发展相同步。"在美国宪法第四修正案的五十四个单词中,最重要但又最难理解的就是相当理由。"① 该标准是警察实施搜查、扣押、逮捕等强制性侦查措施时必须达到的条件,否则警察实施的特定行为将被认定为违法。即如果政府对公民实施搜查、扣押行为,则公民必须具有一定程度的嫌疑或者说可责性。② 同时,相当理由的证明标准是促动美国法中的令状制度有效运转的关键因素,其和令状主义的程序要求一起构成了防范刑事强制措施被滥用的两道防线。③ 美国联邦最高法院在判决书中曾强调,逮捕所需要的相当理由应当以客观的标准判断而非以警察的主观标准判断,不论警察主观上多么真诚地相信某嫌疑人为犯罪行为人或者相信某处藏有应当扣押的物品,都不足以构成相当理由。④ 这体现出了相当理由证明标准具有保障公民基本权利不受非法侵犯的功能。在规范上,美国

---

① Andrew Manuel Crespo, *Probable Cause Pluralism*, Yale Law Journal, Vol. 129:1276, p. 1279 (2020).

② 参见王兆鹏:《路检、盘查与人权》,元照出版有限公司 2003 年版,第 106 页。

③ 参见杨雄:《美国宪法第四修正案中的"相当理由"之变迁——兼论我国刑事强制措施证明标准的完善》,载《暨南学报(哲学社会科学版)》2008 年第 5 期,第 27 页。

④ 参见王兆鹏:《美国刑事诉讼法》,北京大学出版社 2014 年版,第 55 页。

为保障公民的各种宪法性权利不受非法刑事强制措施的侵犯，其宪法第四修正案规定"人民的人身、住宅、文件和财产不受无理搜查和扣押的权利，不得侵犯。除基于相当理由，以宣誓或代誓陈词保证，并详细说明搜查地点和扣押的人或物，不得发出搜查和扣押令状。"由此，美国宪法第四修正案将相当理由的规制对象从政府对公民人身的侵犯扩展到了对公民财产的干涉。随着刑事司法实践的不断发展，这条规定经过法院判例的逐步解释，其统摄对象不仅包括修正案字面意义上的逮捕、拘留、羁押、搜查、扣押等措施，还包括监听、采样、身体检查、盘查等措施。同时，部分研究者通过总结司法实践经验还提出了两阶层的相当理由判断方式。例如，有论者指出法官在判断搜查和扣押是否具备相当理由时有两个要件需要注意：其一是法官要判断提供犯罪信息的主体的可靠性，其二是法官要判断提供信息者所述的内容是否得到了政府的调查核实。[①]

概言之，刑事强制措施作为干涉公民基本权的公权力行为，其启动应当具备特定条件。这里的启动条件以刑事强制措施的适用符合证明标准为表现形式。以英美法系中美国刑事程序立法为例，可以说明刑事强制措施的启动条件是刑事强制措施体系中关键的外在要素之一。然而，观诸《刑事诉讼法》及司法解释的规定，其中有关刑事强制措施证明标准的内容较少，具体情况由后文详述之。在未来，我国如欲着手构建刑事强制措施的司法审查制度，则需要一体化考量证明标准的设计模式。

---

① Steven Grossman, *Whither Reasonable Suspicion: The Supreme Court's Functional Abandonment of the Reasonableness Requirement for Fourth Amendment Seizures*, American Criminal Law Review, Vol. 53：349, p. 350（2016）.

二、刑事强制措施的运行程序

刑事强制措施制度的运转是国家权力在刑事诉讼程序中干涉公民权利的一种表现形式，因此该制度中各个刑事强制措施的适用除了需要满足证明标准的要求外，还需要受到特定程序的制约。在刑事强制措施的适用过程中国家权力逐步得到扩张，具体由什么机关掌握决定适用刑事强制措施的权力是这个过程中非常重要的一环，形成了对刑事强制措施制度运行的事前制约机制。同时，我国近年来开始尝试适用逮捕公开听证机制，其可以视为刑事强制措施制度运行的事中制约机制。最后，由于刑事强制措施的适用目的在于使公安司法机关能够获得案件证据材料，因此这些证据材料是否会受到非法证据排除规则的规制是刑事强制措施制度运行的关键，并形成了该制度运行过程中的事后制约机制。

第一，就决定适用刑事强制措施的环节来说，域外其他国家或地区普遍采用的是由审判机关主导的令状制度。这是由作为中立第三方机构的法院对刑事强制措施的适用进行审查的监督机制，被多数西方国家所采用。[①]该制度起源于英国，是英王在致力于中央集权化的过程中所采取的、意在推行王室正义和肯定王室司法管辖权的重要技术性手段，是对地方势力和领主司法管辖权的有效限制。[②]一般来说，"令状制度是一种对侦查活动进行司法审查的方式，对侦查活动中采取的剥夺或者限制人身自由及其权益的强制性措施，除例外情形，一般需要获得法官许可并签发相应令

[①] 参见陈瑞华：《比较刑事诉讼法》，北京大学出版社2021年版，第99页。

[②] 参见项焱、张烁：《英国法治的基石——令状制度》，载《法学评论》2004年第1期，第120页。

状才可实施强制性行为。"① 我国台湾地区刑事诉讼规定确立了法官保留原则，对羁押措施明确规定了法官保留原则，对搜索措施规定了层次性的法官保留原则，体现出了对干预公民基本权行为的程序限制。② 当然，"这种设计模式并不是基于法官比警察高明，其判断比警察准确，或法律失信其警察，而是基于正当程序，对人民基本权利的侵犯必须由司法机关审核的司法理念和国际社会公认的标准。"③ 从域外国家或地区的立法实践来看，司法令状制度作为防范公权力机关滥用刑事强制措施实施权，保障公民基本权利的专门制度，其运作程序具有以下特点。其一，中立的司法机关是令状的签发主体。由中立的司法机关行使是否实施刑事强制措施的决定权，是司法令状制度的核心意旨。从理论上说，如果刑事强制措施的实施者同时也是签发令状的主体而不具备中立超然的诉讼地位，则这种自我授权后自我实施的制度设计很可能会导致该项权力被滥用进而形成对公民基本权利的不当干预。在大部分国家的刑事诉讼制度设计中，由于侦查机关和检察机关一般被认为属于刑事追诉机关而不具有中立超然的诉讼地位，故审判机关往往被认为是行使刑事强制措施事前审查权的合适主体。例如，俄罗斯《刑事诉讼法》针对搜查确立了令状制度，规定在审前程序中仅能由法院决定对特定主体或空间实施搜查。④ 其二，中立司法机关主要审查令状的签发是否已经具备相当理由等证明

---

① 李蓉：《论刑事诉讼权力配置的均衡》，载《中国人民大学学报》2006年第4期，第130页。

② 参见林钰雄：《从基本权体系论身体检查处分》，载《台湾大学法学论丛》2004年第3期，第161页。

③ 刘金友，郭华：《搜查理由及其证明标准比较研究》，载《法学论坛》2004年第4期，第17页。

④ 参见刘金友，郭华：《搜查理由及其证明标准比较研究》，载《法学论坛》2004年第4期，第14页。

标准。如前所述，侦查机关实施干涉公民基本权利的刑事强制措施时需要满足特定的证据标准，证明该刑事强制措施的实施具备正当性。例如，根据德国《刑事诉讼法》第 112 条第 2 款的规定，德国法院只有在犯罪嫌疑人严重涉嫌犯罪、有逮捕必要性，而且逮捕"与案件的重要性成比例"时，才有权下达逮捕令，而且上级法院会十分警惕地监测下级法院法官做出的逮捕决定，不仅逮捕决定必须经法官的批准，在犯罪嫌疑人被羁押六个月后，州高级法院将对逮捕决定进行强制性审查。① 同时，令状的签发是否具备相当理由等证明标准的判断还需要满足刑事强制措施适用对象特定化的要求，即由于刑事强制措施直接干涉的是特定主体的基本权利，因此为了防范侦查机关持概括性令状针对不特定主体滥用刑事强制措施，令状的内容需要具体明确，体现出刑事强制措施适用对象的具体范围。否则，将导致侦查机关在个案中享有过大的裁量权限。这被认为是不符合相当理由等证明标准的情形。

第二，考虑到刑事强制措施的适用关涉公民基本权利，所以不少国家或地区的司法机关都尝试使用公开听证的方式办理此类案件。对于我国来说，以往公安机关和检察机关基本采用闭门办案的模式，与犯罪嫌疑人或被告人乃至于案外人沟通较少，是否沟通以及如何沟通主要由办案机关自行决定。在实践中，这样处理案件的实际效果有待优化。在理论上，这种模式不符合司法民主化的要求。② 首先，该模式不利于促进刑事强制措施的正当适用。刑事强制措施作为干涉公民基本权利的措施，其在不同案件中的适用应当遵循司法民主化的要求广泛吸纳各方意见。如果刑

---

① 参见 [美] 肖恩·玛丽·博伊恩：《德国检察机关职能研究——一个法律守护人的角色定位》，但伟译，中国检察出版社 2021 年版，第 180 页。
② 参见胡铭：《刑事司法民主论》，中国人民公安大学出版社 2007 年版，第 155-156 页。

事强制措施程序要件欠缺这一方面的考量，则势必会影响到刑事强制措施的正当适用，对公民基本权利造成威胁。其次，该模式不利于消除当事人和社会大众对刑事强制措施的抵制情绪，容易招致犯罪嫌疑人或被告人以及案外第三人的不理解和不配合。最后，该模式不利于发挥刑事强制措施制度对社会的教化功能，从刑事程序法层面抑制了公民法律观念和信仰的形成。因此，我国近年来在各地司法机关的积极探索下，开始适用听证机制办理审查批捕等案件。从未来立法的角度看，该机制属于刑事强制措施运行程序的组成部分之一。

第三，就通过刑事强制措施所获证据之证据资格的判断来说，如何理解并运用非法证据排除规则是其中关键。学界对非法证据排除规则的研究由来已久，在概念上形成了多种不同的表达方式。有论者指出："刑事诉讼中的非法证据排除规则是指在刑事诉讼中侦查人员违反法律规定收集的证据不能在审判中被采纳作为定案根据的规则。"[①] 有论者则指出："非法证据排除规则即指非法取得的证据不得在刑事审判中采纳的规则。"[②] 还有论者指出："根据非法证据排除规则，侦查人员通过违反法律程序的方式所获得的证据，被称为非法证据，而所谓排除非法证据则是指司法机关否定非法证据的法庭准入资格，并不得将其作为判决的依据。"[③] 总体来看，这些表述虽然在形式上存在区别，但是在实质上所表达的内涵基本一致，即刑事诉讼中的非法证据排除规则是指在刑事诉讼程序中不得将那些以非法手段收集得到的证据作为定案根据的证据规则。从该规则的历史发展脉络来看，在证据法学理论和法

---

① 徐静村主编：《刑事诉讼法学》，法律出版社2012年版，第107页。
② 洪浩：《刑事诉讼法学》，武汉大学出版社2019年版，第232页。
③ 陈瑞华：《刑事证据法学》，北京大学出版社2014年版，第126页。

律制度发展的初期，证据的取证手段和可采性之间没有因果关系，取证手段的不适当不会否定证据进入诉讼的能力，凡是与案件中的待证事实存在关联性的证据都具有证据能力。但是，随着证据法学理论的发展和国家法律制度的进步，域外部分国家或地区的审判机关开始察觉到非法取证行为会侵害公民基本权利，所获取的证据存在违反宪法条款和精神的嫌疑，证据能力需要重新评价。例如，美国联邦最高法院在 1949 年的沃尔夫诉科罗拉多案中指出，应当排除违反第四修正案之规定收集得来的证据，州法院系统均应当遵循此规则，禁止使用非法证据。① 随着各国司法实践的不断深入，非法证据排除规则成为各国证据法上不可或缺的一项制度，与刑事司法实践活动的顺畅推进密切相关。具体到刑事强制措施制度中，非法证据排除规则被大部分国家的刑事程序立法作为规制侦查机关违法适用刑事强制措施的机制，通过排除经由违法刑事强制措施所获之证据的方式实现规范侦查机关刑事强制措施实施权的目的。因此，从刑事强制措施体系化层面来看，非法证据排除规则作为重要的程序规制机制，属于体系化工作中关键的外在要素之一。

概言之，刑事强制措施的运行应当保持在特定的程序框架内，进而达到通过程序设计限制公权力运行的目的。在这个过程中，由审判机关对刑事强制措施的运用进行事前审查是域外令状主义的主要特点。同时，听证机制在一定程度上打破了刑事强制措施制度封闭运行的状态，起到了保障公民基本权利的效果。在事后制约环节，非法证据排除规则的理解和适用是保障刑事强制措施制度合法运行的关键程序设计，其直接从证据资格层面倒逼公安

---

① 参见顾敏康：《逮捕、搜查与扣押的宪法问题：美国的经验教训》，法律出版社 2009 年版，第 239 页。

司法机关的刑事强制措施适用活动符合法定程序，否则所获证据材料可能不具备证据资格。但是，从我国立法实践来看，这几点在目前刑事强制措施制度中的设计均有待完善。

三、外在要素下的体系化模式

法律体系的形成是法学工作者发挥个人理性或主观能动性，对现行法律规范进行科学抽象和分类的结果。① 从刑事强制措施的不同要素出发，可以对刑事强制措施制度作不同的体系化分类。不同于前述从刑事强制措施内在要素展开的体系化模式，外在要素下的刑事强制措施体系化模式不直接取用启动要件和程序要件这两个要素，而是透过这两个要素本身先厘清刑事强制措施干涉公民基本权强度的高低，体现出对刑事强制措施干涉公民基本权强度的判断，进而形成体系化的分类。简言之，启动要求较高和审查程序较严的刑事强制措施一般适用于需要对公民基本权进行高度干涉的场合。这主要反映为被适用刑事强制措施的主体应被羁押、涉嫌罪名较重、涉嫌罪名属特殊犯罪。相反，启动要求较低和审查程序较宽松的刑事强制措施则适用于只需对公民基本权进行轻微干涉的场合。这主要反映为被适用刑事强制措施的主体不需要羁押、涉嫌罪名较轻、涉嫌罪名不属特殊犯罪。由此，形成了以是否存在羁押状态、被适用刑事强制措施的主体所涉罪名轻重、被适用刑事强制措施的主体所涉犯罪属性为标准的分类模式。

（一）羁押状态模式

以是否羁押为标准对刑事强制措施制度进行的体系化是指，

---

① 参见黄文艺：《法律体系形象之解构与重构》，载《法学》2008年第2期，第26页。

将整个刑事强制措施体系中的各类刑事强制措施分为可以导致羁押效果的"羁押性刑事强制措施"和不能导致羁押效果的"非羁押性刑事强制措施"。从类型建构的方法论上说,最为常见而且简单易行者为对极思考的方法,例如实质正义与程序正义、人的行为与非人的行为、动产与不动产等。① 以是否羁押为标准进行的刑事强制措施体系化工作正是对极思考方法的表现。这一思考方法的标准较为明确,容易在体系内部形成相互对立的各个部分。研究者作出这一分类的基础在于刑事强制措施是否会导致犯罪嫌疑人或被告人处于被羁押的状态。由于羁押会导致自然人主体在看守所等羁押场所中处于人身自由受限的状态,因此这种体系化模式所针对的刑事强制措施类型只能是干涉人身自由权的各种刑事强制措施,不能涵盖干涉财产权、隐私权等其他基本权利的刑事强制措施。就此而论,综观《刑事诉讼法》和域外主要国家或地区刑事程序法对刑事强制措施类型的设计,以是否羁押为标准对刑事强制措施制度进行的体系化主要是基于我国立法实践的一种分类,对我国目前类型单一的刑事强制措施体系来说具有比较大的价值。②

由此,我国目前的刑事强制措施体系基本可以称作是一个由羁押性刑事强制措施和非羁押性刑事强制措施组合而成的系统。一方面,根据《刑事诉讼法》第 81 条和第 82 条的规定,逮捕和拘留是我国刑事强制措施体系中的两种措施。从效果上看,这两种措施都会导致犯罪嫌疑人或被告人在审前环节处于羁押状态。因此,拘留和逮捕是我国当前刑事强制措施体系中的羁押性刑事

---

① 参见黄茂荣:《法学方法与现代民法》,法律出版社 2007 年版,第 584 页。

② 参见郭烁:《刑事强制措施体系研究——以非羁押性强制措施为重点》,中国法制出版社 2013 年版,第 7 页。

强制措施。正是由于这两种措施会导致审前羁押状态的出现，所以一般认为其对人身自由权的干涉程度较高。尤其，这两种措施主要是在审前环节被适用，因此还可能导致其本来应当具有的程序保障功能在实践中异化为对犯罪嫌疑人或被告人的提前惩罚。在实践中，犯罪嫌疑人或被告人在羁押状态下接受侦查、讯问并等候审判，可能是绝大多数刑事案件的"常规"程序。这种羁押的普遍化现象提高了执法和司法的成本，增加了错误羁押的可能性，滋生了被羁押者之间的交叉感染，将其作为惩罚性措施予以适用的倾向较为明显。① 另一方面，根据《刑事诉讼法》第66条的规定，拘传、取保候审和监视居住是我国刑事强制措施体系中的另外三种措施。从效果上看，这三种措施都不会导致犯罪嫌疑人或被告人在审前环节处于羁押状态，呈现出了与拘留和逮捕不同的实施效果。因此，拘传、取保候审和监视居住是我国当前刑事强制措施体系中的非羁押性刑事强制措施。相比于羁押性措施，非羁押性措施对公民人身自由权的干涉程度较低，因此非羁押性刑事强制措施的设置可以代表一国的刑事强制措施立法水平和法治化程度，以权利为基本导向是这类措施的重要特点。② 我国刑事强制措施体系在立法上虽然照顾到了非羁押性刑事强制措施的特殊地位，但是前述三种非羁押性刑事强制措施在司法实践中的适用频率较低，公安司法机关在大部分案件中更习惯于从风险控制的角度出发优先使用羁押性刑事强制措施。

概言之，以是否羁押为标准对刑事强制措施制度进行体系化改良的关键在于区分各类刑事强制措施是否会导致适用对象处在

---

① 参见徐静村主编：《刑事诉讼法学》，法律出版社2012年版，第165页。
② 参见郭烁：《刑事强制措施体系研究——以非羁押性强制措施为重点》，中国法制出版社2013年版，第50页。

审前羁押状态。这种分类模式可以较好地勾勒出人身性刑事强制措施体系的内在关联,将人身性刑事强制措施体系分拆为相互对立的两个部分,再对这两个部分的协调发展进行探讨。这一模式对厘清我国现行单一属性的刑事强制措施体系来说颇有助益。但是,由于干涉公民财产权或隐私权的刑事强制措施不会导致对公民的羁押,故而该模式难以对这两类刑事强制措施的体系化构建提供帮助。

(二) 罪刑轻重模式

以罪刑轻重为标准对刑事强制措施制度进行的体系化是指,根据犯罪嫌疑人或被告人所涉嫌犯罪的刑罚轻重来对刑事强制措施制度作体系化处理的一种模式。这种模式的分类基础是,犯罪嫌疑人或被告人根据刑事实体法可能被判处的刑罚量。总体来说,以不同国家刑事实体法的规定为基础,这一分类模式中主要包括针对重刑犯罪适用的刑事强制措施和针对轻刑犯罪适用的刑事强制措施两种类型。

我国《刑事诉讼法》在构建目前的刑事强制措施体系时,主要运用的就是这种体系化模式。一方面,根据《刑事诉讼法》第66条、第67条和第82条的规定,取保候审的适用条件为犯罪嫌疑人或被告人可能被判处管制、拘役、有期徒刑或独立适用附加刑;拘传和拘留作为公安机关办理案件时的临时性处置手段,二者对刑罚量都没有要求。因此,这三者可以视为我国刑事程序法针对所涉刑罚较轻的自然人主体适用的刑事强制措施类型。另一方面,根据《刑事诉讼法》第74条和第81条的规定,逮捕的适用条件为犯罪嫌疑人或被告人可能被判处有期徒刑及以上刑罚,而监视居住作为逮捕的替代性措施故适用该措施时需要满足的刑罚条件与逮捕相同。相比于前述三种刑事强制措施对刑罚量的要求，结合《刑法》对各类犯罪刑罚量的规定，这两种刑事强制措施可以视为我国刑事程序法针对所涉刑罚较重的自然人主体适用的刑事强制措施类型。从比较法的视角来看，域外其他部分国家或地区的立法在一定程度上体现出了这一特点。例如，英国1984年《警察与刑事证据法》第24条对无证逮捕或者说即决逮捕的案件范围作了规定，其中就以刑事实体法上的刑期作为即决逮捕案件范围的判定依据，该法第24条规定可能判处5年以上监禁刑的偷盗、接受赃物、入室盗窃、抢劫、强奸等犯罪属于即决逮捕案件的范畴。① 除此之外，日本等国在对刑事诉讼中的各类技术侦查措施进行规定时也采取了类似的分类模式，体现出了犯罪嫌疑人所涉罪名之刑期长短对刑事强制措施立法模式的影响。②

概言之，以罪刑轻重为标准对刑事强制措施制度进行的体系化的基础在于刑事实体法对特定犯罪行为的处罚轻重程度。这种分类模式的逻辑在于，犯罪嫌疑人或被告人可能判处的刑罚量与刑事强制措施的强度之间应当成正比关系，即公安司法机关针对可能判处较重刑罚的罪犯应适用强制程度较高的刑事强制措施，针对可能判处较轻刑罚的罪犯则应适用强制程度较低的刑事强制措施。这种分类模式使刑事强制措施制度能够与刑事实体法相互联系，并呈现出层次化特点。但是，由于这种分类模式主要以犯罪嫌疑人或被告人可能判处的刑罚轻重为依据进行建构，故在实践中可能会使刑事强制措施的程序保障目的被忽视，逐步异化为一种在审前环节提前对犯罪嫌疑人或被告人进行惩罚的措施。

---

① 参见中国政法大学刑事法律研究中心组织编译：《英国刑事诉讼法（选编）》，中国政法大学出版社2001年版，第33页。
② 参见崔敏：《刑事诉讼与证据运用（第一卷）》，中国人民公安大学出版社2005年版，第334页。

(三) 犯罪属性模式

以犯罪属性为标准对刑事强制措施制度进行的体系化是指，根据犯罪嫌疑人或被告人所涉嫌犯罪的属性来对刑事强制措施制度作体系化处理的一种模式。这种模式的分类基础是，犯罪嫌疑人或被告人根据刑事实体法所涉嫌犯罪的性质。总体来说，以不同国家刑事实体法为基础，这一分类模式主要包括针对特殊犯罪适用的刑事强制措施和针对普通犯罪适用的刑事强制措施两种类型。

从《刑事诉讼法》来看，该法在建构当前的刑事强制措施体系时基本没有采用这一分类模式，而只是在部分规定中体现出了不同性质的犯罪对刑事强制措施的适用会产生不同效果。例如，《刑事诉讼法》第75条规定"对于涉嫌危害国家安全犯罪、恐怖活动犯罪的犯罪嫌疑人或被告人，可以在指定的居所执行监视居住"。可见，该法将危害国家安全犯罪、恐怖活动犯罪作为特殊犯罪而在刑事强制措施体系中单独列出并作出特殊对待，便于公安司法机关打击这两类严重犯罪行为。根据《刑事诉讼法》第150条的规定，公安机关在立案后对于危害国家安全犯罪、恐怖活动犯罪、黑社会性质的组织犯罪、重大毒品犯罪或者其他严重危害社会的犯罪案件，可以采取技术侦查措施。可见，在广义刑事强制措施范围内，技术侦查措施只能被适用于特定刑事犯罪。这使得技术侦查与其他刑事强制措施相互区别开来。[①] 除此之外，《刑事诉讼法》基本没有从犯罪性质的角度在刑事强制措施制度内部作专门安排。换言之，我国目前的刑事强制措施体系在对待不同

---

① 参见王东：《技术侦查的法律规制》，载《中国法学》2014年第5期，第274页。

属性的犯罪行为时基本采取相同的处理模式。从比较法视角来看，域外其他国家或地区的刑事强制措施立法在一定程度上体现出了这一分类模式的精神。例如，根据英国1984年《警察与刑事证据法》第24条，出版淫秽物品、引发妇女卖淫、妨害税收征管等特定制定法上的专门犯罪属于即决逮捕案件范畴，进而通过犯罪性质的特殊性来划定即决逮捕案件范围。① 与英国立法实践类似，德国刑事程序立法对各类技术侦查手段进行规定时也采取了这种模式，体现出了犯罪属性对刑事强制措施立法的影响。②

第三节　刑事强制措施体系化的双重维度

"法律体系作为一种客观存在的法律整体，我们可以从各个角度对其进行分类并将分类后而形成的部分整合为系统化的法律整体。不严格说来，选定一个角度或者方向，就能对既定的研究对象给出一个分类。但并不是所有的分类对认识和理解既定的研究对象都有意义。"③ 基于以上分析，刑事强制措施属于国家公权力机关干涉公民基本权的专门措施。从刑事强制措施的本质定位中，可以提炼出刑事强制措施制度运转的内在要素和外在要素。前者包括刑事强制措施的程序主体和适用客体，后者包括刑事强制措施的启动条件和运行程序。根据这些要素，我们可以在理论上从

---

① 参见中国政法大学刑事法律研究中心组织编译：《英国刑事诉讼法（选编）》，中国政法大学出版社2001年版，第269页。

② 参见［德］托马斯·魏根特：《德国刑事诉讼程序》，岳礼玲、温小洁译，中国政法大学出版社2004年版，第123页。

③ 钱大军，马新福：《法律体系的重释——兼对我国既有法律体系理论的初步反思》，载《吉林大学社会科学学报》2007年第2期，第79页。

多个不同角度对刑事强制措施进行分类，在特定语境下实现刑事强制措施的体系化。从效果上看，前述这些根据刑事强制措施运行要素进行的刑事强制措施体系化，虽然有利于我们更加清晰地了解各类刑事强制措施的特点，形成系统性的刑事强制措施制度构建观念，但是，以上这些相对独立的分类模式只是在各自的要素下为刑事强制措施体系化提供了思路，难以支撑起具有稳定结构的刑事强制措施体系。同时，各种分类形式之间的主次关系不太明晰，其中不少的分类形式没有能够展现出刑事强制措施作为基本权干预手段的属性定位，所形成的"法律体系的融贯性"[①] 程度较低，对研究刑事强制措施体系的价值有待提高。因此，需要从整体视角出发，根植于刑事强制措施制度运行的内在要素和外在要素，形成新的内外兼顾的体系化模式。这一模式以刑事强制措施的本质为起点，内在维度的体系化是前提和基础，外在维度的体系化则是对前者的细化和控制。

一、刑事强制措施体系化的内在维度

源发于内在要素的刑事强制措施体系化对应的是刑事强制措施体系的内在维度。法律制度得以被设置并逐渐延展开来的前提是需要明确哪些事项应当被纳入到该制度之中，即首先需要明确该制度规制对象的范围大小。对于刑事强制措施体系化来说，其同样首先需要明确刑事强制措施制度的规制对象，即从内在维度率先厘定出该制度的控制范围。

首先，内在维度的刑事强制措施体系化导源于刑事强制措施的内在要素。"类型的边界虽然是不确定的，但是其总有一个确定

[①] 参见雷磊：《融贯性与法律体系的建构——兼论当代中国法律体系的融贯化》，载《法学家》2012年第2期，第4页。

的内核。"① 刑事强制措施种类的增加需要保持限度，而划定这个限度的依据就是刑事强制措施作为基本权干预手段的内在要素。如前所述：在程序主体层面，刑事强制措施的内在要素表现为国家公权力机关和公民；在适用客体层面，刑事强制措施的内在要素表现为公民的基本权利。因此，内在维度的刑事强制措施体系化需要紧扣这一特征，表现出国家机关对公民基本权利进行干涉的本质属性，以受到干涉的公民基本权利类型作为分类基础来进行演绎。正如有论者指出："在法治国家，刑事诉讼中的刑事强制措施均为对基本权利的侵犯；反之，刑事诉讼中侵犯公民基本权利的行为也必然属于刑事强制措施之范畴。"② 这其实就是从内在要素出发，从内在维度对刑事强制措施制度进行的体系化处理。

其次，从内在维度探讨刑事强制措施体系化的目的在于形成较为清晰的刑事强制措施法定类型谱系，从内在维度划定刑事强制措施的基本范围，使得立法者和司法者可以从权力本质上判断出哪些侦查行为本应当属于我国刑事强制措施的类型体系之中。这一点对于我国的刑事程序立法来说尤其重要。在刑事诉讼程序中，公民的基本权利不应当受到非法干涉。在理论上，除由人民法院对被告人作出定罪量刑的判决进而干涉甚至是剥夺公民基本权利之外，刑事强制措施是公安司法机关在刑事诉讼程序中干涉公民基本权利的主要方式。这是刑事强制措施的本质内涵所在。由此，立法机关需要围绕这一本质内涵构建起一整套权力运行机

---

① [德] 考夫曼著：《法律哲学》，刘幸义等译，法律出版社 2004 年版，第 190 页。

② 陈光中、陈学权：《强制采样与人权保障之冲突与平衡》，载《现代法学》2005 年第 5 期，第 52 页。

制,并形成规范层面的刑事强制措施制度。该制度关系公权力的运行与公民私权利的保护,影响案件证据的获取和国家刑罚权的实现。然而,《刑事诉讼法》一直没有从刑事强制措施本质内涵出发构建其类型体系。目前的刑事强制措施体系只是部分反映出了刑事强制措施的本质和内在要素,导致我国刑事强制措施制度的内在体系不完整。这一点需要从刑事强制措施的本质出发,结合刑事强制措施的内在要素进行改良。

最后,内在维度的刑事强制措施体系化是一种范畴式的体系化。这是该层面的刑事强制措施体系化的展开路径。"法律体系化具有双重形式。其一是范畴式的法律体系化,例如将程序理解为一种法律关系就属于对诉讼法的范畴式构建;其二是目的论式的法律体系化,例如在诉讼法中把诸多程序法规定归诸当事人进行原则等特定原则,就属于目的论式的处理。"① 内在维度的刑事强制措施体系化从刑事强制措施内在要素出发,对刑事强制措施制度的类型范围进行划定。可见,其属于一种范畴式的体系化路径。对这一体系化路径来说,我们需要从范畴背后所反映的事物本质出发,再逐步展开到该事物所涵盖的具体事项之上。因此,内在维度的刑事强制措施体系化需要从刑事强制措施本质出发,逐步扩展到这一概念所能够涵盖的具体刑事强制措施类型,形成一个较为统一的刑事强制措施范畴体系。同时,由于这一维度的体系是从刑事强制措施本质出发,结合刑事强制措施的内在要素而形成的范畴体系。故而,这一体系可以在一定程度上保持相对的开放性,使得立法机关在未来可以将符合这一范畴体系要求的其他措施吸纳进来,使得刑事强制措施的内在体系愈发完善。

---

① 陈爱娥:《法体系的意义与功能——借镜德国法学理论而为说明》,载《法治研究》2019 年第 5 期,第 58-59 页。

二、刑事强制措施体系化的外在维度

除了刑事强制措施体系化的内在维度之外，源发于外在要素的刑事强制措施体系化对应的是刑事强制措施体系的外在维度。从法律体系理论上说，法律体系内部存在着特定的联系状态，表现为一条或数条法律规范的存在涉及其他法律规范或者是以其他法律规范的存在为前提。[①] 不同于刑事强制措施体系化的内在维度主要旨在辨明哪些措施应当纳入刑事强制措施的立法范围，刑事强制措施体系化的外在维度以刑事强制措施体系化的内在维度为基础，旨在为这些干涉公民基本权的国家活动提供正当性，进而在制度运行过程中保持国家权力和公民权利之间的相对平衡。

首先，外在维度的刑事强制措施体系化导源于刑事强制措施的外在要素。如前所述，刑事强制措施的内在要素主要包括启动条件和运转程序。这两个要素决定了一项刑事强制措施能否在案件办理过程中被顺利适用。基于此，当我们对整个刑事强制措施制度进行体系化建构时就应当从这两个要素出发。与考虑单个刑事强制措施的外在要素不同，从整体上对刑事强制措施制度进行外在维度的建构时，需要将所有的刑事强制措施纳入考量范畴。保持各个刑事强制措施所需满足之外在要素的共性，也凸显出不同刑事强制措施所需满足之外在要素的个性。

其次，从外在维度探讨刑事强制措施体系化的目的在于为重新确定的各类刑事强制措施提供正当性基础，明确各个刑事强制措施的适用要件和审查程序，尽量消解国家权力在这个过程中和公民基本权利之间的不对称性并证成刑事强制措施适用的正当性。

---

① [英]约瑟夫·拉茨：《法律体系的概念》，商务印书馆2017年版，第7页。

一般来说,"正当性是指基于社会需要、目标而形成的社会领域的善,其客体是人的行为。"[①] 从这个意义上说,某种事物具有正当性则意味着相关主体对其投来的肯定、认可的意思表达。反映到法学研究领域,学者们习惯于使用"正当性"一词来描述法律制度具有正向价值,是值得确立并运用的制度。对刑事强制措施来说,其本质在于对公民基本权的干涉,因此尤其需要通过一定方式来消解其本身具有的权利干涉属性,使得该制度运行具有正当性。外在维度的刑事强制措施体系化的价值正在于此,其通过对适用要件和审查程序的设计使得刑事强制措施的运用免于肆意,使国家权力的运转被置于特定轨道之上从而获得正当性。

最后,外在维度的刑事强制措施体系化是一种目的论式的体系化。这是该层面的刑事强制措施体系化的展开路径。如前所述,法律体系化的路径基本包括范畴式法律体系化和目的论式法律体系化。内在维度的刑事强制措施体系化属于范畴式路径,外在维度的刑事强制措施体系化属于目的论式路径。这是指该层面的刑事强制措施体系化模式以特定法律原则所反映的制度目的为指导,从外观层面勾勒出刑事强制措施的基本构件。在法律体系建构理论看来,具有融贯性的法律体系内部的法律规范之间具有理念上的相通性,而这种相通性往往以法律基本原则的形式表述出来,证立了整个法律体系的价值基础。[②] 对外在维度的刑事强制措施体系化来说,分工负责、互相配合、互相制约原则和比例原则所反映的刑事强制措施制度目的是建构外在体系的依据:前者要求刑事强制措施体系遵循合理的权力分配模式,实现权力对权力的制

[①] 王海明:《新伦理学》,商务印书馆 2001 年版,第 41 页。
[②] 参见雷磊:《融贯性与法律体系的建构——兼论当代中国法律体系的融贯化》,载《法学家》2012 年第 2 期,第 6-7 页。

约，达成权利保障的目标；后者要求刑事强制措施体系体现出层次性特点，达成手段和目的的统一性。从比较法上看，"在法治发达国家，立法对刑事强制措施适用条件与适用程序的控制主要体现为对以下两项原则的贯彻：一是比例原则；二是司法审查原则。"① 简言之，只有在这两项基本原则所反映的目的之下，刑事强制措施的外在体系才能构建起来。

综上所述，应当从内在维度和外在维度两个方面对刑事强制措施制度进行体系化建构。具体来说：前者指的是刑事强制措施类型的完善；后者指的是刑事强制措施要件的确立，包括证明要件和程序要件两个方面的内容。需要说明的是，应将本章所述"刑事强制措施体系化的内在维度和外在维度"与后文所述"刑事强制措施体系的内外部和谐"相互区别开来。前者是从内部着手对刑事强制措施体系本身作出的分类模式，阐述的是刑事强制措施体系之中的内外两个方面的问题；后者是法学理论评价某一法律体系之体系化程度高低的标准，是从外部着手针对某个法律制度作出的整体评价。因此，在开展刑事强制措施体系化研究时，后者评价的对象就是由内外两个维度所共同构成的刑事强制措施体系本身。

---

① 瓮怡洁：《我国刑事搜查、扣押制度的改革与完善》，载《国家检察官学院学报》2004年第5期，第63页。

第二章　刑事强制措施体系化的理论逻辑

理论基础是一项研究活动能够扎实推进的前提。在开展刑事强制措施体系化研究时,刑事强制措施本身固然是应当注意的重点,但是如何成就我国未来更为完善的刑事强制措施体系或者说如何对目前的刑事强制措施制度进行体系化改良才是应重点关注的对象。因此,从理论基础层面来说,本章将对刑事强制措施体系化的理论基础进行考量而非对刑事强制措施的理论基础进行论证,进而为后文的写作打下基础。对此,从法学基础理论出发,"法律体系化"或者说"体系化方法"一直都是法理学领域研究的重点内容。① 有鉴于此,笔者将从法理学上关于法律体系之建构的基本理论出发,从三个层面对刑事强制措施体系化的理论基础进行阐述。

---

① 参见雷磊:《寻找"新样式"的法哲学——阿道夫·默克尔的一般法学说述略》,载《中国法律评论》2020年第4期,第142-143页。

第一节　价值层面：权力行使与权利保障相平衡

从价值层面来说，法律体系需要保证公权力行使和私权利保障之间的相对平衡。①"权力"与"权利"是现代法治社会的两个轴心，是法律特别是宪法上的一对基本范畴和理论支点，行使权力的主体是国家或者说社会的管理者，拥有权利的主体是公民或者说被管理者。② 从国家的制度设计观之，权力的设定直接或间接地限制甚至剥夺了权利，权利的设定也直接或间接地制约着权力。权力的制度化和权利的制度化存在着矛盾和冲突，立法者要进行衡量斟酌，赋予权力过大的行使范围会直接损害公民的自由，但赋予公民过大的权利同样也是不合适的。因为一旦公民的权利过大，就会对公共机构产生极大的制约，不利于公共机构展开工作。③ 一方面，从公权力行使的角度来说，国家为了维护社会的稳定运行需要通过公权力机关行使公权力，发挥公共管理职能，促进社会经济发展，打击违法犯罪活动。在这个过程中，公权力必须有充分的运行空间。另一方面，从私权利保障的角度来说，每个国家的公民都根据基本法及其他法律法规享有基本权利，再经由公权力机关的配合来保障这些基本权利得以实现。不论是自然人还是单位，在这一点上都是一致的。这需要公民能够在一国制

---

① 参见汪习根，罗思婧：《论当代中国特色社会主义法律体系完善之路》，载《河北学刊》2011年第6期，第147页。

② 参见孙秋杰：《和谐视野下权力与权利的互动平衡论略》，载《甘肃社会科学》2007年第6期，第104页。

③ 参见卢燕：《权力与权利的平衡——构建和谐社会的基石》，载《求实》2006年第8期，第61页。

度框架内顺畅地行使自己的私权利，参与社会经济生活，谋求个体进步发展。否则，基本权利的实现将无从谈起，甚至还可能会发生基本权利受到严重侵犯的极端情况。因此，不论是对于一国的法律体系来说，还是对于某个部门法乃至于部门法中的某个专门制度来说，如何从更好地整体上把握权力行使和权利保障之间的关系都是其实现体系化目标的关键。

一、法律体系需保证国家权力的行使

如何保障公民的各项权利一直都是法学研究尤其是公法学研究中的重要内容，这被认为是评价法律体系建设是否合理的关键指标。但是，从法律体系的价值层面来看，法律体系不仅需要实现权利保障机能，还应当为国家权力的行使打开空间，为国家履行社会管理职能提供便利，为公民的权利行使划定限度。例如，对于民事实体法来说，其当然首先是一部规制公民个人权利义务关系的私法，遵循的是私法自治的基本逻辑。但是，这不代表民事实体法法律体系就不需要考虑对国家公权力的尊重，也不代表该法律体系承认没有限度的公民私权利的无限张扬。在民事立法的经验上，世界各国民事实体法立法普遍都在相关法律制度中明确了公序良俗原则等内容，借以在民事实体法法律体系中也能够保持国家公权力和公民私权利之间的平衡状态。[①] 质言之，一个成熟的法律体系不可因为试图保障公民权利而对国家权力过分限制。相反，一国之法律体系应当为国家权力的行使提供充分的依据和方法。

---

① 参见崔文星：《民法典视野下强制性规范和公序良俗条款的适用规则》，载《法学杂志》2022年第2期，第120页。

从公民权利的角度看，公民在法律上享有各项权利则意味着法律赋予了公民要求国家履行各项义务的资格，公民在这些权利的范围内获得了享受自身权益的空间。但是，不受限制的权利是不存在的，权利的效力范围需受到限缩。正如卢梭指出："人是生而自由的，但却无往不在枷锁之中。自以为是其他一切的主人的人，反而比其他一切更是奴隶。"① 如果公民的权利没有边界，则必将压缩义务方的行动范围，导致权利主体过度庞大与义务主体极端弱小。由于义务主体在无限强大的权利主体面前毫无自由可言，最终必将造成拥有权利者行使权利时的窒碍，权利本身也会失去应有效用。出于公共利益、公共秩序、国家安全、紧急状态和他人权利和自由等目的，公民权利会受到限制。② 公民权利在规范上"限制了国家的活动范围和活动方式"③，但是如果法律制度任由权利范围扩张则势必挤压国家行为的空间，致使国家无法履行保障公民权利的义务，反而不利于全社会范围内公民权利的行使，故法律体系有必要为国家权力的运行提供充分的空间。可见，公民权利具有积极面和消极面两个互相对立的内容，前者指的是公民权利的防御功能或保障范围，后者指的是国家权力对公民权利的限制。就后者来说，这个意义上的国家权力的行使行为相对于公民权利来说具有目的性、直接性、法效性、命令性这四个特质。④ 在司法实践中，国家公权力对公民权利实施干预时都具有这

---

① ［法］卢梭：《社会契约论》，何兆武译，商务印书馆 2003 年版，第 4 页。

② 参见韩大元：《比较宪法学》，高等教育出版社 2008 年版，第 237-238 页。

③ 张翔：《基本权利的规范建构》，高等教育出版社 2008 年版，第 21 页。

④ 参见李建良：《基本权利理论体系之构成及其思考层次》，载《人文及社会科学集刊》1997 年第 1 期，第 62 页。

四个特点。对这些特点进行归纳，有利于我们了解一国法律体系中的国家权力对公民权利实施干预的基本模式。

首先，国家权力的行使具有目的性。这是指国家权力的行使以法律体系中的赋权条款为依据且有明确的行使目的。国家机关在运用国家权力时，应是为了能够实现特定法律体系所欲实现的制度目的。从宏观的层面上说，这些目的最后都可能归于促进一国社会经济的稳定发展，维护本国的社会安宁和公民的幸福生活。从微观的层面上说，不同的法律部门有着不同的调整对象，试图实现的是不同属性的制度价值，因此国家机关在根据这些法律行使权力时会具有不同的目的。例如，刑事实体法以遏制并打击刑事犯罪行为为目标，因此国家机关在运用刑事实体法形式权力时自然就需要以此为目的。[①] 行政实体法的主要功能在于明确行政机关的社会管理职能，从财政税收、社会治安、市场管理等方面出发运用国家公权力，因此国家机关在依据行政法律法规行使权力时的主要目的在于从事社会管理。[②] 其次，国家权力的行使具有直接性。这是指国家权力的行使是有特定对象的，从效果上看会直接对特定对象的权利义务产生影响。在实践中，国家权力的行使往往指向特定的对象，不具有特定对象的国家权力行使状态基本是不存在的。由此，接受国家权力调整的对象的权利义务状态会直接受到国家权力的影响。这一影响主要表现为该对象相应权利或义务的增减。例如，在由市场监督部门主导的市场管理活动中，国家机关通过行使公权力的方式可以赋予企业从事某项经营活动的资格，也可以通过行政处罚的方式对企业的违规经营行为进行

[①] 参见陈文昊：《刑法目的观的反思与重塑》，载《中国刑警学院学报》2018年第1期，第5页。

[②] 参见章剑生：《现代行政法目的的新阐释——基于以人为本的行政理念》，载《求实学刊》2009年第6期，第74页。

惩治甚至是取消相应的经营资格。再次，国家权力的行使具有法效性。这是指国家机关行使权力的活动是一种根据法律规定作出的具有法律效力的行为，具有实定法上的权力来源。国家权力在行使过程中不仅会产生赋权效果，还可能会导致对公民权利的侵入。不论是哪一种权力行使状态，国家权力都需要遵循"法无授权不可为"的基本原则，使自身的权力行使具有法律依据并产生法律效力。① 这也是依法治国理念的一种表达形式。最后，国家权力的行使具有命令性。这是指国家权力的行使对相对人来说在效力上具有强制性，相对人应当服从国家机关的决定进而调整自身权利义务的行使状态。"尤其，在具有强烈政治本位传统的东方社会，公权力一直被理解为是第一性的、对民众具有决定和支配作用的力量。"② 国家机关作为国家和社会的管理者，一般情况下其行使权力后的效果对相对人来说应具有命令属性，即要求相对人必须按照权力行使的要求作出相应的行为。否则，国家公权力将流于形式而毫无威慑力，国家和政府也不能实现社会管理职能，公民生活将陷入无序状态。为了实现国家权力的这种命令性，国家还需要为此配备相应的人员、机构、场所。正如恩格斯指出："构成这种权力的，不仅有武装的人，而且还有物质的附属物，如监狱和各种强制机关。"③ 当然，国家权力行使所产生的这种命令性立基于国家行为是在符合相关法律法规要求的情况下作出的。

---

① 参见童之伟：《"法无授权不可为"的宪法学展开》，载《中外法学》2018年第3期，第570页。

② 刘中起，郑晓茹：《流变中的公权力与私权利：从边界模糊走向制度平衡——〈权力与权利：共置和构建〉评介》，载《湖北大学学报（哲学社会科学版）》2018年第1期，第165页。

③ 中共中央编译局编：《马克思恩格斯选集（第4卷）》，人民出版社1972年版，第167页。

换言之，违法的国家权力行使所产生的命令性可以通过行政复议、行政诉讼等方式予以撤销。权力作为国家和政府从事社会管理活动的必要工具，法律体系必须对其行使提供一定程度的便利。① 但是，我们在许多方面又必须把法律视为社会生活中的一种限制力量，使用法律对无限制行使权力的做法设置障碍并维持社会均衡。②

二、法律体系需实现公民权利的保障

从概念上说，法律体系中的权利是规定或隐含在法律规范中并实现于法律关系中，主体以相对自由的作为或不作为的方式获得利益的一种手段。③ 对于一个完善的法律体系来说，其除了应当满足国家权力行使的需求之外，还需要在制度层面给予公民权利保障以充分的关注，不可因为便利国家权力行使而对公民权利视而不见。即法律体系在价值层面应当兼顾国家权力行使和公民权利保障的双重意涵。这一点对于任何一种法律制度来说都是必要的，尤其对于强调国家公权力运行的公法法律体系来说，其更应当在其中贯彻公民权利保障的理念，体现公民权利保障的方法。例如，有论者就从宪法上公民基本权利体系的研究出发，指出如何在防止滥权与保护权利之间求得平衡是研究基本权利所必须面临的根本问题。④ 否则，一旦法律体系失去了国家权力和公民权利

---

① 参见吴玉章：《权力制度化的难点及法律思考》，载《北方法学》2016年第1期，第5页。
② 参见［美］E·博登海默：《法理学：法律哲学与法律方法》，邓正来译，中国政法大学出版社2017年版，第375页。
③ 参见张文显主编：《法理学》，高等教育出版社、北京大学出版社2007年版，第142页。
④ 参见李建良：《基本权利理论体系之构成及其思考层次》，载《人文及社会科学集刊》1997年第1期，第60页。

之间的平衡关系，则势必造成国家权力对公民权利的过度侵蚀。国家机器对公民生活干预过深，公民因而丧失了行使自身权利的可能性，国家社会经济发展也会因此受到阻碍。"历史经验表明，建立在国家机器之上的权力本身有很强的自我扩张性，不对权力进行分割、约束，它会很自然地超范围行使。而过度的、不受限制的权力无疑对国家、社会和公民个人都是灾难性的。"① 质言之，法律体系有必要在保证国家权力顺畅行使的同时也为公民权利的实现打开通道。② 从法律体系实现公民权利保障之价值的基本模式来看，主要可以分为以下几种。

首先，法律体系需要从制度层面对权力与权力之间的关系进行合理规划，从权力内部达到权力之间相互制衡的目的，进而便利于公民权利的保障。这是法律体系从权力层面对实现权利保障作出的贡献。否则，权力结构设置不当将导致公权力与私权利之间的失衡。③ 一般来说，国家权力可以被分为立法权、司法权、行政权、检察权、监察权等多种权力类型。在国家权力的划分模式下，各种国家公权力在基本内涵、行使机关、展现方式等方面基本形成了较为清晰的区分关系，并共同归属于整个国家的权力制度之内，各自负责不同的工作，彼此之间形成了较为稳定的结构和制衡关系以防止其中某一项权力发展过大，进而维持整个权力体系的相对稳定，防止个别国家权力对公民权利的行使造成阻碍。这是从宏观层面对国家权力作出的体系化安排。同时，从权力自

---

① 孙秋杰：《和谐视野下权力与权利的互动平衡论略》，载《甘肃社会科学》2007 年第 6 期，第 104 页。
② 参见柳经纬：《从权利救济看我国法律体系的缺陷》，载《比较法研究》2014 年第 5 期，第 185 页。
③ 参见陈秀平，陈继雄：《法治视角下公权力与私权利的平衡》，载《求索》2013 年第 10 期，第 192 页。

身的分配模式具体到某个单一的法律制度中后,这种由权力制约权力的模式会得到进一步的细化。例如,以国家根据刑事实体法的规定对犯罪主体进行惩罚这一权力举例,其并不是由单一的权力类型所组成,而是通过多个国家机关行使多个不同种类权力的方式来实现的。对此,国家的法律制度赋予侦查机关以侦查权从事证据收集、嫌犯抓捕等工作,公诉机关有权对案件提起公诉,审判机关有权对案件进行审理并最终确定被告人是否以及如何施以刑罚,执行机关则必须根据审判机关的结论落实对被告人的惩罚措施,在法律限度之内直接对公民权利实施干预。① 在这个过程中,国家刑罚权在权力内部实现了权力之间的配合,避免了由单一国家机关包揽侦查、起诉、审判等一揽子权力的情况的发生,为保障公民权利打下了制度基础。还有论者从我国捕诉合一制度的运行现状出发,指出捕诉合一制度运行过程中权力与权利之间未保持平衡状态。捕诉一体模式下的检察机关权力形式呈单向性结构,承办案件的检察官在审前程序中拥有绝对权力,故而立法需要改善刑事诉讼审前架构的封闭性及公权力行使的单向性,强化对检察机关的外部监督和制约。② 这其实也是一种以权力制约权力的改良路径,进而在捕诉合一法律体系中实现权力与权利之间的相对平衡。

其次,法律体系需要对权力的行使设置法定要件,国家机关只有在满足法定要件的情况下才能够行使相应公权力。如前所述,国家权力的行使具有法效性。即法律的具体规定是国家机关行使权力的根据。由此,国家机关行使权力时就需要满足法律规定的

---

① 参见赵梦茈、宋玉娇:《从"分工负责、互相配合、互相制约"原则看公检法关系现状及其改革》,载《当代法学》2003年第8期,第154页。

② 参见周莹莹:《权力与权利的相对平衡:捕诉一体模式下审前辩护权保障研究》,载《青海民族大学学报》2021年第4期,第130页。

要件。例如，在刑事审判活动中人民法院如欲对被告人判处相应刑罚，则必须满足《刑事诉讼法》中关于有罪判决的证明标准；在行政管理活动中，行政管理部门如欲对行政相对人处以罚款等行政处罚，则必须满足《行政处罚法》中关于罚款的使用条件；在民事执行程序中，人民法院如欲对被执行人采取划拨财产等执行措施，则必须满足《民事诉讼法》中关于划拨被执行人财产的具体条件。在具体分类上，权力行使的要件一般可以被分为实质要件和形式要件两类。前者是从事实或证据层面对权力的行使要件进行的考察，例如人民法院宣判被告人有罪的证据标准；后者是从程序层面对权力的行使要件进行的考察，例如检察机关在程序上同意批准逮捕是公安机关实施逮捕活动的前提。从效果上说，这些要件的存在给权力的行使划定了边界，避免了国家机关无限制地行使公权力，促进了法律体系之公民权利保障目标的实现。

最后，法律体系需要为权利人提供救济渠道，使权利人能通过特定程序维护自身合法权益。如果说前两种方式是从权力内部出发对权力本身进行限制的话，那么给权利人提供救济渠道则是法律体系从权利角度出发对权利保障价值的实现提供的帮助。一般来说，国家权力行使产生的效果可以被分为赋权效果和限权效果两种。[①] 不论对于哪一种国家权力行使效果来说，法律体系都有必要设置相应的救济渠道。一方面，对于具有赋权效果的国家权力行使活动来说，被赋予权利的主体一般来说不会对此产生异议。但是，国家在赋予特定主体以相应权利的同时，往往意味着其他主体可能就难以再享受此类权利。知识产权管理机关对相关主体实施的确权活动即属其中典型。在这种情况下，尤其需要给予被

---

① 参见甘霆浩：《法律赋权：理论、经验及其中国可能》，载《学术探索》2017年第10期，第52页。

赋权主体之外的其他主体充分表达意见的机会从而维护合法权益。另一方面，对于具有限权效果的国家权力行使活动来说，其需要给予被限权主体救济途径来保障合法权利。在刑事审判中被判处刑罚的被告人有权依据法律规定提起上诉、在行政处罚活动中被处以行政处罚的主体有权提起行政复议或行政诉讼等都是法律体系为权利人提供救济途径的例子。权利人通过这些救济渠道可以充分表达意见，实现对自身合法权利的保障。概言之，保障公民合法权益是法律体系在维持国家权力运行的同时应当具备的另一价值。只有这样，一国的法律体系才能够达至国家权力和公民权利之间相对平衡的规范状态。

三、刑事强制措施体系的双重价值

刑事强制措施体系隶属于整个刑事程序法法律体系，因此自然属于公法范畴。但是，这不意味着就不需要考量公民私权利在这个法律体系中的位置。相反，正是因为刑事强制措施体系是一种具有公法属性的法律制度，其为了实现打击犯罪等目标本就十分注重国家公权力的落实，给予了公权力以充分的发挥空间。因此，这正说明这类法律体系重点应当关注的反而是公民权利的保障，由此才能够达成整个法律制度的相对平衡而不至落入公权力行使强度过大的窠臼之中，实现"国家权力和个人权利相平等的现代法治理念"[①]。

（一）刑事强制措施体系中的国家权力行使

"每一社会均须有保护本身不受犯罪分子危害的手段。社会必

---

① 翁怡洁：《我国刑事搜查、扣押制度的改革与完善》，载《国家检察官学院学报》2004 年第 5 期，第 62 页。

须有权逮捕、搜查、监禁那些不法分子。"① 刑事强制措施即为限制公民基本权利的公权力行使方法之一。从基本权利的角度看，公民相对于国家而言享有基本权利，根据权利享有者拥有要求义务承担者为或不为一定行为之资格的当然法理，享有基本权利的公民有资格要求国家为或不为一定之行为。但是，由于基本权利的扩张必然挤压国家行使公权力的空间，过度强调基本权利和国家公共义务的思维必将过度限制国家的行动能力，导致国家难以通过公权力活动保障社会秩序的稳定状态，故应为公民主张基本权利的行为划定界限而不致国家行动空间被过度压缩。由此，刑事强制措施体系中的国家权力行使具有以下特点。

首先，刑事强制措施体系中国家权力的行使具有现实必要性。由于刑事案件的特殊性，普通公民基本不具备与犯罪分子作斗争的能力，故公民只能根据基本权利的主观权利属性，请求国家追诉犯罪分子以预防公民不受犯罪行为侵害或挽回已经受损的正当权益，请求的内容自然包括对犯罪分子适用刑事强制措施。同时，根据基本权利的客观法属性，国家应当颁布法律规范（制度保障）和设置检警机构（机构保障）②，为在刑事诉讼中维护公民处在危险状态的基本权利或者伸张公民已经受损的基本权利创造客观条件，其中的法律制度就包括刑事强制措施制度，而检警机构的职能自然包括实施刑事强制措施的权力。由此，公民的各类权利才得以在刑事案件中得到切实保护。

其次，刑事强制措施体系中国家权力的行使模式具有自身的特殊性。总体来说，基于基本权利理论对基本权利侵害行为之特

---

① ［英］丹宁：《法律的正当程序》，李克强等译，法律出版社1999年版，第109页。

② 参见伯阳：《德国公法导论》，北京大学出版社2008年版，第86页。

点的总结，刑事强制措施体系中国家权力的行使具有目的性、直接性、法效性和命令性的特点。其一，刑事强制措施对公民基本权利实施的干预具有目的性。这是指国家公权力机关在对公民实施刑事强制措施时必须具有特定的主观目的，而不仅仅是部分国家行为做出后的单纯结果。例如，公安机关为实现抓捕犯罪嫌疑人的目的，采取具有针对性的逮捕措施干预公民的人身自由权，就表现出了公安机关在这类活动中所具有的目的性。相反，对一些国家行为来说，代表国家的公权力机关没有表现出针对特定公民所欲达成的目的。例如，城市规划部门在进行城市道路建设时往往需要采用特定路段或时段限制通行等措施，这些措施虽然干预到了公民的相关权利，但是这只是国家行为所产生的当然效果，没有体现出国家干预公民基本权的意图，与刑事强制措施对公民基本权利实施干预时具有的目的性显然不同。其二，刑事强制措施对公民基本权利实施的干预具有直接性。这是指基本权受限的状态是刑事强制措施实施后产生的直接结果，而不仅是间接结果或附带效果。例如，公安司法机关对涉嫌生产、销售有毒有害食品罪的甲公司的厂房实施查封，令该公司无法正常从事生产经营活动，导致其无法履行与案外第三人乙公司之间的买卖合同。其中，公安司法机关对甲公司财产权实施的干预属于直接干预，体现出了刑事强制措施对公民基本权利实施干预时具有的直接性特点，而对案外第三人乙公司造成的经营上的不利影响则仅属于刑事强制措施实施活动对公民基本权利造成的间接影响。其三，刑事强制措施对公民基本权利实施的干预具有法效性。这是指刑事强制措施对公民基本权实施的干预是具有法律效果的法律行为，而不仅仅是国家实施的事实行为。例如，根据《刑事诉讼法》第67条的规定，公安司法机关有权对存在患有严重疾病而生活不能自理等情形的犯罪嫌疑人或被告人进行取保候审。公安司法机关即可依据该规定实施特定法律行为，产生犯罪嫌疑人或被告人被取保候审的法律效果。相反，在仅存在事实行为的场合，则无法体现出刑事强制措施对公民基本权利实施干预时所具有的法效性。例如，公安机关对犯罪嫌疑人甲实施监听，试图收集甲与共犯乙的犯罪证据，但是在这个过程中公安机关也不可避免地监听到了案外第三人丙和甲之间的通话。对于丙来说，虽然其隐私权也受到了监听的干预，但是这仅属于事实行为的范畴，应当与公安机关对甲实施的具有法律行为属性的监听相互区别开来。其四，刑事强制措施对公民基本权利实施的干预具有命令性。这是指公安司法机关采用刑事强制措施对公民基本权利实施干预时带有命令的属性，要求公民必须按照公安司法机关的要求做出特定的行为。这一特性表明刑事强制措施在干预公民基本权利之时具有自上而下的命令属性，而刑事强制措施在实施过程中往往会遭到公民的反对甚至是抵抗，故刑事强制措施的实施必然伴随着强制力，进而保证公安司法机关的办案目的能够得到实现。正如有论者指出："在刑事诉讼中，由于刑事强制处分权是以国家强制力为后盾的，国家强制力是其强制性的根源，刑事强制处分权是国家强制力的外化和具体展开，它通过对相对人的精神、肉体限制和压迫等方式产生强大的威慑力。"[①] 可见，在各类国家行为之中刑事强制措施对公民基本权利的干预程度较高，因此势必需要受到相应的制约。

最后，刑事强制措施体系中国家权力的行使对象可能会扩大到除犯罪嫌疑人、被告人之外的第三人。在刑事程序中，扩张某个公民的基本权利就意味着使用强制力减损甚至是剥夺其他公民

---

① 宋远升：《刑事强制处分权的分配与制衡》，法律出版社2010年版，第22页。

的基本权利。一般来说，基本权利得到扩张者通常是被害人，基本权利受到限制者是犯罪嫌疑人或被告人。这是刑事诉讼程序中较为常见的一种公权力限制私权利的模式，即为了实现被害人的基本权利而不得不运用公权力限制犯罪嫌疑人或被告人的基本权利。当然，其中也包括国家利益、社会利益、公共利益等抽象利益的实现。从限制的方式上看，这就表现为公安司法机关为了侦破案件而运用刑事强制措施使犯罪嫌疑人或被告人的基本权利在判决作出之前就被抑制。但是，这只是刑事强制措施制度中较为基本的"权利实现—权利限制"的样态。随着刑事案件的变化，基于维护抽象化的公共利益，除犯罪嫌疑人或被告人以外的刑事诉讼参与人都可能在一定场合被要求基于侦破刑事犯罪的需要而限制自己的基本权利。例如，强奸案被害人被要求实施身体检查以便公安机关获取强奸犯的身体痕迹以作证据，或者作为证人的酒店老板被要求打开酒店监控视频以供侦查机关查看等，都是公权力基于维护社会利益的考虑，对除犯罪分子以外的其他公民之基本权利的限制。质言之，在公安司法机关通过行使公权力的方式运用刑事强制措施办理案件时，公民的基本权利存在着"实现和限制"两种不同境遇。当刑事强制措施介入后，由于数个公民的基本权利在此发生了交汇，导致个别公民的基本权利受到了限制而部分公民的基本权利得到了实现。这是基本权利进入实在部门法领域后产生的生动效果，也是刑事强制措施限制公民基本权之本质在基本权内部的理论推演。

概言之，刑事强制措施体系作为国家刑事诉讼法律体系中的重要一环，其也需要为国家权力的行使提供空间。而从基本权理论上说，由于基本权利的原始目的在于防御来自国家的侵害，故而传统上对于国家之侵害行为的理解通常着重关注该行为是否对公民造成了不利影响，由此在这个意义上的所谓侵害行为往往具有目的性、直接性、法效性、命令性这四个特质。① 结合前述国家权力在法律体系中的运行特点，从刑事强制措施的基本概念出发，其对基本权实施干预时同样具有这四个特点。同时，刑事强制措施一般针对犯罪嫌疑人或被告人适用，但是在个别案件中国家权力行使的对象可以扩大到被害人、证人等其他主体。据此，明确以上几点有助于我们了解国家权力在刑事强制措施法律体系中的运行状态，也可以帮助我们进一步观察刑事强制措施的内涵以及刑事强制措施和公民基本权利之间的互动关系。

（二）刑事强制措施体系中的公民权利保障

刑事强制措施体系需要维护国家权力的正常运行进而实现打击刑事犯罪的基本目标。但是，刑事强制措施体系仍旧需要从其他方面实现对公民权利的有效保障，"强调司法机关在追诉犯罪过程中有保障犯罪嫌疑人和被告人权利的义务"②，以保持国家权力和公民权利在这一法律体系中的相对平衡。从各国的刑事强制措施立法来看，刑事强制措施体系的公民权利保障价值一般都是通过程序审查机制实现的。正如有论者指出："在涉及国家与个人之关系的刑事诉讼中的所有强制处分都必须通过三个阶段的审查，即根据基本权的规定实施基本权干预再证成这种干预具有正当性，由此该强制处分才属于合法的基本权干预。"③ 这种证成刑事强制措施的实施具有正当性的活动，就是从程序审查层面对刑事强制

---

① 参见李建良：《基本权利理论体系之构成及其思考层次》，载《人文及社会科学集刊》1997年第1期，第62页。

② 朱福惠：《被害人个人隐私信息保护的理论证成与体系化建构》，载《国家检察官学院学报》2019年第3期，第76页。

③ 林钰雄：《从基本权体系论身体检查处分》，载《台湾大学法学论丛》2004年第3期，第155-156页。

措施体系之公民权利保障机能的维护。目前，域外其他国家或地区普遍将令状制度作为发挥刑事强制措施体系之公民权利保障价值的关键机制，由审判机关进行事前审查以保证刑事强制措施的实施具备正当性。

就我国的刑事强制措施体系来说，目前尚不存在由人民法院主导的司法令状制度。在发挥刑事强制措施体系的公民权利保障价值时，其主要是靠刑事强制措施实施机关进行自我监督，同时辅之以由人民检察院主导的侦查监督机制。尤其，在除逮捕之外的大部分刑事强制措施和侦查措施适用过程中，检察监督是保障刑事强制措施体系发挥公民权利保障价值的主要方法。历史地看，为了协调检察权和侦查权之间的关系，保障侦查活动的合法性，对刑事强制措施和侦查措施的适用进行法律监督一直都是我国检察机关履行侦查监督职责的方式之一。在以审判为中心的诉讼制度改革的背景下，加强对强制性侦查措施的检察监督，实现对侦查权的法律控制越来越成为理论界与实务界关注的重点。[①] 这也符合我国不断发展的公民权利体系的需求。在规范上，《人民检察院刑事诉讼规则》第 567 条列举了检察机关对侦查行为有权进行监督的情形，涵盖了违法使用勘验、检查、搜查、鉴定、技术侦查、查封、扣押、冻结以及五种人身性刑事强制措施等内容。该司法解释第 568 条和第 569 条继续明确了检察机关针对违法侦查行为的处理方式，对于检察机关自侦案件来说其有权提出纠正意见，对于由公安机关侦查的案件来说其有权在符合条件的情况下进行刑事追诉。同时，发布于 2021 年 6 月 15 日的《中共中央关于加

---

① 参见温军，张雪妲：《强制性侦查措施检察监督研究——"以审判为中心"背景下的侦查权法律控制思考》，载《学习与探索》2017 年第 1 期，第 78 页。

强新时代检察机关法律监督工作的意见》明确指出检察机关应当强化对刑事侦查活动的监督,规范强制措施和侦查手段适用,切实保障人权。相比于中国共产党第十八届四中全会作出的《中共中央关于全面推进依法治国若干重大问题的决定》,该意见扩大了可以实施检察监督的强制措施和侦查手段的范围,不再把监督的对象局限于限制人身自由的各类措施。可见,由检察机关监督刑事强制措施和侦查手段的适用是否合法的监督模式已经引起了实务界的关注。总体来看,当前我国刑事强制措施体系在发挥公民权利保障机能时具有以下特点。首先,主要由刑事强制措施实施机关进行自我监督,意图在国家权力内部实现对权力的制约,而检察监督则以一种重要的外部制约方式同时存在。其次,外部制约方式的阶段后置。当前,检察机关对侦查行为的外部监督仅限于事后审查。检察机关虽然有权监督侦查行为的运用,但是这种监督并非以事前审查的方式实现而是以事后规制的方式实现。最后,外部制约的监督对象较广。检察机关进行侦查行为监督时,其对象基本包括了所有的侦查手段,同时也包含五种人身性刑事强制措施的适用。即在我国目前的刑事强制措施立法模式下,侦查行为和刑事强制措施被作为一个整体共同构成了侦查行为监督的对象。在这种模式下,国家权力在我国刑事强制措施体系中的运行受到了限制,在一定程度上有利于刑事强制措施和侦查措施的准确适用,进而给该体系之公民权利保障价值的实现打下了制度基础。

概言之,一个合理的法律体系是保证国家权力运行与促进公民权利保障相互结合的系统。这应当是法律体系应具有的双重价值而不宜偏废。只有同时具有这两个价值,法律体系才能够长久稳定地运转。结合我国社会发展现状并从比较法的视角言之,我国刑事强制措施体系从整体上看仍旧处在一个国家权力扩张而公民权利偏弱的状态当中。其中,国家权力的行使尚需要进行有效制约,而公民权利的保障相应地还有进一步强化的空间。

第二节 结构层面:原则指导与规则构建相结合

从结构层面来说,法律实现体系化时主要存在两种基本结构,分别是阶层模式和规则—原则模式。① 这是由于法律规则和法律原则在法学理论上被认为是构成法律体系的两个基本要素。② 据此,在法理学上研究者们才将法律体系化的构造模式分为了两种,其一就是法律体系的阶层模式,其二就是法律体系的规则—原则模式。一方面,对于阶层模式来说,该模式认为法律体系是由宪法规范延伸而成的一个系统。在这个模式中,原则和规则之间的关系被相对虚置。另一方面,对于规则—原则模式来说,该模式认为法律体系是一个从法律原则出发延伸出相关法律规则的系统。与阶层模式不同,规则—原则模式更强调法律原则对法律规则的引导作用,重视法律原则和法律规则之间的互动。从效果上看,这两种结构都可以形成相对稳定的法律体系。但是,笔者经过比较后认为后者是更适宜的法律体系建构模式,同时可适当吸收阶层模式的优点,并在刑事强制措施体系化的研究中予以贯彻。

一、两种结构的基本内涵

一方面,对于法律体系的阶层构造模式来说,法律体系是一

---

① 参见雷磊:《法律体系、法律方法与法治》,中国政法大学出版社2016年版,第17-41页。

② 参见冯威:《法律体系如何可能?——从公理学、价值秩序到原则模式》,载《苏州大学学报(法学版)》2014年第1期,第40页。

个层层递进的金字塔形系统,主要表现为由宪法规范出发导出各个部门法规范进而形成司法实践中的"活法",由此形成了法律体系的基本构造。从学术史的角度来说,阶层构造模式的创始人是德国法学家阿道夫·默克尔,同时奥地利裔犹太人法学家汉斯·凯尔森对该学说的形成和发展起到了推动作用。整体上看,阶层构造论的建构目的在于对"法"这一现象进行结构上的塑造和关联。在这个过程中,法律规范是贯穿整个阶层构造理论的要素。对于法律规范的概念,法理学上有多种分类,一般法律规范与特别法律规范、动态法律规范与静态法律规范、实定法上的法律规范与实践中的法律规范等都是其中适例。在这个基础上,阶层构造理论认为法律体系是由上下层级分明的法律规范构成的产物。这一学说被视法律规则为独立规范来源的学者所认可,因为这一派学者一般都不重视甚至于直接否认法律原则的存在和功能。例如,哈特在其早期研究中没有注意到法律原则的存在,而后随着其与德沃金之间的论战日渐深入,哈特才逐步在自己的理论中添加进了法律原则的内容。[①] 从这个层面上说,持阶层模式的研究者将所有法律规范都看作是法律规则的一种表达。

另一方面,对于法律体系的规则—原则构造模式来说,法律体系是一个由法律原则引出法律规则的系统。在这个系统中,法律原则指导并促成了各个法律规则的规范内容,形成了从原则到规则的规范样态。从学术史的角度来说,德国法学家阿列克西等研究者注意到了阶层构造模式只是以规范为要素来建构体系,而没有给予法律原则足够的重视,因此规则与原则并立的模式最终

[①] 参见〔英〕哈特:《法律的概念》,许家馨、李冠宜译,法律出版社2006年版,第244-248页。

在阿列克西等学者那里得到了集大成的阐释。① 从概念出发，法律原则是指法律的基础性真理、原理，或是为其他法律要素提供基础或本源的综合性原理或出发点。② 它是法律规范的另外一种形式，集中体现了人们应该如何行动的价值判断，至于作为法律规范主要形式的规则而言，法律原则担负着作为规则的根据、修正规则的错误等职能。③ 正是法律原则的这种特点，使其能够在立法活动中率先对法律制度的结构、功能、目的等基本问题进行明确，从而在后续的立法活动中据此设计出符合基本原则的具体规则。同时，当法律制度落实到司法实践中时，法律原则又能够发挥查遗补漏的作用，对整个法律制度的运行提供价值判断层面的指导或者法解释论层面的依据。正如有论者指出："确立了一批什么样的法律原则，也就确立了一种什么样的法律制度。"④ 概言之，规则—原则模式的显著特征表现在原则对规则的塑造作用上。目前，这一模式在我国部门法的建设中得到了广泛应用。例如，刑事程序法上有公检法三机关分工负责、互相配合、互相制约的基本原则，进而在具体的制度构建过程中才会有公检法三机关负责不同工作的安排，形成了体系性的规范状态。

二、两种结构的比较选择

比较来看，这两种结构的主要区别在于体系要素的不同。阶层构造模式认为法律体系的构成要素仅包括法律规则，规则—原

---

① 参见雷磊：《法律体系、法律方法与法治》，中国政法大学出版社2016年版，第14页。
② 参见张文显主编：《法理学》，高等教育出版社、北京大学出版社2007年版，第121页。
③ 参见郑永流：《法律方法阶梯》，北京大学出版社2020年版，第50页。
④ 张文显主编：《法理学》，法律出版社1999年版，第72页。

则构造模式则认为法律体系的构成要素包括法律规则与法律原则这两个要素。换言之,在阶层构造论的法律体系化视野中,仅仅存在法律规范这一种要素,法律原则被排除在外。而在规则—原则构造模式中,法律规则和法律原则共同构成了法律体系化的要素。阿列克西就曾首次从语义学的角度将法律规则界定为确定性命令,而将法律原则界定为在事实可能性与法律可能性上尽可能达到最佳化的要求,并认为整个法律体系是由法律规则与法律原则共同构成的。① 笔者认为,规则—原则模式是更加合适的法律体系构成方式。

首先,阶层构造模式可以保障法律体系在形式上具有连贯性特点,而规则—原则模式在保障法律体系具有形式连贯性特点的同时还可以从实质层面体现出法律规范之间的价值融贯性。"法律原则系法理念之具体的表现,是一种实质的法思想。"② 因此,实务人员可以通过法律原则明确法律制度的价值判断基准,有益于对法律规范的正确理解和司法适用。例如,实务人员在处理部分案件尤其是疑难案件时往往会遇到法律规则难以直接适用的问题,由法律规则作为大前提展开的司法三段论模式暂时失去效果。此时,法律原则作为一种调适法律规则之间关系的节拍器,可以帮助我们作出符合社会普遍价值观并被立法所承认的判断,再通过法律原则将这种判断投射到案件办理过程中。采用这种思维模式的前提是法律原则需要被视为整个法律体系的一部分,否则将无从适用。

---

① 参见冯威:《法律体系如何可能?——从公理学、价值秩序到原则模式》,载《苏州大学学报(法学版)》2014年第1期,第44页。
② 黄茂荣:《法学方法与现代民法》,法律出版社2007年版,第619页。

其次，阶层构造模式只保障了法律体系的稳定性，而规则—原则模式在维护法律体系稳定性的同时还可以兼顾灵活性。从特点上看，法律规则是一种内涵较为确定的法律规范，司法人员可以直接通过三段论的方式适用相应法律规则裁判案件。与此相反，法律原则的内涵流动不定，包含着较多的不确定因素，故而司法人员在实际操作过程中一般不会直接适用法律原则裁判案件，法律原则的权衡功能被作为一种兜底方法，保证法律体系拥有充足的灵活应变能力。法律体系若想在较长时间内存在并有效指导和调整社会生活，就必须在保持相当程度的稳定性的同时也保持开放性，以便适应社会生活的变动不居，这也是实现法律体系之内部和谐状态的一个非常重要的环节。① 因此，将法律原则和法律规则同时视为法律体系的组成部分，有助于形成一个确定性和开放性兼备的法律系统，以避免那种单纯强调法律规则所带来的刻板司法，助力于实现法律体系的和谐状态。

最后，阶层构造模式充分照顾到了法律体系的安定性，而规则—原则模式在维护法律体系安定性的同时还可以兼顾正当性。法律规则作为文字表达的产物，其中包括部分开放结构或者说空缺结构。对此一般有两种解释：其一是语义上的开放结构，自然语言带有空缺结构即语言文字的含义有核心地带与边缘地带之别，因此使用自然语言的法律也具有这种空缺结构；其二是评价意义上的开放结构，人类预见未来的能力有局限性，对目的认知相对模糊，同时人类社会又有确定性与适当性这两种相互冲突的现实需要，由此产生了法律的"空缺结构"。② 基于此，从纯粹法学的

---

① 参见郭建果，钱大军：《法律体系的定义：从部门法模式到权利模式》，载《哈尔滨工业大学学报（社会科学版）》2021年第6期，第61页。

② 参见［英］哈特：《法律的概念》，张文显等译，中国大百科全书出版社1996年版，第124页。

角度来看，法律规则具有框架性的特点，一个法律规则可以被分解为含义确定的框架部分和含义不清的开放结构。前者能决定案件的判决，后者则需要法律适用者运用自由裁量权来形成对开放结构的解释，虽然此时的法律适用者并无办法进行纯粹认知性活动，其解释结果也不存在唯一正确的答案，但是不如法律规则具有绝对拘束力的法律原则却可以成为论证活动中的规范性论据，起到相对的拘束作用，进行实质的正确性论证。① 法律原则之所以具有这样的解释作用，主要理由在于：一方面，"法律体系本身既包含规则也包含原则，故而已经为案件（包括疑难案件）预备了唯一正解的完满体系。"② 当法律规则存在开放结构时，引入法律原则可以起到填补这些开放结构的作用，以求得对该开放结构的合理解读。另一方面，实务人员贯彻法律规则虽然利于实现法之安定性，但是一旦法律规则被机械适用，法律推理过程将成为仅重形式理性而不重实质理性的重复性工作，法之正确性难以实现。不同于法律规则，法律原则的适用方式更加灵活，能够在司法活动中于形式理性之外增添实质理性的色彩，有助于为个案的法律适用活动找到适当的解释路径，"借此保证了在法律适用上的活力，即允许通过体系思维填补法律漏洞，从而保证法律的圆满性"③。质言之，法律规则中包含有部分内涵不定的开放结构，而法律原则具有探知这些开放结构内涵的解释功能。

---

① 参见雷磊：《法律体系、法律方法与法治》，中国政法大学出版社2016年版，第57-58页。

② 林来梵，张卓明：《论法律原则的司法适用——从规范性法学方法论角度的一个分析》，载《中国法学》2006年第2期，第126页。

③ 周升乾：《法学方法论中的体系思维》，载舒国滢主编：《法学方法论论丛》，中国法制出版社，2012年版，第151页。

概言之，在法律体系的建设过程中，规则—原则模式相比于阶层构造模式来说更具有合理性。当然，通过分析也可以发现，规则—原则模式自身其实已经暗含了阶层构造模式所具有的那种自上而下的金字塔形逻辑体系。因此，可以认为规则—原则模式在明确了法律原则属于法律体系组成部分的同时，在一定程度上也具有阶层构造模式的特点。就这一点而言，规则—原则模式的内涵更加丰富，本身的适应性更强，在法律体系的建设过程中值得贯彻下去。

三、刑事强制措施体系的规则—原则结构

如前所述，规则—原则结构是建构法律体系的一种相对合理的模式。刑事强制措施体系作为法律体系的一个部分，在结构上同样可将规则—原则模式作为参考来进行建构。这主要可以分为两个依次递进的层面，其一是为刑事强制措施体系的运行设置相应的基本原则，其二是在基本原则的指导下建构具体的法律规则。由此，形成由基本原则引导的且由法律规则组成的刑事强制措施体系。

一方面，基本原则的确定是刑事强制措施体系建构和运行的基础。"体系思维即将法律看作一个通过法律原则将法律规范串联起来而形成的有机整体。"[①] 在比较法上，域外其他国家或地区立法大多设置了原则性条款，为刑事强制措施体系的立法建构和司法运行提供了指导。例如，法国1789年《人权宣言》第7条规定："除非在法律规定的情况下，并按照法律所规定的程序，不得控告、逮捕和拘留任何人。"从该条款的表述上看，可以看出其表

[①] 周升乾：《法学方法论中的体系思维》，载舒国滢主编：《法学方法论论丛》，中国法制出版社，2012年版，第147页。

达的是程序法定原则在本国刑事强制措施制度中的重要地位和运用方式。《日本刑事诉讼法》第 197 条第 1 款规定："为了实现侦查的目的，可以进行必要的调查。但是，本法没有特别规定的，不得进行强制处分。"① 可见，程序法定原则同样也以实定法的形式明确规定在了《日本刑事诉讼法》之中。就我国来说，在陈光中先生 2006 年主编的《中华人民共和国刑事诉讼法再修改专家建议稿与论证》中，也有希望使用明确基本原则的方式来完善我国刑事强制措施制度的内容。该建议稿把在刑事强制措施制度中确立比例原则作为一项立法建议提了出来，即"人民法院、人民检察院和公安机关实施强制性诉讼行为，应当严格限制在必要的范围内，并与所追究罪行的严重性、犯罪嫌疑人、被告人的社会危险性相适应。"② 可见，基本原则的确定是刑事强制措施体系建设首先需要考虑的问题。

另一方面，在基本原则的引导下建构刑事强制措施体系的具体规则。对法律原则进行归纳或具体化后的结果皆会形成体系的标准架构即树状结构，是故法律原则可以作为体系之建构上的基础。③ 遵循此基础，法律体系的具体规则才得以顺利建构起来。刑事强制措施体系的完善同样遵循此逻辑，需要来自基本原则的指引，进而实现"体系思维下原则与规则互通的体系关联"④。对此，笔者认为主要需要注意以下内容。其一，刑事强制措施基本原则

---

① 张凌，于秀峰编译：《日本刑事诉讼法律总览》，人民法院出版社 2017 年版，第 51 页。
② 陈光中主编：《中华人民共和国刑事诉讼法再修改专家建议稿与论证》，中国法制出版社 2006 年版，第 258 页。
③ 参见黄茂荣：《法学方法与现代民法》，法律出版社 2007 年版，第 594 页。
④ 陈金钊：《体系思维的姿态及体系解释方法的运用》，载《山东大学学报（哲学社会科学版）》2018 年第 2 期，第 79 页。

的运用贯穿于刑事强制措施规则运行的全过程。刑事强制措施体系由各个具体的法律规则所构成，这些具体规则的适用只发生于司法实践中需要实现规则个别化的场合。但是，对于刑事强制措施基本原则来说，其不仅应当在构建刑事强制体系时就发挥引导作用，当刑事强制措施制度落实到实践中，其还应当可以持续指引整个制度的运转。拉伦茨教授曾指出："有一些原则已经凝聚成可以直接适用的规则，其不仅是法律理由，毋宁已经是法律本身。这些原则可以被称为法条形式的原则。例如，无法律则无刑罚原则、一罪不二罚原则、法官独立原则等皆为适例。"① 其二，刑事强制措施的具体规则应当符合基本原则的精神和要求。这是刑事强制措施基本原则指导刑事强制措施具体规则时的体现，也是整个刑事强制措施体系能够形成由原则到规则之贯通关系的关键。其三，刑事强制措施基本原则对具体规则的引导不能简单地被看做是一一对应的关系，有时也可能是一个综合影响之后的结果。换言之，刑事强制措施基本原则在实现具体规则的引导作用时，可能表现为数个基本原则对应特定规则的形式，或者说某个具体规则可以反映出多个基本原则的精神和要求。例如，域外部分国家或地区刑事程序法中多有关于令状制度的具体规则，这些规则首先当然是分权制衡理念的直接反映，而该制度的具体程序设计又当然应当符合程序法定原则的要求。同时，法官在运用司法令状制度中的具体规则时，又可能根据案件的具体情况对刑事强制措施的适用作出符合犯罪嫌疑人或被告人人身危险性的决定，进而弥合比例原则的精神。可见，在此场合中不止单一的基本原则在对具体规则的适用起到指导作用。

---

① ［德］卡尔·拉伦茨：《法学方法论》，陈爱娥译，商务印书馆 2003 年版，第 25 页。

概言之，基于对法理学上两种法律体系建构模式的考量，笔者认为规则—原则模式是更为合适的构建法律体系的结构。反映到刑事强制措施体系的构建上，这就要求该体系的构建在思路上可参照规则—原则模式。从刑事强制措施体系运行的基本原则出发奠定我国刑事强制措施制度的立法基调，再以此为基础逐次构建起具体的法律规则。

第三节 标准层面：内部和谐与外部和谐相统一

从标准层面来说，达成法律体系化之目标的前提乃是法律体系能够同时实现内部和谐和外部和谐这两个方面的要求。一方面，从内部和谐的角度来说，法律体系内部各个不同的组成部分之间应当保持协调统一的状态，达到部分之和大于整体的立法效果和司法效果。当然，这也要求某一特定部门法领域内的法律体系需要与其他部门法领域内的法律体系之间保持协调统一关系。另一方面，从外部和谐的角度来说，法律体系在法理学上首先指的是一种抽象概念式的体系模型，这是形式逻辑在法学研究中的反映。同时，从"经济基础决定上层建筑"的基本哲学观点出发，外部协调还要求国家的整个法律体系需要和国家的政治、经济、社会的发展情况相互适应。这是一种法律领域之外的更高层次的和谐状态。在这种语境下，各个部门法需要符合国家社会经济发展的客观需求。正如有论者指出："健全的法律体系的本质即其内在规定性，不只是要求其内部和谐而且还要求其与社会需求相一致即外部和谐。内外部的和谐，应是评价法律体系及其制度构建是否健全的根本性标志。"①

一、法律体系的内部和谐

法律体系的内部和谐是法律制度达到体系化要求的标准之一，该标准是法律体系对自身的要求，是指法律体系内部各个要素之间形成的和谐统一、互补互助、相互联通的规范状态。相反，如果法律体系内部各要素之间处于互相矛盾的不协调状态，则法律体系化的目标就不能达成。因此，"内部和谐可以被看作是法律体系的实质美德"②。由于法律体系以不同法律部门的形式存在着，因此各个部门法中不同规范之间的协调统一是法律体系内部和谐状态的重要表现形式。"在体系中向我们呈现的应该是法的整体内容，而不是直接的个别内容。"③ 这就要求作为部门法整体的组成要素的各个法律制度或法律规范之间需要保持协调性。这种部门法内部的协调性至少可以从以下两个方面表现出来。

一方面，部门法中的各个法律规范受到统一的规范价值的指导。例如，我国刑事实体法遵循罪刑法定原则，明确排除思想犯构成犯罪的可能性。由此，在《刑法》分则对各个罪名进行设置的时候就必须贯彻这一指导思想。从实现的方式上看，规范价值的统一性层面的内部和谐需要法律原则的配合才更容易实现。民事实体法遵循私法自治原则，因此在建构《民法典》各分则条款时就需要贯彻这一理念，甚至从民事诉讼法的角度来说，其也需

---

① 杨解君：《中国法律体系化的探索：行政法与相关部门法的交叉衔接研究》，人民出版社2014年版，第4页。
② 郭建果，钱大军：《法律体系的定义：从部门法模式到权利模式》，载《哈尔滨工业大学学报（社会科学版）》2021年第6期，第60页。
③ 杨代雄译：《萨维尼法学方法论讲义与格林笔记》，胡晓静校，法律出版社2014年版，第107页。

要在合理范围内吸收这一精神，使得作为一个法律体系的民事实体法和民事程序法之间也可以形成内部协调关系。可见，通过在部门法中明确本法的各项基本原则，为整个部门法的立法和司法活动奠定价值基调，可以为内部协调的达成作出贡献。正如有论者指出："于既存的规整中多少已具体化，但仍需进一步精确化的主导原则，其足以作为内部体系之基石，其负有显示并表达规范基本评价的任务。"① 另一方面，法律体系内部和谐还要求该法律体系内部的各个组成部分完整，可以形成一个完善的系统，共同促进法律体系的运行，进而满足该法律体系设置的目的。例如，就刑事程序法律制度的构建来说，从各国立法经验和该法的发展源流来看，该制度应当是各种小的刑事程序法律制度构成的集合，其中至少要包括管辖制度、立案制度、侦查制度、公诉制度、审判制度、执行制度等基本内容。只有这样，才能够构成一个完整的刑事程序法律体系的内部结构，各个部分之间才能够实现相互衔接和贯通，共同促进刑事程序法律体系的运转。同时，由于各个国家实际情况不同，不同国家会对本国刑事程序法律制度有不同的设计。对此，我国刑事程序法就根据实际情况通过修正案的形式在普通刑事诉讼程序之外又增加了数种特别程序，以满足不断发展的司法实践需求。

如果说从某个部门法观察法律体系的内部和谐状态是一种较为狭窄的视角的话，那么从整个国家的法律制度去评价各个部门法之间的联通关系则是一种更高维度的内部和谐状态。即一国法律制度内各个部门法之间的协调统一状态。② 这是由我国法理学界

---

① ［德］卡尔·拉伦茨：《法学方法论》，陈爱娥译，商务印书馆 2003 年版，第 317 页。

② 参见蒙晓燕：《法治国转型下的法律体系化建设》，载《北京社会科学》2015 年第 7 期，第 83 页。

把部门法作为法律体系构成要素的分类模式决定的。① 对此，有论者指出："法律体系的内部协调是指在一个法律体系中，一切法律部门都要服从宪法并与其保持协调一致，即普通法与根本法相协调，程序法与实体法相协调等。"② 还有论者也指出："法律体系是相互联系的法律部门和法律规则共同构建的一个错综复杂的系统，构成法律体系的各种法律要素之间应当是互相配合、互相支持的关系，法律制度的系统化标准必然要求构成法律体系的法律规范、法律制度和法律部门之间具有一致性和统一性。"③ 这就是从一国各部门法之间关系的角度对法律体系的和谐作出的阐述。相比于前述各个部门法自身的内部和谐状态来说，这个层面的内部协调立足于国家的整个法律制度。其中，不同法律部门之间可能会出现不同的协调需求或统一状态。例如，宪法作为每个国家的根本大法，对政治制度、公民权利、国家机关等问题作出了全面规定，也从基本法层面建构起了整个国家的法律体系的基础。因此，其他部门法自然就需要保持与宪法之间的协调关系，不得违背宪法的基本意旨，与宪法之间形成统一的规范体系。由于宪法成为另一个法律存在的条件，这种联系体现出了宪法和其他法律之间的内部关系。④ 对此，有论者就指出我国现行《宪法》将"公民基本权利与义务"列于"总纲"之下首章，而现行刑法却将"侵犯公民人身权利、民主权利罪"置于分则第四章，后者所体现的对公

---

① 参见钱大军，马新福：《法律体系的重释——兼对我国既有法律体系理论的初步反思》，载《吉林大学社会科学学报》2007年第2期，第79页。
② 张文显主编：《法理学》，高等教育出版社、北京大学出版社2007年版，第126页。
③ 杨解君：《中国法律体系化的探索：行政法与相关部门法的交叉衔接研究》，人民出版社2014年版，第6页。
④ 参见吴玉章：《论法律体系》，载《中外法学》2017年第5期，第1134页。

民权利的重要性认识与前者不相和谐。① 除此之外，近年来刑事法律一体化逐渐成为刑事法学界研究的重点。其中就包含着刑事实体法和刑事程序法之间的协调关系，这便是从整个刑事法律制度层面对实体法和程序法之间内部协调关系的考察。同时，在这种协调式的研究活动中，刑事实体法和刑事程序法可以从对方身上获得有利于自己发展的营养，使得自身的体系更加协调，进而又反作用于整个刑事法律体系的建设。正如有论者指出："体系的融贯性要求，既然所有的法律规范都必然是以体系化的方式被连接在一起的，那么它们同样需要彼此借鉴来理解自身，以使得其具有更多的内部融贯性。"② 可见，从整个国家的法律制度上看，作为法律制度组成要素的各个部门法之间同样需要保持协调关系，如此才能减少各部门法法律规定之间的冲突矛盾，减少实务人员在进行跨部门法法律解释工作时的疑惑，实现国家整个法律制度内部的统一。

二、法律体系的外部和谐

在法律体系内部和谐的标准之外，法律体系的外部和谐也是评价法律制度是否满足体系化要求的标准。对此，形式逻辑对法律体系的要求是首先需要考量的内容。从概念上来看，"完全的法律规定由构成要件及法律效力所组成。而不论是构成要件或法律效力皆由具有一定意涵之用语所组成。该用语按其包含之特征容有抽象一般概念或类型性概念的不同，但皆不失其作为法律思维

---

① 参见马荣春：《论刑法的和谐》，载《河北法学》2006 年第 12 期，第 72 页。
② 雷磊：《法律体系、法律方法与法治》，中国政法大学出版社 2016 年版，第 85-86 页。

之重要的因子。根据形式逻辑的规则，将抽象一般概念建立起来的体系，学说上称为外在体系。"① 还有论者也指出："外在体系是指利用秩序的概念加以分类排序所构成的秩序上的体系，其虽然在功能上不具有独立的认识价值，但是对法律的可概观性以及判断上的可预测性具有重大意义。"② 萨维尼主张以体系化方法来研究法律时，也提出准确界定概念是其中应当遵循的一条规则。③ 可见，这一层面上的法律体系之和谐状态的发生与形式逻辑联系紧密。从形式逻辑的角度来看，法律体系中那些抽象程度较低的概念应能涵摄于较高等概念之下，最后可以将大量的法律素材归结到少数最高概念之上。这个体系可以保障由基础概念推演出来的结论彼此不相矛盾，使法学具有纯粹科学之学术概念意义下的学术性。④ 从形式逻辑的角度看，这种外部和谐是一种理想化的规范状态，其依赖于法律体系中各法律概念之间能够做到泾渭分明，形成形式逻辑要求得非此即彼的概念间关系，进而构成层次分明的概念体系。除此之外，外部和谐还要求法律体系从表现形式上可以形成自上而下的树状结构。这一点集中体现在对各类法典的编撰工作中。例如，其中最明显的有民法总则、债法通则及各种之债的编排。⑤ 可见，不同于概念内涵统一层面的外部和谐，法律体系编撰形式层面的外部和谐主要通过法典化的方式展示出来，

---

① 黄茂荣：《法学方法与现代民法》，法律出版社 2007 年版，第 617 页。
② 顾祝轩：《体系概念史——欧陆民法典编撰何以可能》，法律出版社 2019 年版，第 185-186 页。
③ 参见杨代雄：《萨维尼法学方法论中的体系化方法》，载《法制与社会发展》2006 年第 6 期，第 24 页。
④ 参见 [德] 卡尔·拉伦茨：《法学方法论》，陈爱娥译，商务印书馆 2003 年版，第 317 页。
⑤ 参见黄茂荣：《法学方法与现代民法》，法律出版社 2007 年版，第 618 页。

使一国法律体系乃至于其中各个部门法都能够在形式上形成清晰可见的框架结构。概言之，法律体系的外部和谐从形式逻辑出发，期待能够使得整个法律体系在逻辑上没有明显矛盾，提高法律制度的整体性和安定性，令适用法律者能够借由已经形成的规整预见法律规范的实施效果，乃至于使法学研究或者法律制度具有自然科学意义下的科学性。

除了形式逻辑层面的外部和谐要求之外，我国的国家治理思路始终坚持"经济基础决定上层建筑"的唯物主义哲学观点，因此还需要关注法律体系本身同国家经济社会发展之间的外部关系。这是法律体系外部和谐的另一层含义。对此，恩格斯曾经说过："在现代国家中，法不仅必须适应于总的经济状况，不仅必须是它的表现，而且还必须是不因内在矛盾而自己推翻自己的内部和谐一致的表现。"① 恩格斯的论断表达了两层含义：其一，法律体系应当在内部维持自身的和谐状态；其二，法律体系应当在外部适应于国家的经济发展状态，这是法律体系外部和谐的要求。这主要体现在法律体系与其所处的外部环境之间是否能够相互适应，尤其需要关注法律体系是否和国家的传统文化、基本制度、经济条件等国情相互协调。"法律应该和政体所能容忍的自由程度有关系，和居民的宗教、财富、人口、贸易、风格、习惯相适应。"② 从世界各国立法来看，以各个国家不同国情为基础构建自己的法律体系，是各国立法的共同经验总结。根据不同时期的不同社会需求，国家应当制定出有针对性的法律制度，或者对原有的法律制度进行修改完善，进而满足不断变化的社会客观需求。因此，

---

① 中共中央编译局编：《马克思恩格斯全集（第37卷）》，人民出版社1972年版，第488页。
② ［法］孟德斯鸠：《论法的精神（上册）》，张雁深译，商务印书馆1982年版，第7页。

"世界上不同的国家都有自己的法律体系,每个国家的法律体系都有自己的特性,这说明法律体系具有明显的独立性。"[1] 对我国来说,中国特色社会主义法律体系同样应当是我国现阶段政治、文化、经济以及社会关系的反映。有论者便从刑法关于环境犯罪的规定入手指出,《刑法》必须和国家总的经济状况形成外部和谐关系,但是目前其中的环境资源保护类犯罪存在法定性整体偏轻、结果犯偏多等问题,乍看之下这恰恰是刑法在给经济发展让开道路进而适应国家的经济发展进程,而实际上如果刑事立法不给予环境资源犯罪以足够的干预则最后将导致经济发展变成强弩之末,刑法与经济基础之间便失却了真正长久的和谐关系。[2]

三、刑事强制措施体系的内外部和谐

刑事强制措施体系作为一国法律体系的当然组成部分,应当遵循法律体系之内外部和谐的标准要求。这同样可以分为刑事强制措施体系的内部和谐与外部和谐两个方面的内容。

关于刑事强制措施体系的内部和谐方面。第一,刑事强制措施体系的内部和谐要求刑事强制措施体系内各规范之间形成协调统一关系。如前所述,这一点可以表现为刑事强制措施制度下的各法律规范在价值层面受到基本原则的领导,进而使刑事强制措施制度具有统一的价值品格。例如,我国刑事诉讼程序立法和司法近年来不断强调尊重和保障人权的基本原则,刑事强制措施制度同样也体现出了这一倾向,对犯罪嫌疑人或被告人愈发强调少捕慎诉就是其中适例。但是,保障人权的精神不仅止步于逮捕的

---

[1] 吴玉章:《论法律体系》,载《中外法学》2017年第5期,第1136页。
[2] 参见马荣春:《论刑法的和谐》,载《河北法学》2006年第12期,第72页。

慎重适用，刑事强制措施体系中的各个法律规范都可能涉及保障人权的内容，进而体现出保障人权目标和惩罚犯罪目标之间激烈的博弈关系。在整个刑事强制措施体系中都贯彻保障人权的理念，就是该体系实现内部和谐的一种表现。第二，刑事强制措施体系内部和谐还表现在该制度各个组成部分的完整性上。只有刑事强制措施制度中的各个组成部分完整，才能够推动整个刑事强制措施制度的合理运转。从比较法的视角来看，世界各国的刑事强制措施体系普遍都包含有刑事强制措施基本类型、证明标准要件、令状审查机制等内容。这些内容一起被立法机关作为刑事强制措施制度的组成部分规定了下来，相互之间一一衔接，共同构成了国家的刑事强制措施体系。

进而言之，刑事强制措施体系在实现自身内部和谐的基础上，还需要在整个国家的法律制度内与其他法律制度之间保持和谐状态，进而助力于整个国家法律制度的和谐统一。因此，刑事强制措施体系的内部和谐要求作为刑事程序法之组成部分的刑事强制措施制度能够与其他部门法保持协调关系。其中，刑事强制措施作为一种刑事诉讼中国家公权力干涉公民私权利的表现形式，前者与一国基本法之间的关联是学界关注的重点。对于刑事强制措施和基本权体系之间的关系，有论者甚至认为："刑事诉讼上容许的基本权干预是宪法和刑事诉讼法之特殊关联性最为明显的表现，有鉴于这些追诉性手段对宪法所保障人民基本权造成干预的严重性和彻底性，如果基本权体系不能贯彻到刑事诉讼领域，则等于是丧失了最重要的守地。"[①] 在规范层面，国家公权力机关的权限范围划分以及人民基本权利的规定是法律体系中最基本的规定。

---

① 林钰雄：《从基本权体系论身体检查处分》，载《台湾大学法学论丛》2004年第3期，第149页。

这些事项通常规定于宪法中，成为一个国家法律体系中位阶最高的法律，其他法律或命令与之抵触者无效。① 具体到刑事强制措施领域，从规范上对刑事强制措施体系进行的重构难以在该体系内部解决问题，需要在刑事强制措施重归限制公民基本权之行为的理论定位下，借助于宪法基本权利立法和理论的帮助，从作为该制度起点的宪法基本权利角度切入进行厘清。例如，有论者在论述身份识别措施时指出："由于身份识别处于行政例行检查与刑事强制检查的边缘地带，各法域对身份隐私权的理解又不尽相同，对身份识别的法体系地位便有不同安排。"可见，对基本权利内涵的理解是会影响一国刑事强制措施立法模式的。② 从比较法视野来看，在德国法上刑事强制措施的界定是与公民基本权利密切相关的，刑事诉讼法上的强制措施均为对基本权利（即宪法权利）之侵犯，而基于公民的基本权利不得任意侵犯的理念，在刑事诉讼过程中所有可能剥夺或限制公民基本权利的行为都是强制措施。③ 这就体现出了德国刑事强制措施体系和基本法之间的关联，反映出了基本法中关于公民基本权利的各类条款乃是刑事强制措施体系建构之基础的立法逻辑。这种思路会使得刑事强制措施制度与其他部门法之间实现顺畅沟通。在法学研究中，体系化思维应允许在不同部门法的条款之间寻求法律的一致性。④ 整体来看，干涉公民基本权利的刑事强制措施制度至少会和基本权利制度、民事

---

① 参见黄茂荣：《法学方法与现代民法》，法律出版社 2007 年版，第 596 页。
② 参见邓子滨：《刑事诉讼原理》，北京大学出版社 2019 年版，第 354 页。
③ 参见［德］克劳思·罗科信：《刑事诉讼法》，吴丽琪译，法律出版社 2003 年版，第 273 页。
④ 参见陈金钊：《体系思维的姿态及体系解释方法的运用》，载《山东大学学报（哲学社会科学版）》2018 年第 2 期，第 70 页。

权利制度等法律体系产生关联,刑事强制措施体系化研究也应当注意这方面的内容。正如有论者所指出的:"解决具体纠纷的时候,宪法、民法、刑法、诉讼法的规范和原则通常必须联合起来使用。"① 这正是法律体系内部和谐的表现形式之一。

关于刑事强制措施体系的外部和谐方面。刑事强制措施体系如欲实现外部和谐,则首先需要注意该制度内各个概念之间能够形成较为清晰的分界。"对于概念的定义过程来说,所含概念特征愈多者,其抽象程度愈低,外延愈窄;反之,所含概念特征愈少者,其抽象程度愈高,外延愈广。抽象程度低的概念可涵摄到抽象程度高的概念中。"② 对于我国刑事强制措施体系来说,究竟应当如何界定刑事强制措施的内涵和外延就是一个基础性的命题。对这一概念以及侦查行为等相关概念的理解,将影响我国刑事强制措施体系外部和谐状态的实现。除此之外,如何界定各个刑事强制措施之间的关系也是一个需要注意的问题。例如,随着刑事侦查技术的不断发展,传统意义上的搜查已经难以涵盖当前侦查机关使用网络技术手段针对各类公民信息进行的查询收集行为,而后者目前在我国法中一般被归入了技术侦查的范畴。这就体现出了各个概念之间的内涵和外延的变动。同时,从法律制度与国家社会经济发展之间关系的角度看,"一个国家的现行法律规范之所以能形成统一的体系,其原因在于所有的现行法律规范都建立在共同的经济基础之上,体现共同的阶级意志,遵循共同的指导原则,并因此具有共同的政治倾向,实现共同的调整目的。"③ 我国目前的刑事强制措施体系自新中国成立后的第一部《刑事诉讼

---

① 陈金钊:《体系思维的姿态及体系解释方法的运用》,载《山东大学学报(哲学社会科学版)》2018 年第 2 期,第 73 页。

② 黄茂荣:《法学方法与现代民法》,法律出版社 2007 年版,第 618 页。

③ 郑成良:《现代法理学》,吉林大学出版社 1999 年版,第 124 页。

法》颁行以来就一直存在，这是基于我国当时以计划经济为基础的社会经济发展状态建立起来的一套刑事强制措施制度。① 同时，由于新中国成立初期我国刑事犯罪较多，社会治安状况有待提高，并急需遏制国民党反动派在大陆展开的地下破坏活动以及西方帝国主义国家在我国进行的间谍活动，因此整个刑事强制措施体系的建构就需要从便利权力行使的角度出发，彰显出逮捕等刑事强制措施所具有的审前惩罚功能，进而满足当时的社会治安和经济发展的客观需求。以至于直到 20 世纪末还有学者曾经提出："在刑事诉讼中被采用强制措施的主体，特别是采用剥夺人身自由的拘留、逮捕，表明其发生的犯罪行为已经被揭露，犯罪人将被依法惩办。"② 处在当时当日以及更早的我国社会发展情境中，此种看法或有合理之处，但处在今时今日之场合，此种看法需要反思。不论如此定位是否偏离了刑事强制措施制度保护公民基本权利的宗旨，单就其具有的未审先定色彩便为《刑事诉讼法》第 12 条所不容。时至今日，我国公民的基本权利体系和意识不断完善和加强，以审判为中心的诉讼制度改革和各类检察制度改革的推进使我国刑事诉讼结构发生了改变，公安机关等侦查机关的刑事侦查技术水平随着大数据技术的应用而逐渐提升。从经济发展的角度看，我国经济发展已经迈入了新的历史时期，法治化营商环境的建设成为了近年来党和国家十分关心的问题。在这一时代背景下，各地司法机关在办理刑事案件的过程中都以服务法治化营商环境建设为抓手，对涉案公司慎用查封、扣押、冻结等侦查措施，对涉案公司中的管理人员慎用逮捕等羁押性刑事强制措施，以帮助

---

① 参见翁怡洁：《我国刑事搜查、扣押制度的改革与完善》，载《国家检察官学院学报》2004 年第 5 期，第 66 页。

② 李忠诚：《刑事强制措施制度研究》，中国人民公安大学出版社 1995 年版，第 18 页。

涉案公司能够在法律允许的范围内继续存在和经营。这一新的办案理念和需求在以往我国社会经济发展过程中是极为少见的。我国这一系列新出现的重大社会情状都需要得到刑事强制措施体系的回应，保持该体系与我国基本国情之间的协调关系，避免现代社会诸多重要的社会关系缺少刑事强制措施体系的关照和调整，乃至于防止现有刑事强制措施体系与社会现实需求产生冲突。

概言之，内外部和谐是评估法律制度是否实现体系化的基准，两者从不同的层面共同指导着法律体系化工作的进行。就我国的刑事强制措施体系来说，该体系虽然自建立以来一直在通过立法机关的努力而不断完善，取得了不少可喜的进步。但是，我国刑事强制措施体系还需要继续随着时代的发展进行调整，从而进一步实现自身的内外部和谐。

综上所述，刑事强制措施体系化在价值层面应实现权力行使与权利保障的平衡，在结构层面采用的是"规则—原则"型的法律体系化模式，在标准层面应达到该体系的内部和谐与外部和谐。需要注意的是，与以往研究者已经广泛讨论的刑事强制措施制度的理论基础不同，本章讨论的是刑事强制措施体系化的工作应基于哪些基本理论进行展开，而不是在重复讨论刑事强制措施制度的理论基础何在。其中，尤其需要明确的是结构层面的理论基础对后文的章节设计进一步起到了引领作用。即后文需在探讨刑事强制措施体系运行之基本原则的基础上，再对内在维度和外在维度两个方面的体系化路径进行讨论。

第三章　刑事强制措施体系化的制度逻辑

"立法者的意图存在其生长的特定历史环境，抛开这种环境，就会产生教条和僵化。我们不能总是拿历史上解决问题的方式来解决当下的问题，因为今天的问题未必和历史上的问题相似。"① 在对刑事强制措施体系化的基本范畴与理论逻辑进行探讨之后，刑事强制措施体系化的制度逻辑是接下来需要讨论的内容。对此，笔者将从基本权利、诉讼结构、侦查技术这三个层面依次进行阐述，阐明当前刑事强制措施体系化研究的制度背景，凸显出刑事强制措施体系化研究的出发点和必要性。

第一节　公民权利的发展

"司法机关对刑事诉讼法的适用，本质上也是宪法的司法适用。"② 基于《刑事诉讼法》乃一国之小《宪法》的定位，相关学

---

① 雷磊：《融贯性与法律体系的建构——兼论当代中国法律体系的融贯化》，载《法学家》2012年第2期，第10页。
② 朱福惠：《基本权利刑事法表达的宪法价值》，载《政法论坛》2018年第4期，第117页。

者在从事刑事诉讼法学研究时往往会把《刑事诉讼法》和《宪法》放在一起进行考察进而形成跨学科性的研究成果。① 基于《宪法》和《刑事诉讼法》之间的关联性,刑事诉讼立法必须特别注重宪法基本权的保障。② 但是,这种尝试往往会受阻于我国基本法的立法现状以及刑事司法制度本身的缺陷而难以形成突破。"《刑事诉讼法》不仅无法确保那些尚未被宪法确立的基本权利得到尊重和实施,而且即便对于那些已被确立为宪法权利的被告人权利,也同样缺乏较为完善的保障机制,使得嫌疑人、被告人的人身权利和诉讼权利都难以得到尊重和保障。"③ 因此,关于刑事强制措施的探讨需在基本法之外考虑到与基本权利相关的其他法域的规定或理论,以形成新的研究思路。首先,我国《宪法》经历了五次修改,其中不乏对公民基本权体系进行调整充实的内容。其次,《民法典》已经于 2021 年 1 月 1 日正式施行。这不仅是我国民事法律体系的一大进步,也代表着我国公民权利体系的完善。当前,《民法典》的立法精神和具体规定已经逐渐渗透到多个部门法的理论与实践当中。④ 对于我国的刑事强制措施体系来说,一旦我们将之定性为干涉公民基本权利的行为,就势必面临《宪法》基本权利规范供给不足的挑战。对我国公民民事权利实施了体系化规范

---

① 参见王戬:《规范与当为:宪法与刑事诉讼的良性互动》,载《法学》2003 年第 7 期,第 34-40 页。
② 参见林钰雄:《从基本权体系论身体检查处分》,载《台湾大学法学论丛》2004 年第 3 期,第 149 页。
③ 叶青:《刑事诉讼法学专题研究》,北京大学出版社 2007 年版,第 3 页。
④ 参见刘金林:《刑法应主动去适应民法典——专访北京大学博雅讲席教授陈兴良》,载《人民检察》2020 年第 15 期,第 7 页;章志远:《行政法治视野中的民法典》,载《行政法学研究》2021 年第 1 期,第 42 页;张式军,田亦尧:《后民法典时代民法与环境法的协调与发展》,载《山东大学学报(哲学社会科学版)》2021 年第 1 期,第 131 页。

的《民法典》的出台,则为我们从基础理论上厘清这一问题提供了新的视角。再次,公安司法机关实施刑事强制措施的前提是存在刑事犯罪,且刑事强制措施的适用对象与该刑事案件之间存在关联,因此从刑法视角考察我国公民权利的发展也是有必要的。最后,从比较法视角来看,国际公约中不乏关于公民基本权以及刑事强制措施的规定,这些规定也体现了公民权利的发展态势。概言之,为全面保障公民基本权利,适当扩展刑事强制措施类型,我们可以尝试以刑事强制措施之本质为出发点,以《宪法》上公民基本权利体系为立足点,以引入《民法典》上具备基本权属性的重要民事权利为创新点,以刑法中有关公民基本权利的保障性内容为结合点,以国际公约中有关公民基本权利的内容为参照点,进而以基本权理论为指导,透过《民法典》的民事权利体系弥补《宪法》对公民部分基本权利保障不足的缺陷,最终形成以人身自由权、财产权和隐私权为干预客体的我国刑事强制措施新体系。

一、宪法基本权利体系得到了较大程度的完善

"为了防止公权力对人权的不当干预,司法机关对公民适用和实施强制措施的基础应当是对公民基本宪法性权利的尊重。"① 首先,从人身自由权出发,该权利类型在理论上具备基本权利的特征,符合基本权利的基本价值。人身自由权由各国公民个人享有,对应着该国政府保障公民活动自由的基本义务。根据《宪法》第37条,我国公民在宪法层面享有人身自由权。人身自由权属于我国公民在《宪法》上享有的基本权利,其具有"公民不应遭受非

---

① 郭烁:《新刑诉法背景下的强制措施体系》,载《政法论坛》2014年第3期,第61页。

法的逮捕、不应遭受非法的拘禁和不应遭受非法的搜查等内涵"①。在逮捕等特殊场合，公民得依据人身自由权要求国家予以说明，否则不得实施逮捕等限制人身自由权的行动。具体来说，"人身自由主要表现为行为自由，行为自由是人身自由保护的核心价值，其主要包括前往工作单位等一般行为自由、免于强制移居等迁徙自由和前往国外旅游等出入境自由等。"② 可见，从严格意义上说，《刑事诉讼法》现有五个刑事强制措施限制的是公民人身自由权中的"一般行为自由"，而尚未考虑出入境自由。

其次，从财产权的层面来看，私人财产权是一种真正的基本权利。③ 对此，虽然通说认为私有财产权是我国公民的一项基本权利④，我国也在2004年修宪时对公民私有财产权的规定进行了完善，但是，《宪法》未将其纳入公民基本权利章节的规范现实令私有财产权的定位存在讨论空间。理由在于，"属于基本权利范畴的内容规定在总纲中，但这与基本权利应有的宪法地位相去甚远……纲领性的规定不等同于公民的基本权利。基本权利对国家权力有直接约束力，总纲中的条文则不具备这一效力。"⑤ 笔者认为：第一，《宪法》对公民私有财产权的认可程度有待进一步提高，宜将相关条款置于《宪法》第二章"公民基本权利和义务"之中规定，以直接在根本法层面宣示私有财产权的基本权属性并

---

① 韩大元，王建学：《基本权利与宪法判例》，中国人民大学出版社2013年版，第216页。
② 汪进元：《基本权利的保护范围：构成、限制及其合宪性》，法律出版社2013年版，第168-170页。
③ 参见［德］卡尔·施米特：《宪法学说（修订译本）》，刘锋译，上海人民出版社2016年版，第222页。
④ 参见周叶中主编：《宪法》，高等教育出版社2011年版，第264-265页。
⑤ 郑贤君：《基本权利的宪法构成及其实证化》，载《法学研究》2002年第2期，第55页。

消除注释法学对我国公民私有财产权性质的猜疑;第二,虽然私有财产权在《宪法》层面的定位尚需探讨,但其具备基本权属性应属无疑。因为,"在现代国家中,财产权与公民的生命权、自由权一起构成了公民最基本的三大基本权利体系,集中体现着人的基本价值与尊严。"① 只是这种属性尚难以直接从《宪法》的篇章结构和实际表述中直接明确获知,需要借助其他法律规定的配合。例如,有论者指出:"财产权会受到来自抽象宪法精神的限制,这表现为立宪过程的不作为,被认为具有不保护和限制财产权的意思。我国现行宪法在总纲部分仅仅不周延地涉及财产权,在第二章规定公民基本权利时甚至不列举财产权。这就是制宪者的不作为,构成限制财产权的意思。"②

最后,对公民的隐私权来说,《宪法》在立法表述上并未直接使用"隐私权"的字眼来描述这种权利类型。从规范上看,《宪法》第39条"住宅不受侵犯"和第40条"通信自由和通信秘密受法律保护"的规定至多只是隐私权的部分内容,未能完整地展现隐私权的外延,隐私权只是宪法保护公民人格尊严的具体化表现之一。③ 可见,该立法状态落后于快速发展的信息网络技术。公民难以在刑事侦查科学水平不断提升的现代社会,根据《宪法》完整地主张隐私权以对抗公安司法机关的强制行为。例如,随着实时监控技术的发展,我国公安司法机关在实践中使用大规模监控措施监视公民社会活动以便于及时制止犯罪行为,该大规模监

---

① 韩大元,王建学:《基本权利与宪法判例》,中国人民大学出版社2013年版,第253页。
② 李累:《论法律对财产权的限制——兼论我国宪法财产权规范体系的缺陷及其克服》,载《法制与社会发展》2002年第2期,第42页。
③ 参见王利明:《隐私权概念的再界定》,载《法学家》2012年第1期,第109-116页。

控关涉的隐私权内涵便难以被《宪法》第 39 条和第 40 条所涵盖。需要注意的是，虽然我国宪法并没有直接规定公民的隐私权，但是隐私权率先在民事法律和司法实践中得到了承认。① 因此，我们不能仅因为《宪法》立法现状就否定隐私权具有现代社会公民基本权利的属性，亦不应当不完整地看待隐私权的内容。相反，隐私权的基本权属性及其组成部分早已被《民法典》以及各类国际公约予以明确，其应当属于公民基本权利的范畴。

二、民事权利体系是对宪法基本权利体系的补充

（一）引入民事权利的理由

比较来说，宪法旨在调适公民与国家之间的公法关系，宪法基本权利体系的建构主要是给国家或政府设定义务；民法旨在处理私人与私人之间的私法关系，民事权利体系的建构主要是给公民在对私关系中的权利行使设置边界。但是，这不意味着公权力行为就不会限制公民的民事权利，更不代表在宪法规范存在缺憾的情况下，公民只能寄希望于流动的宪法学解释来主张自己享有的具备基本权属性的民事权利。相反，公权力在行使过程中往往会对公民民事权利施加限制，民事权利体系也具有与宪法基本权利体系相通的价值追求，能够作为公民对抗公权力的主张内容。如果我们始终受制于"宪法—民法"之公私法控制范围的理论桎梏，那么辐射到刑事强制措施领域，这种理论归纳将导致刑事诉讼法学界在研究刑事强制措施基础理论时，只能将视角集中在宪法的基本权利体系上，而难有将目光转移到民事权利体系的可能。

---

① 参见朱福惠：《被害人个人隐私信息保护的理论证成与体系化建构》，载《国家检察官学院学报》2019 年第 3 期，第 69 页。

例如，有论者从《民法典》出发对刑事强制措施制度提出了自己的看法。① 从形式上看，这种研究思路是遵循公私法之划分惯的必然路径，也是分别单独研究宪民二法时产生的当然效果。但是，当刑事强制措施作为第三方法律部门中的重要内容介入公民基本权利体系后，由于《宪法》本身在公民基本权利立法上存在的固有缺陷，以及《民法典》民事权利体系具有的相对完整性，我们可以尝试将分析的视角不再局限于《宪法》，而是引入《民法典》中有关于民事权利的内容，打开一个研究刑事强制措施的新视角。虽然与宪法基本权利体系的公法属性不同，民事权利体系具有私法本质，但是，宪法和民法之间的交互作用能够帮助民事权利在作为公法的刑事强制措施领域找到生存空间。质言之，就重构刑事强制措施体系的努力而言，既然其必然涉及公民基本权利且我国《宪法》基本权利体系存在一定缺憾，就应当避免仅作宪法层面的尝试，而应将符合基本权属性的民事权利作为补充性因素纳入思考过程。当然，民事法对刑事法的介入亦非毫无界限。该界限在于：只有具备基本权利特征的重要民事权利方可成为刑事强制措施的限制对象，而非无限引入全部民事权利。有鉴于此，笔者将首先说明在完善我国刑事强制措施体系的过程中引入民事权利的理由。

其一，我国《宪法》中的基本权利规范供给不足，难以直接对应各类刑事强制措施。从基本权研究的层面言之，在处理基本权利规定的实际适用问题时原则上首先需要讨论国家行为是否干预或侵害到人民的基本权利，而这与宪法保障基本权利的范围具

---

① 参见华炫宁：《对标民法典精神，将全面保障人权贯穿刑事诉讼中——专访中国刑事诉讼法学研究会会长卞建林》，载《人民检察》2020年第15期，第23-25页。

有直接关联。即应先明确一国基本权利体系的保障范围,然后以此作为判断基本权利是否遭受侵害的基础。① 换言之,"将刑事强制措施视为一种基本权侵害,已是理论界的国际共识,需要参考借鉴的是如何看待侵权范围。"② 同时,从研究思路上说,法学研究无疑应致力于根据本国立法现状思考本国法律问题。"如果法学的讨论,不受本国法律文本之约束,而任由价值判断甚至比较法论证泛滥,不仅无助于本国法律问题的解决,还会有损于实定法下的法秩序建构。"③ 因此,以公民基本权利类型为基础重构刑事强制措施体系的工作,应当以《宪法》法律文本为基础,探寻《宪法》基本权利体系的保障范围。刑事诉讼上之基本权干预,应受宪法基本权要求之拘束,有关强制处分的规定必须充实抽象的宪法规范,将其基本价值及基础原则予以具体化。④ 关于我国公民基本权利类型的问题,有的学者立足于《宪法》并参照国际人权公约后比较指出:"在公民权利中,公约规定而中国宪法没有规定的权利有生命权、禁止酷刑、迁徙自由、无罪推定、被指控人权利等;中国宪法与公约均规定的权利有人身自由与安全、人格尊严等;在经济社会文化权利中,公约规定而中国宪法均规定但内涵不一的权利类型有财产权、健康权等。"⑤ 还有论者提出我国公民私有财产权的内容在《宪法》"公民的基本权利和义务"一章中

---

① 参见李建良:《基本权利理论体系之构成及其思考层次》,载《人文及社会科学集刊》1997年第1期,第53-54页。

② 邓子滨:《刑事诉讼原理》,北京大学出版社2019年版,第322页。

③ 张翔:《"近亲属证人免于强制出庭"之合宪性限缩》,载《华东政法大学学报》2016年第1期,第58页。

④ 参见林钰雄:《从基本权体系论身体检查处分》,载《台湾大学法学论丛》2004年第3期,第155页。

⑤ 刘茂林、杨贵生、秦小建:《中国宪法权利体系的完善——以国际人权公约为参照》,北京大学出版社2013年版,第132-133页。

未作任何规定,说明保护公民私有财产只是我国的经济政策,该权利不属于我国公民的基本权利,对于这项权利的宪法规范模式存在地位错置、授权色彩过浓、保护范围过窄等缺陷。① 可见,《宪法》本身相对于国际人权公约而言,在公民基本权利体系保障方面具有一定滞后性。这令以基本权利为出发点重构刑事强制措施体系的努力走到了一个死胡同:即使刑事强制措施被定位为干预公民基本权的公权力行为,我国公民基本权保障体系的固有缺陷也会导致刑事程序法上的需求难以得到《宪法》的完整回应。这种宪法上基本权利体系的现实样态,会导致刑事强制措施制度保障公民各项重要权利的效果的削弱。由此,《宪法》在实际运行中规范功能的有限性便成为《民法典》发挥宪法功能的外部推力。②

其二,《民法典》是对《宪法》已规定的基本权利的具体化,也是对《宪法》未规定的基本权利的兜底保护。需要首先明确的是民事法对宪法的具体化以及补充作用并非毫无界限。相反,由于宪法和民法毕竟是不同属性的两个法律部门,二者有关权利的规范内容存在区别。"大体上,基本权利由三部分构成:一为自我肯定和保存意义上的古典基本权利,例如生命、自由和财产权利;一为自我表现意义上的体现公民参与的政治权利,例如选举议员和公职人员;一为自我实现和发展意义上的社会经济权利,例如工作的权利、休息和闲暇的权利、受教育的权利。"③ 显然,作为

---

① 参见上官丕亮、秦绪栋:《私有财产权修宪问题研究》,载《政治与法律》2003年第2期,第13-16页。
② 参见冉克平、谭佐财:《〈民法典〉发挥公法功能的法理逻辑与基本路径——以〈民法典〉中行政主体规范为中心》,载《浙江学刊》2022年第1期,第88-89页。
③ 郑贤君:《基本权利的宪法构成及其实证化》,载《法学研究》2002年第2期,第45-54页。

规制私法关系的《民法典》之民事法律权利规范没有触及后两种基本权利类型，其和《宪法》基本权利规范的联系主要体现在自我肯定和保存意义上的古典基本权利上。正如有观点指出："只有自我肯定和保存意义上的古典自然权利与民事权利之间存在联系，这两种权利所欲保护和实现的利益有相同之处，如都要维护公民的生命、自由和财产。这些权利和利益在本质上来讲都是一种私人权利或利益，这些权利或利益不仅会受到他人的侵害，也会受到国家的侵害。"①

在此基础上，宪法是国家的根本大法，其规范内容具有原则性特点。② 民法是宪法的下位法，其规范内容是在以宪法相关规范为指导原则的基础上进一步具体化的结果。这是宪法规范在立法层面规制各部门法内容的展现。"立法者首先应当明了宪法对于该部门法领域的价值和规范设定，并通过更为具体的法律规范将其落实为部门法秩序。"③ 在关涉基本权利的立法活动中，"宪法中的多数基本权利几乎都需要由立法予以形成始获得明确具体的内容……又如，宪法规定保护财产权，但财产权的具体内涵为何，则是需要普通法律予以规定的事情。根据民事法律的一般理论，财产权包括物权、债权与知识产权，而每一项权利的具体内涵都须由法律加以明定。否则，宪法对财产权的保护只能停留在抽象与模糊阶段，此即为基本权利内容的形成。"④ 同时，相比于宪法

---

① 曹治国：《宪法权利与民事权利关系辨》，载《河北法学》2008 年第 5 期，第 80 页。
② 参见李建良：《基本权利理论体系之构成及其思考层次》，载《人文及社会科学集刊》1997 年第 1 期，第 40 页。
③ 张翔：《宪法与部门法的三重关系》，载《中国法律评论》2019 年第 1 期，第 28 页。
④ 郑贤君：《基本权利具体化之辨伪》，载《北方法学》2012 年第 6 期，第 23 页。

基本权利规范，民事权利规范的内容更为丰富，能够起到闭合宪法基本权利规范开放性以补其不足的作用。例如，《宪法》未明文提及在理论上具备基本权属性的身体权，通过法教义学研究方法从《宪法》有关条文中进行逻辑推演的思路也不具有规范稳定性。相反，《民法典》第 1003 条对此有明确规定。可见，在公民基本权利领域，民法能够在宪法缺位的场合遵循基本权利的范围界定以补充宪法规范的缺憾，发挥民法的宪法功能，从而在民法层面实现与宪法共通的价值追求。正如有观点指出："从形式上看民法与宪法距离最远，但从精神价值层面上看民法又与宪法最近，其他法律与宪法只是形似，而民法则与宪法神似，其他法律或许只是宪法实现其终极价值的途径和方式，如通过分权、限权来保障人权，而民法的终极价值本身就是宪法的终极价值。"① 当《宪法》基本权利体系存在缺位，或者尚需要借助于法律解释才能推导出相关权利类型以及权利内容时，《民法典》上与基本权利价值内涵相通的民事权利应当有资格对"公民—国家"关系起到补充作用。否则，若拘泥于部门法理论研究藩篱，死守宪法与民法之公私法域的性质划分而抛弃此类民事权利的宪法功能，将使我国公民部分基本权利丧失实定法依据而难以实现于公法领域。我国台湾地区学者也指出，宪法基本权利篇中的财产权、诉讼权等基本权利的内涵不能直接从宪法规定予以获知，需要法律对其进行具体化后才得窥其面貌，这在理论上一般被称为"须受法规范形成的基本权利"，例如宪法虽然规定人民之财产权应予保障，但究竟何谓财产权以及如何对其实施保障则需要经由相关法律尤其是民法予

---

① 马岭：《宪法与部门法关系探讨》，载《法学》2005 年第 12 期，第 9 页。

以规范，之后才有财产权存在的空间。① 这种观点正说明了民事实体法为宪法规范之具体化后的产物，能够对公民基本权利直接起到保障作用。

其三，民法之宪法功能反向证成了民事权利补充基本权利的正当性。宪法本质上乃是一种使人类共同的生活场域从自然形态向共同体形态转变的社会组织机制。近代以前，成文宪法尚未被正式表达，宪法的这种本质难以由宪法本身完成。此时，具有"现实宪法"②特点的法律文件便在实质上替代成文宪法发挥着宪法整合各种社会关系的作用。作为现代民事法律源头的古罗马市民法便在当时具有现实宪法的功能，即在作为人数足以维持自足生活的公民结合体的古罗马城邦社会，现代意义上的宪法与其他部门法尚未完全分离且成文宪法长期阙如，民法就是作为市民社会的法而存在的法律制度。"这里的市民社会并非我们现在所理解的与政治国家相对的存在，而是与自然状态对立的人为的人群，即社会全体成员。"③ 作为调整城邦全部成员所有生存与发展所必需内容的法律制度，市民社会的民法被城邦统治者创制成为了涵盖城邦居民生活之"公私领域"的法律制度，发挥着现实宪法的功能。近代以降，随着宪法与其他法律部门逐步分离，成文宪法逐渐从现实宪法演化成形，古罗马城邦形态下的市民社会也渐渐转变为今天我们所习惯称之为"私人领域"的概念。相应地，民法的现实宪法功能开始弱化，其管理控制的社会关系范围逐渐收缩至私人领域，取代民法之现实宪法功能的实在宪法则开始成为

---

① 参见李建良：《基本权利理论体系之构成及其思考层次》，载《人文及社会科学集刊》1997年第1期，第74页。

② 刘茂林：《中国宪法导论》，北京大学出版社2009年版，第51页。

③ 徐国栋：《商品经济的民法观源流考》，载《法学》2001年第10期，第53页。

统治者管理公共领域的法律制度。可见，从源流上看，民法曾在很长一段时间内发挥着宪法功能。虽然，当宪法与民法分别管控公私法律领域的总体格局形成后，民法的现实宪法功能不如之前强大，但民法仍从技术层面影响着公权力的行使。"当政治国家从市民社会分化出来之后，民法典通过规定广泛的民事权利体系，划定公权力不得随意侵犯的私域。"① 现代民事法中有关民事权利的法律规范，从私法角度为国家行为划定了界限，是古罗马民事法律的宪法属性在现代民事法律中的跨时代展现。质言之，民法的宪法功能从民法角度反向证明了在刑事强制措施领域引入民事权利体系以补基本权利体系之不足的尝试，是具有正当性的。

（二）引入民事权利的限度

在刑事强制措施立法上，为切实保障我国公民各项权利，在基本权利框架下合理引入民事权利的部分内容，作为重构刑事强制措施的逻辑前提，乃是基于我国《宪法》基本权利规范体系立法现状的必然之举，也是源于"宪法—民法"之交互作用的可行之事。然而，《宪法》作为根本大法而旨在调整公法关系，《民法典》作为私法而理应主要调适私法关系。故而，在刑事强制措施领域引入民事权利的理论尝试应当受到限制，即只有具备基本权利属性的民事权利方得成为刑事强制措施的限制客体，此类刑事强制措施也才能够被纳入重构后的刑事强制措施体系。同时，基于各类刑事强制措施的实施方式，其并不会干涉公民所有的基本权利或民事权利，故笔者只讨论关涉刑事强制措施体系建构的人身自由权、财产权、隐私权这三种民事权利与基本权利的关系问题。

---

① 张力：《民法典"现实宪法"功能的丧失与宪法实施法功能的展开》，载《法制与社会发展》2019年第1期，第108页。

1. 对人身自由权的引入

结合前述《宪法》的相关规定，人身自由权毫无疑问属于我国公民享有的基本权利。而且，我国目前的刑事强制措施就是专门针对公民的人身自由权而设计的。因此，是否引入《民法典》意义上的人身自由权对重构刑事强制措施体系的尝试影响不算太大。但是，仍应注意的是《民法典》第109条的规定。该规定改变了之前"《民法通则》没有规定人身自由权的立法状态"①，体现出了民事权利体系对人身自由权的重视程度的提高，使得人身自由权成为《宪法》和《民法典》都直接明文承认的公民权利类型，将之作为重构刑事强制措施体系的权利基础当无疑义。从刑事司法实践来看，针对人身自由权的刑事强制措施是公安司法机关限制犯罪嫌疑人或被告人活动自由的主要方法，刑事强制措施体系理应对这类措施继续保持高度关注。

2. 对财产权的引入

从规范上看，不同于《宪法》将私有财产权置于总纲规定的模式，《民法典》第五章"民事权利"中的第113条规定："民事主体的财产权利受法律平等保护。"由于财产权下尚存在诸多子权利，故该法第114条、第118条、第123条、第124条、第125条进一步逐一明文规定民事主体依法享有物权、债权、知识产权、继承权、股权和其他投资性权利。比较之下，民事主体在民事实体法层面享有的财产权具有直接性、明确性、完整性的特点，在现阶段引入民事法上财产权的有关理论和法律规定作为重构刑事强制措施体系的基础性权利之一具有可行性。

---

① 冉克平：《论人格权法中的人身自由权》，载《法学》2012年第3期，第71页。

需要注意的是，"《刑事诉讼法》对单位犯罪嫌疑人或被告人的强制措施无明确规定的立法现状导致强制措施体系难以应对单位犯罪日渐增多的现实"①，在重构刑事强制措施类型体系时考虑到单位财产权的地位和特性是具有现实意义的，相关司法解释也对此表现出了高度重视。可见，在法人财产权层面讨论刑事强制措施体系重构是刑事程序法对保障法人财产权利益的应有制度关切。在民事主体框架中，根据《民法典》第113条的规定，法人等单位属于和自然人并列的享有民事权利的专门主体，具有民事权利能力和民事行为能力，依法独立享有民事权利并承担民事义务，只是因法人等单位与自然人在行动方式上存在差别，故其享有的权利内容与自然人不相一致。②德国民法理论将法人的基本权利分为绝对不适用于法人的基本权利、肯定适用于法人的基本权利和依案件情形决定是否适用的基本权利，财产权属于肯定适用于法人的基本权利。③这是法人作为现代社会商业活动主体的必然之理，法人只有拥有财产权才有能力进行商业活动并承担风险。由是观之，财产权属于基本权利之一，将之纳入刑事强制措施体系对自然人和单位的财产权保护都具有重大价值。

3. 对隐私权的引入

在民事实体法上，虽然我国之前的《民法通则》专设第5章"民事权利"规定了各项人格权，但是并没有直接承认隐私权。学理上，研究者是以在侵权责任制度中保护隐私权为切入点来对隐私权的概念和保护展开探讨，直到2009年《侵权责任法》第2条

---

① 宋英辉：《完善刑事强制措施的理念与总体构想》，载《人民检察》2007年第14期，第8页。

② 参见王利明：《民法总则》，中国人民大学出版社2017年版，第158页。

③ 参见[德]迪特尔·梅迪库斯：《德国民法总论》，邵建东译，法律出版社2001年版，第821页。

明确列举了隐私权才将隐私权纳入《侵权责任法》的保护范围。[①]目前，《民法典》第1032条直接且全面地规定了隐私权的内涵和内容，在民事实体法层面承认了隐私权作为我国公民的一项基本民事权利的属性。可见，我国民事法上的隐私权经过了多年探讨和发展，终于以《民法典》为主要规范来源而确立下来。对比《宪法》第39条和第40条，我国公民在民事实体法层面直接享有更为完整的隐私权。"事实上，无论是侵犯宪法隐私权的行为，还是侵犯民法隐私权的行为，都是对个人隐私的侵犯与干涉。这种联系表明，民法隐私权和宪法隐私权在价值上是同源的，同样都体现了对个人隐私价值的尊重与维护。"[②] 因此，在《宪法》未完整界定隐私权的情况下，以《民法典》第1032条赋予自然人的隐私权作为重构刑事强制措施的权利基础之一，应当是必要且正当的选择。从理论分类来看，该条规定的隐私权包含以"生活安宁"为内容的决定性隐私权和以"私密空间、私密活动、私密信息"为内容的信息性隐私权。[③] 在2012年《刑事诉讼法》修改时，有论者指出："考虑到技术侦查措施在执行过程中可能涉及公民个人隐私和公共利益，必须在法律中加以必要的限制。因此，本条对采取技术侦查措施的案件范围、程序及执行主体作了规定。"[④] 可见，《刑事诉讼法》对于刑事强制措施干涉公民隐私权的问题已经

---

① 参见王利明：《隐私权概念的再界定》，载《法学家》2012年第1期，第114页。

② 屠振宇：《隐私权：从民事权利到宪法权利—兼议民事权利与宪法权利的关系》，载《金陵法律评论》2009年春季卷，第76-77页。

③ 参见孟婕，张民安：《我国〈民法典〉中隐私权的特殊侵权判定标准研究》，载《重庆社会科学》2021年第5期，第130页。

④ 全国人大常委会法制工作委员会刑法室编：《关于修改中华人民共和国刑事诉讼法的决定：条文说明、立法理由及相关规定》，北京大学出版社2012年版，第185页。

给予了重视。质言之,隐私权具有民事权利属性不意味着国家或政府在尊重和保护公民隐私方面就不负有相关义务。相反,隐私权是包括国家、政府在内的所有社会主体都必须尊重的公民权利,国家应通过刑事诉讼法等法律制度对隐私权加以保障。① 将隐私权作为完善刑事强制措施类型体系的基础之一,正是刑事诉讼法保护公民隐私权的重要步骤。

另外,需要讨论的一点是随着《民法典》《个人信息保护法》《网络安全法》等法律的起草和施行,我国公民的"个人信息权"被作为一个专门用语提了出来。从规范上看,《个人信息保护法》第1条和第2条在明确了公民享有个人信息权益的基础上,又通过第4条进一步对个人信息的含义作出了解释,指出个人信息是以电子或者其他方式记录的与已识别或者可识别的自然人有关的各种信息,不包括匿名化处理后的信息,而个人信息的处理则包括个人信息的收集、存储、使用、加工、传输、提供、公开等。从理论上看,个人信息权以及有关概念的提出对传统隐私权理论带来了冲击,主要的讨论焦点在于如何看待隐私权和个人信息权之间的关系,或者说后者是否从属于前者进而是否属于公民的一项基本权利。② 考虑到当前刑事侦查技术的不断发展,如何看待我国公民个人信息权的归属直接涉及与该权利相关的侦查措施的定位。笔者认为,从刑事强制措施体系的视角观之,公安司法机关对公民个人信息的使用是为了推进案件顺利办理而非出于其他商业目的。在这个过程中,公安司法机关主要是通过收集、查询等方式了解公民个人信息的具体内容而不涉及加工、公开等使用方

---

① 参见王利明:《隐私权概念的再界定》,载《法学家》2012年第1期,第111页。

② 参见王利明:《论个人信息权的法律保护——以个人信息权和隐私权的界分为中心》,载《现代法学》2013年第4期,第63页。

式，公民个人信息权受到干扰的程度不高。相反，在这个过程中，公安司法机关所实施的这种探知公民个人信息内容的措施所干涉的是公民维持本人信息不被他人知晓的权利，即公民个人信息的保护问题应当被归结到隐私权的保护问题上。在此基础上，应通过立法对刑事强制措施的行使设置边界，进而维护公民个人隐私及其所包含的个人尊严、私人生活安宁、通信自由等一系列衍生利益。

三、刑事实体法的公民权利保障功能不断增强

"实体法与程序法代表实体权力和实现实体权力的程序的两个维度，它们是一个国家法治的两个相互依赖的方面。"① 从刑事法律一体化的角度看，刑事实体法和刑事程序法之间具有紧密关联。在实践中，刑事强制措施的适用对象一般是犯罪嫌疑人或被告人，或者说特定主体涉嫌刑事犯罪是刑事强制措施体系开始运行的前提。虽然，实践中刑事强制措施有时会被适用于被害人等第三人，但是这种情况尚不多见，犯罪嫌疑人或被告人仍是被适用刑事强制措施的主要对象。这就体现出了刑事强制措施和《刑法》之间的关系，后者的相关规定会对刑事强制措施体系运行过程中公民权利的保障产生影响。

从刑法功能的理论分类上说，一般认为刑事实体法同时具有社会保护和权利保障这两个方面的功能。前者主要通过打击刑事犯罪的方式维持社会的稳定运行，后者主要通过各类规定实现对包括被告人在内的公民权利的保护。我国《刑法》自1979年颁布施行之后至今已经历了十一次修改。总体来说，过去我国实行计

---

① 朱景文：《中国特色社会主义法律体系：结构、特色和趋势》，载《中国社会科学》2011年第3期，第21页。

划经济体制,强调国家利益而较为忽视公民权益,所以《刑法》的社会保护功能受到了较大的重视,权利保护功能则受到了一定程度的压制。随着社会经济的发展、公民权利意识的成熟以及多次修法活动的完成,《刑法》从功能上开始了逐步的转变,逐渐将公民的权利保障功能放到了更加重要的位置。首先,刑事实体法各类基本原则得到了完善和充实。例如,1997年3月的修订,从完善刑事法治、保障人权的需要出发,在《刑法》中明文规定了罪刑法定原则,成为我国刑事法律发展的一个重要标志。在理论上,该原则是刑法保证限制公民权利的国家行为具备形式正当性的关键。[①] 同时,这一原则的内涵在实践中得到了不断充实。最高人民法院刑一庭就曾于2010年发表《准确把握和正确适用依法从严政策》一文,该文对罪刑法定原则的地位和内涵作出了阐述。其次,《刑法》取消了类推适用的定罪模式,避免了刑事实体法规制范围的不当扩大。我国1979年《刑法》第79条曾规定:"本法分则没有明文规定的犯罪,可以比照本法分则最相类似的条文定罪判刑,但是应当报请最高人民法院核准。"这一规定在理论研究中被认为是我国刑事实体法中类推制度的规范来源,曾一度不当扩大了《刑法》的规制范围,在无形中扩大了刑事强制措施的适用范围,对公民权利产生了不利影响。因此,1997年修法活动对这一规定的取消体现出了刑事实体法对我国公民基本权利的重视,属于我国刑事立法的重大进步,是我国刑事法上的基本权利规范体系得以完善的标志之一。[②] 最后,从立法技术上说,我国《刑法》一直以来都有使用数额较大、情节严重、情节恶劣、其他危

[①] 参见李累:《论法律对财产权的限制——兼论我国宪法财产权规范体系的缺陷及其克服》,载《法制与社会发展》2002年第2期,第50页。
[②] 参见朱福惠:《基本权利刑事法表达的宪法价值》,载《政法论坛》2018年第4期,第119页。

害行为等不确定法律概念的习惯。这类规定的内涵非常笼统，缺乏对犯罪客观要件的明确表达，导致公安司法机关在实践中认定困难，容易不当扩大刑事实体法的打击范围。有论者称这种立法模式为弹性刑法，是我国罪刑法定原则的一个内在矛盾。① 随着刑事实体法及相关司法解释的修改和完善，立法用语模糊不清的情况也在逐渐好转，体现出了更强的确定性。② 同时，在刑法学研究中，研究者们也积极通过对兜底条款解释规则的探讨限缩这类规定的适用范围，从法律解释层面为公民基本权利保障作出了贡献。③

除了以上这三个方面外，我国《刑法》近年来通过不断的修改完善，从各个层面入手逐渐充实了这部法律的权利保障功能。总体来说，我国刑事实体法的权利保障机能在逐渐增强，《刑法》的规制范围得到了一定程度的合理限缩。反映到刑事强制措施体系中，这就表现为公民因涉嫌犯罪而成为刑事强制措施之适用对象的可能性的减少。同时，公安司法机关在适用刑事强制措施的过程中会对犯罪嫌疑人或被告人是否涉嫌犯罪的问题作出更严格的判断，对刑事强制措施的适用也更加趋于谨慎，公民基本权利在这个过程中得到了更大的重视。

---

① 参见白建军：《坚硬的理论，弹性的规则——罪刑法定研究》，载《北京大学学报（哲学社会科学版）》2008 年第 6 期，第 29 页。

② 例如，2016 年 4 月 6 日最高人民法院《关于审理毒品犯罪案件适用法律若干问题的解释》第 5 条就将"国家工作人员非法持有毒品"的行为明确为非法持有毒品罪中的"情节严重"情形之一，对明确非法持有毒品罪兜底条款的内涵起到了帮助作用。

③ 参见刘宪权：《操纵证券、期货市场罪"兜底条款"解释规则的建构与应用》，载《中外法学》2013 年第 6 期，第 1178 页。

四、国际公约给公民基本权的保障路径提供指导

国际公约对世界各国的国内立法都起到了指导性作用，而公民基本权利正是各类国际公约中的重要内容。

首先，从国际公约的相关规定上看，法治国的公民应享有人身自由权。《公民权利和政治权利国际公约》第9条规定："一、人人有权享有人身自由和安全。任何人不得加以任意逮捕或拘禁。除非依照法律所确定的根据和程序，任何人不得被剥夺自由……"对公民人身自由权的干涉不仅仅出现在本国刑事犯罪追诉活动中，还可能出现在跨国刑事犯罪案件中。就逮捕而言，《罗马规约》就针对国际法院实施的逮捕的审查机制建立起了由三个不同阶段组成的基本框架，刑事审判委员会和审判分庭会在这三个阶段中全面评估起诉方提出的证据，且要求提出的证据必须证明国际法院足以根据《规约》第66条对被告人定罪，据此国际法院才能够根据《规约》第58条发出逮捕令或传票。① 可见，国际公约从程序上体现出了对公民人身自由权的重视。

其次，从公民的财产权来看，相关国际公约基本认可财产权作为公民基本权的属性。例如，《世界人权宣言》第17条规定："（一）人人得有单独的财产所有权以及同他人合有的所有权。（二）任何人的财产不得任意剥夺。"虽然，该条约不具有法定约束力，但是却为世界各国在实践中广泛认可，并衍生出了《经济、社会及文化权利国际公约》。我国在1997年10月签署了《经济、社会及文化权利国际公约》，全国人大常委会也在2001

---

① Amrutanshu Dash, Dhruv Sharma, *Arrest Warrants at the International Criminal Court: Reasonable Suspicion or Reasonable Grounds to Believe*, International Criminal Law Review, Vol. 16: 158, p. 159 (2016).

年 1 月批准了该公约，体现出了我国对公民私有财产权的重视和尊重。《经济、社会及文化权利国际公约》的序言明确规定："……按照世界人权宣言，只有在创造了使人可以享有其经济、社会及文化权利，正如享有其公民和政治权利一样的条件的情况下，才能实现自由人类享有免于恐惧和匮乏的自由的理想……"可见，公民财产权在相关国际公约中具有较高的地位，国际公约普遍要求各国应当保护公民的财产权。我国作为签署和加入这些国际公约的成员国也应当担负起履行国际公约要求的责任，在刑事诉讼中加强被追诉人的财产权保护，这是贯彻落实国际人权公约的需要。①

最后，对于公民的隐私权来说，域外其他国家或地区对隐私权的重视由来已久。在规范层面，国际公约对公民的隐私权保障保持了较高的关注度。《公民权利和政治权利国际公约》第 17 条规定："一、任何人的私生活、家庭、住宅或通信不得加以任意或非法干涉，他人的荣誉和名誉不得加以非法攻击。二、人人有权享受法律保护，以免受这种干涉或攻击。"由此，从学术研究的角度出发，学者们通常认为隐私权的内容可以包括个人空间、个人活动和个人信息三个领域。②从国际范围内来看，2016 年颁行的欧盟《通用数据保护条例》第 9 条明确规定了敏感个人信息的范围，指出敏感个人信息包括能够揭示个人的种族、政治观点、宗教和哲学信仰、商业团体资格以及能够识别特定自然人的基因数据和生物数据、涉及自然人健康或性生活、性取向的个人数据。此外，还有的国际公约针对干涉公民隐私权的具体刑事强制措施

---

① 参见陈学权：《论刑事诉讼中被追诉人的财产权保护》，载《学术研究》2005 年第 12 期，第 70 页。

② 参见韩大元、王建学：《基本权利与宪法判例》，中国人民大学出版社 2013 年版，第 138 页。

的适用要件作出了原则性规定。例如,《欧洲人权公约》就以搜查为例从其适用标准层面给该措施的运用提供了一个基本参考。根据该公约的规定,只有为了民主社会的建立,以及为了国家安全、公共安全、防止混乱或者犯罪,维护健康及保护他人的权利和自由等之必需,公权力机关才可以进行搜查。① 因此,在衡量参与该公约的各成员国法律制度中搜查的设计是否合理时,需要考量的就是政府对公民隐私权的干涉和限度是否符合"满足民主社会之必需"的要求。

第二节 诉讼结构的变化

刑事诉讼结构又称为刑事诉讼构造,一般是指由诉讼目的所决定的,并由主要诉讼程序和证据规则中的诉讼基本方式所体现的控诉、辩护和裁判三方的法律地位和相互关系。② 2012年《刑事诉讼法》修改时增加了"尊重和保障人权"的内容。这被认为是我国刑事诉讼目的的一大改变。这一刑事诉讼目的的提出,使我国的刑事诉讼结构在此后陆续发生了变化。一方面,因应党的第十八届四中全会通过的《中共中央关于全面推进依法治国若干重大问题的决定》,针对刑事诉讼领域以审判为中心的制度改革问题,两高三部于2016年10月11日发布并实施《关于推进以审判为中心的刑事诉讼制度改革的意见》。由此,我国的刑事诉讼结构

---

① 参见孙长永:《侦查程序与人权保障——中国侦查程序的改革和完善》,中国法制出版社2009年版,第134-135页。

② 参见李心鉴:《刑事诉讼构造论》,中国政法大学出版社1992年版,第7页。

开始强调审判机关的中心地位。虽然,学界至今仍旧对这一提法存在不同看法,但是不可否认的是以审判为中心的诉讼制度改革对我国刑事诉讼结构产生了重大影响,对"改革我国诉讼制度、完善诉讼结构、保障诉讼参与人的合法权益"① 具有重要意义。另一方面,2019年初随着我国检察机关内设机构改革的基本完成,"捕诉一体"办案机制开始在全国推行。同时,虽然"检察机关可以派员参加公安机关对于重大案件的讨论"的规定早已写入《刑事诉讼法》和司法解释之中,② 但是由于缺少统一的制度性安排等原因,提前介入机制的运转有待优化。近年来,随着检察机关主动介入昆山刘海龙致于海明死亡案等类似的社会热点案件的侦查活动之后,各地检察机关开始频繁使用提前介入的方式对侦查活动进行指导,提前介入机制开始被大量运用于刑事司法实践。由此,我国的检察制度在新时代展现出了新特点,令刑事诉讼中的控侦关系发生了变化。这两个变化使得我国的刑事诉讼结构开始呈现出与以往不同的色彩,侦诉关系和侦审关系的运行状态发生了变化。从权力的内容上看,侦查权是侦查机关在刑事审判前程序中收集犯罪证据、查找犯罪嫌疑人乃至采取刑事强制措施的职权。③ 因此,这一系列改革自然会影响到侦查机关对刑事强制

---

① 朱孝清:《略论"以审判为中心"》,载《人民检察》2015年第1期,第6页。

② 例如,早在2000年8月最高人民检察院与公安部就下发了《关于公安机关刑侦部门、检察机关批捕部门、起诉部门加强工作联系的通知》,该通知对检察机关审查批准逮捕部门和审查起诉部门提前介入侦查活动作出了规定。而在2009年1月由最高人民检察院公诉厅发布的《人民检察院公诉工作操作规程》,则对检察机关提前介入侦查活动作出了更为全面细致的规定。

③ 参见张能全:《审判中心视野下的我国侦诉审关系原则调整与制度构想》,载《广东行政学院学报》2020年第5期,第48页。

措施的使用，对我们改良当前的刑事强制措施体系至关重要。①

一、体制层面：以审判为中心的刑事诉讼制度改革的影响

（一）以审判为中心的刑事诉讼制度改革内容简述

2014年10月23日，党的第十八届四中全会通过的《中共中央关于全面推进依法治国若干重大问题的决定》明确提出"推进以审判为中心的诉讼制度改革，确保侦查、审查起诉的案件事实证据经得起法律的检验。"为此，两高三部于2016年10月11日发布《关于推进以审判为中心的刑事诉讼制度改革的意见》。据此，本次针对刑事诉讼制度的改革主要有以下几个方面的内容值得注意。第一，在刑事诉讼活动中贯彻以审判为中心的理念。从该项改革的大方向上出发，理念的贯彻是其中重点，即要求诉讼各方以审判的标准作为各自处理案件的标准，将程序正义原则、尊重和保障人权原则、控辩平等原则、疑罪从无原则等审判活动中的基本原则落实到各个诉讼阶段，使得侦查、审查起诉都能够围绕审判的要求来展开。第二，在刑事诉讼中推进庭审实质化改革。虽然法庭审判是刑事案件办理的关键环节，但是由于各种原因我国的刑事庭审容易流于形式，没有发挥出应有的价值。因此，本次改革从规范庭前会议、开庭程序、证据裁判规则等各个方面

---

① 正如有论者以大数据侦查措施为例指出："在我国，接受司法审查的强制性侦查措施只有逮捕，审查的主体是检察机关。但是随着公诉引导侦查机制的建立，随着以审判为中心的诉讼制度改革对证据合法性要求的不断提高，检察机关对强制性侦查行为的审查必然会得到加强，涉及公民财产权、隐私权的侦查措施也会被纳入司法审查的范围中来，大数据侦查措施也不能例外。"这正体现出了我国近年来进行的一系列刑事诉讼制度改革对强制性侦查行为体系的影响。参见张可：《大数据侦查之程序控制：从行政逻辑迈向司法逻辑》，载《中国刑事法杂志》2019年第2期，第141页。

推进庭审实质化,释放刑事庭审的应有价值。第三,进一步强调非法证据排除规则的重要性。本次改革强调了非法证据排除规则在刑事诉讼中的重要性,针对实践中普遍存在的非法证据排除规则启动难的问题,进一步强调要严格排除非法收集的言词证据,附条件排除不符合法定收集程序的物证和书证。其中,最为重要的是发挥审判机关的审判职能,对非法证据进行有效排除。只有实现以审判为中心,完善对限制人身自由司法措施和侦查手段的司法监督,实现审判程序影响前移,才能及时制止和纠正违法行为,从源头上防范非法取证。除此之外,本次改革还从完善讯问制度、完善补充侦查机制、完善不起诉制度等方面对我国刑事诉讼活动作出了指引。总体来说,以审判为中心,其实质是在刑事诉讼的全过程实行以司法审判标准为中心,核心是统一刑事诉讼证明标准。从制度构建的层面看,以审判为中心的诉讼制度改革旨在全面指导并调整侦控审三机关之间的关系,因此其可以视为一种体制层面的变革。这项改革在我国新的历史发展阶段给刑事诉讼结构的建构注入了新的理念,取得了不错的效果。

(二)以审判为中心的刑事诉讼制度改革对刑事强制措施制度的影响

"以审判为中心"的概念是针对司法实践中存在的"以侦查为中心"的情况而提出来的。[①] 侦查权是刑事司法活动的组成要素,其不但要实现追诉犯罪的行政职能,还要遵循以审判为中心的刑事司法之一般规律。[②] 刑事强制措施体系属于整个侦查活动的重要组成部分,因而会受到"以审判为中心"理念的影响。根据《关

---

① 参见朱孝清:《略论"以审判为中心"》,载《人民检察》2015 年第 1 期,第 6 页。
② 参见卞建林,张可:《侦查权运行规律初探》,载《中国刑事法杂志》2017 年第 1 期,第 29-32 页。

于推进以审判为中心的刑事诉讼制度改革的意见》的内容，其中直接涉及刑事强制措施制度的表述出现在第16条，即"建立健全对强制措施的监督机制。加强人民检察院对逮捕后羁押必要性的审查，规范非羁押性强制措施的适用"。从文义表述上看，该项改革的目标之一是建立健全刑事强制措施监督机制，继续深入发挥检察机关的羁押必要性审查功能。对于刑事强制措施制度的整体构建来说，前者更为重要。从理论构想上看，在以审判为中心的诉讼结构中，我国刑事强制措施制度的新变化体现在刑事强制措施决定权被集中到审判机关。其中，尤其以具备羁押效果的逮捕为主要讨论对象。这也是域外部分国家或地区在处理类似问题时的普遍做法。从特征上看，以审判为中心的诉讼制度改革属于对我国刑事诉讼纵向结构进行改造的举措。该项改革因为强调发挥审判机关在刑事诉讼中的中心作用，故而代表着逮捕等刑事强制措施决定权的享有者应当是审判机关。在以往的刑事诉讼结构中，我国采取的是前后承继的流水作业式的工作方式，各个机关分工负责、互相配合、互相制约，没有明确地指出某一个机关是整个诉讼结构的中心。这种样态反映到刑事强制措施制度上，就表现为各类刑事强制措施的决定权由侦查机关、检察机关和审判机关按照诉讼阶段的前后顺序各自享有。① 就逮捕来说，虽然大部分刑事案件的审查批捕工作都由检察机关完成，但人民法院仍旧有权在自诉案件中决定逮捕，也有权对检察机关提起公诉时未予以逮

---

① 例如，有论者结合对物刑事强制措施的适用现象指出："我国刑事诉讼程序遵守分工负责、互相配合、互相制约的原则，但是即使在这种前有分工、后有制约的情况下仍然会出现配合有余、制约不足的情况，出现侦查中心主义的倾向。原因在于我国这种分工负责的诉讼模式具有封闭性，权力制约理念难以对固若金汤的各管一段模式造成实质影响。"参见严林雅：《我国刑事对物强制措施体系的构建》，载《政法学刊》2021年第2期，第68页。

捕但符合逮捕条件的被告人决定逮捕。可见，在传统的流水作业式的诉讼结构中，刑事强制措施决定权被分拆到了各个不同的机关手里。以审判为中心的诉讼制度改革的实施，从理论上看蕴含着令各类刑事强制措施决定权归于审判机关的要求。正如不少研究者所指出的那样，"在以审判为中心的改革视野下，我国刑事诉讼立法应明确通过审判机关全面履行司法审查职能的方式确保侦查权的正当合理行使。"① "审判中心主义强调关涉被告人人身自由等强制性措施的重大决定应经由审判作出，且必须依照法定的程序和方式。"②

进而言之，如果我们将建立刑事强制措施司法审查机制看作是以审判为中心的刑事诉讼制度改革对刑事强制措施体系的表层影响，那么，笔者认为以审判的标准为参照实施各类刑事强制措施，就可以作为以审判为中心的刑事诉讼制度改革对刑事强制措施体系的深层影响。对于表层影响来说，其更多关注的是由哪个机关在未来掌握刑事强制措施决定权的问题，具有明确形式上的权力分配的价值；对于深层影响来说，其更多关注的是通过什么标准来规范刑事强制措施的行使，具有厘清实质上的适用标准的价值。③ 从理论界和实务界的观点来说，前一个影响受到了广泛关注。在以审判为中心的诉讼制度改革被提出来之前，就已经有类

---

① 张能全：《审判中心视野下的我国侦诉审关系原则调整与制度构想》，载《广东行政学院学报》2020 年第 5 期，第 52 页。

② 闵春雷：《以审判为中心：内涵解读及实现路径》，载《法律科学》2015 年第 3 期，第 35 页。

③ 例如，有论者以审查逮捕为例指出"审判中心改革"提高了证据审查标准，这对审查逮捕的模式产生了影响，未来审查逮捕的模式应向听证模式靠拢，在这个程序中通过双方的质证辩论使检察官全面把握逮捕案件的证据情况，强化审查逮捕的准确性并起到证据把关的作用。参见周新：《审查逮捕听证程序研究》，载《中外法学》2019 年第 4 期，第 1032 页。

似观点出现。相比之下,研究者们对后一个影响的关注就显得少了一些。但是,这其实也是可以从以审判为中心的诉讼制度改革中提炼出来的意义。① 例如,《关于推进以审判为中心的刑事诉讼制度改革的意见》第二点指出:"侦查机关、人民检察院应当按照裁判的要求和标准收集、固定、审查、运用证据……"这是要求侦查机关在侦查活动中按照审判的要求收集固定证据的原则性规定。该文件第三点和第四点则继续细化了在侦查环节落实裁判证据标准的理解。② 概言之,侦查机关在侦查活动中收集固定证据应当以审判环节的标准为准绳,要树立以审判为中心的思维。从刑事强制措施的功能来看,查封、扣押、搜查、技术侦查等广义上的刑事强制措施具有收集固定证据的功能,可以归属于侦查机关收集物证、书证的方法之中。由此,侦查机关在从事这些活动时自然应当树立以审判为中心的思维,以更加严格的标准和规范的程序来完成侦查活动,进而从实质层面夯实侦查活动的正当性基础。

由此可见,以审判为中心的诉讼制度改革对刑事强制措施体系完善的影响包括形式和实质两个方面的内容,这两个方面的内容并非孤立存在而是一个问题的两个方面:一方面,要考虑未来各类刑事强制措施的决定权之归属问题;另一方面,要考虑未来

---

① 参见闵春雷:《论审查逮捕程序的诉讼化》,载《法制与社会发展》2016年第3期,第63页。

② 该文件第三点中规定:"探索建立命案等重大案件检查、搜查、辨认、指认等过程录音录像制度。完善技术侦查证据的移送、审查、法庭调查和使用规则以及庭外核实程序。统一司法鉴定标准和程序。完善见证人制度。"第四点中规定:"侦查机关应当依法收集证据。对采取刑讯逼供、暴力、威胁等非法方法收集的言词证据,应当依法予以排除。侦查机关收集物证、书证不符合法定程序,可能严重影响司法公正,不能补正或者作出合理解释的,应当依法予以排除。"

拥有刑事强制措施决定权的机关应当以什么标准来作出决定。只有找到了合适的承担这项责任的机关，才能够落实刑事强制措施的适用标准。只有从理论上建构起了一套相对完善的刑事强制措施适用标准，才能够为有关机关的权力行使提供依据而避免刑事强制措施的适用流于随意。

二、机制层面：检察制度改革的影响

（一）检察机关与侦查机关的关系变化简述

一般来说，学界在讨论检察机关与侦查机关之间的关系时，此处关系主要指的是检察机关和侦查机关在刑事审前程序中的关系。这是由检察机关和公安机关的主要职责范围所决定的。对此，《宪法》第140条和《刑事诉讼法》第7条都有类似规定。由此可见，检察机关与公安机关在刑事诉讼结构中的关系主要体现在二者分工负责、互相配合、互相制约三个层面。从内涵上看，这三个层面依次强调的是检察机关和侦查机关职责范围的区别、检察机关的审查起诉和侦查机关的侦查活动之间的衔接促进作用、检察机关和侦查机关对对方的履职活动提出相反意见的权力。从这三层意义来看，以往理论界和实务界一般把侦查机关和检察机关分割为两个独立的主体来看待。因为只有将二者分而置之，才有实现各自分工、互相配合、两端制约的可能。

然而，从近年来检察制度改革的效果来看，两机关的关系虽然在规范层面的表述没有发生变化，但是由于捕诉合一制度的运行和提前介入制度的完善，二机关在实践当中相比于以往更多地表现为一个统一的办案主体。检察机关和侦查机关在大量刑事案件侦办过程中，会同时出现在侦查环节甚至是审查起诉环节，为案件的办理提出自己的意见，"形成整体而规范的追诉合力，使刑事诉讼既能有效追诉犯罪和惩罚犯罪,又能保障公民人权并预防追诉权力滥用。"① 如果仍旧从《宪法》第 140 条和《刑事诉讼法》第 7 条来说,虽然可以认为二机关仍旧处在分工负责的状态,但是相互配合的场合也的确正在变多,从而在相互配合的过程中去实现相互制约。一方面,由于捕诉一体改革的推行,检察机关内部要求同一检察官处理同一案件的审查起诉和审查批捕工作。这与原来由不同检察官分别处理审查起诉和审查批捕工作的设计存在明显区别。捕诉合一的实施令检察官在审查批捕时有着更加全面的视角,当然也有了更大的压力而对作出逮捕决定更加慎重,希望能够同时保障审查起诉和审查批准逮捕活动的合理性,避免出现错案。另一方面,为了达成前述目标,检察机关开始频繁适用提前介入侦查活动的方式提前了解案情,拉长实际的办案期限。检察机关在这个过程中得以对侦查机关的大部分活动提出建议,检警关系产生了微妙的变化。② 概言之,从诉讼阶段论的视角来看,在当前的刑事诉讼结构中我国检察机关的履职范围有向前延伸的趋势,存在逐步打破侦查程序的警察垄断性并使侦查行为在检察官控制之下的诉讼结构演变趋势。③ 有论者将此现象描述为一种新型的诉侦关系,将侦查阶段视为公诉职能延伸与拓展的主要方向,明确检察机关在审前程序中的主导地位,强化侦查监督与动态制约机制。④ 这对刑事强制措施制度的运转产生了影响。尤

---

① 张能全:《审判中心视野下的我国侦诉审关系原则调整与制度构想》,载《广东行政学院学报》2020 年第 5 期,第 47 页。
② 参见崔凯:《论量刑建议"听取意见"协商模式的独立功能》,载《荆楚法学》2023 年第 1 期,第 103-111 页。
③ 参见李蓉:《论刑事诉讼权力配置的均衡》,载《中国人民大学学报》2006 年第 4 期,第 125 页。
④ 参见卞建林,谢澍:《"以审判为中心"视野下的诉讼关系》,载《国家检察官学院学报》2016 年第 1 期,第 33 页。

其，相比于以往检察机关虽有权提前介入和引导侦查，但是有关司法解释对检察机关提前介入和引导侦查活动的具体程序未做出明确规定，例如究竟由侦查监督部门还是由审查起诉部门提前介入和引导侦查等问题都没有明晰的规范来源，导致这种监督方式的行使难称顺畅。① 当前，较为完善的各类规定为检察机关行使这类权力打下了更扎实的基础。从制度构建的层面看，检察制度改革旨在调整侦控机关在侦查和起诉环节的相互关系，因此其可以被视为一种机制层面的调适。

（二）检警关系的新发展对刑事强制措施制度的影响

其一，对于干涉公民人身自由权程度最重的逮捕来说，检察机关提前介入侦查活动，所以检察机关相比于以往得以在更早的阶段拥有了解案件情况的权力，导致审查逮捕的关口实际上发生了前移，审查批准逮捕的标准开始越发趋近于审查起诉的标准。检察机关虽然是审查批准逮捕的法定机关，但是在实践中检察机关审查批准逮捕活动的进行往往受到公安机关是否提请逮捕的限制。只有公安机关提请逮捕的案件，检察机关才有空间行使批捕权。然而，随着一系列检察制度改革的进行，检察机关在审查批捕环节的这一被动性或者说滞后性特点开始转变为主动性或者说先行性。

从制度设计和实践运行的角度看，一方面，检察机关开始频繁提前介入刑事案件的侦查环节，使得检察机关办案人员可以提前了解案件情况，在案件侦办初期就对犯罪嫌疑人是否有逮捕的必要进行评估而不必如以往那样等待后续审查批准逮捕环节的到

---

① 参见李建明：《强制性侦查措施的法律规制与法律监督》，载《法学研究》2011年第4期，第166页。

来。这就间接拉长了检察机关审查批准逮捕的时间，增加了办案人员近距离了解侦查机关办案意见和犯罪嫌疑人基本情况的机会。另一方面，由于捕诉合一改革的开展，一般来说需要由同一检察官对同一个案件的批捕和审查起诉工作负责，即同一个检察官需要在评估案件是否满足提起公诉条件的同时，判断犯罪嫌疑人是否具有逮捕的必要性。这使得检察官集司法职权和行政职权于一身。[①] 由此，虽然《刑事诉讼法》第81条关于逮捕的标准与第176条第1款关于审查起诉的标准仍旧采用的是不同的表达，但是，为了保障案件"不仅捕得对，还能够诉得出去"，检察官在实务中往往会将审查批准逮捕的标准与审查起诉的标准作趋近化处理。即在以往办案程序中，本作为不同程序环节而由不同办案人员采用不同标准完成的审查批捕和审查起诉活动，现在一般会由同一个检察官在几乎同一个程序中适用类似标准作出判断。这样做的目的主要在于降低审前羁押率，避免错捕错诉案件的发生。笔者在湖北省、山西省内多个人民检察院调研时，不少与会检察官都表达了类似的想法。概言之，在审查批准逮捕的问题上，目前检察机关呈现出了审查批捕前置化的趋势，同时逐渐开始使用提起公诉的标准来判断犯罪嫌疑人是否应当被逮捕。从效果上看，这种改变对逮捕的适用至少带来了以下几个利好。第一，提高了检察机关审查批准逮捕的质量。在以往检察机关被动等待侦查机关提请逮捕的程序设计中，检察机关面对烦琐的书面证据和案件材料，有的时候很难真正了解案件情况以及犯罪嫌疑人的人身危险性大小。在人权保障的大背景下，面对严重干涉公民人身自由权的逮捕措施，即使检察机关不断地权衡，有时也难以作出批准

---

① 参见闵春雷：《论审查逮捕程序的诉讼化》，载《法制与社会发展》2016年第3期，第64页。

逮捕的决定。而通过提前介入的方式，检察人员得以在案件侦查阶段就全方位地参与办案过程，对犯罪嫌疑人进行全方位的考察和评估，观察其人身危险性大小是否已经达到了批准逮捕的标准。由此，批捕的质量明显提升。第二，提升了检察机关审查批准逮捕的效率。由于对案件证据材料的了解程度难以提高，对犯罪嫌疑人人身危险性的把握不够准确，以往检察机关在拟不批准逮捕时要么需要与侦查机关不断协商、说明情况，要么需要将案件发回侦查机关补充证据。不论是哪一种结果，这类案件的审查批捕效率都势必降低。而当前检察机关提前介入了侦查活动，使得检察机关了解案情的关口提前，审查批准逮捕的实际时间被拉长，总体效率被提高，在实践中也更容易获得侦查机关的理解。第三，在一定程度上降低了逮捕率以及审前羁押率，进一步保障了公民的人身自由权。近年来，少捕慎诉慎押的理念逐渐进入了检察实务人员的办案思维中，逮捕的适用频率逐渐降低。[1] 相比于以往检察机关通过阅读书面材料和简单的讯问活动就决定逮捕公民的办案方法来说，当前检察机关通过提前介入延长了解案情的时间，通过上提逮捕标准约束逮捕决定的作出，我国的逮捕率和审前羁押率均呈现出了一定程度的下降。[2] 从基本权保障的角度看，这一变化对于刑事强制措施制度的改良意义深远。

---

[1] 参见孙长永：《少捕慎诉慎押刑事司法政策与人身强制措施制度的完善》，载《中国刑事法杂志》2022年第2期，第108页。

[2] 例如，最高人民检察院检察长在2021年的《最高人民检察院工作报告》中指出："批准逮捕各类犯罪嫌疑人770561人，审前羁押从2000年占96.8%降至2020年的53%。"除此之外，笔者通过调研活动发现，不少地方的人民检察院在提前介入侦查活动和实行捕诉合一改革之后，逮捕率和审前羁押率均存在一定程度的下降。

其二，检察机关在提前介入活动中开始进入除逮捕之外的其他四种刑事强制措施以及各类侦查手段的决定与实施过程。从规范层面来看，《刑事诉讼法》及司法解释都规定了检察机关有权对刑事强制措施的行使，尤其是各类侦查行为的行使实施监督。在理论上，有论者指出针对除逮捕之外的公安机关实施的监听、扣押、冻结等其他强制措施和带有强制性的侦查措施，因缺少检察机关的监督而导致外部监督机制缺失，违法侦查现象屡禁不止，故对这些强制性措施的实施进行监督是强化侦查监督的重点，适时完善提前介入侦查制度是保障这一设计能够实现的现实条件。[①] 还有论者认为，随着人们对人身自由权、财产权、隐私权的重视，对搜查和扣押的运用将逐步严格，应当将之纳入检察监督的范围，这是当前检察机关强化侦查监督工作的重点之一。[②] 虽然不论是在规范层面还是在理论层面，检察机关都有权对包括查封在内的广义刑事强制措施进行监督，但是，囿于实践当中的各种问题，检察机关往往很难有通畅的渠道完成这一任务。从法律规定和实践情况来看，以往检察机关更多是扮演着被动监督的角色，对于已经实施的不当侦查行为进行事后监督。而当前由于提前介入的广泛运用，检察机关得以提前介入侦查活动，发挥审前主导地位，了解案件证据和事实情况，改被动的事后监督为主动的事前建议，与侦查机关一同衡量案件证据材料，判断是否需要采取查封等强制性侦查措施并把握采取这类措施的强度和范围。这就与以往检察机关实施侦查监督的模式产生了区别，使得除逮捕之外的本不由检察机关直接批准的各类强制性措施，在实践层面也被纳入了

[①] 参见王传红：《创新检察机关侦查监督工作若干问题研究》，载《人民检察》2018年第21期，第54-55页。
[②] 参见杨宇冠：《强化监督职能保障侦查措施依法适用》，载《检察日报》2016年11月27日，第3版。

检察机关的监督范围。显然，对于这些强制性措施的行使来说，这一新模式的采用无疑具有实践价值和启发意义。正如有论者指出，目前我国立法对强制性侦查措施的法律规制严重不足，对于强制性侦查措施的法律监督局限于对逮捕等强制措施适用的监督，对搜查、扣押、冻结等大量强制性侦查措施尚未形成有效的监督机制，而强化针对这些措施的法律监督机制，有赖于检察机关的改革和侦查监督机制的优化。①

第三节　侦查技术的进步

近年来，随着大数据技术的不断升级变革，我国政府日益重视大数据技术在社会治理各领域之中的运用，全面推进大数据战略的有效实施，已经取得了良好的社会治理效果。在刑事诉讼中，"政策层面的大数据开始逐步浸透到我国的刑事侦查领域"②，侦查机关对科学技术的应用越来越广泛，侦查技术不断升级换代，依托大数据技术进一步产生了实时监控、电子手铐、手机定位、远程电子数据提取、网络搜查等普遍使用的新型强制性措施。这些措施在实践中赋予了公安司法机关以强大的收集并使用公民个人信息的能力，也从司法实践层面给刑事强制措施的理论研究和制度改良带来了新的需求。同时，在公民基本权领域，个人信息权益的保障问题越发受到公民的关注，我国立法机关希望通过施行

---

① 参见李建明：《强制性侦查措施的法律规制与法律监督》，载《法学研究》2011年第4期，第148页。
② 张可：《大数据侦查之程序控制：从行政逻辑迈向司法逻辑》，载《中国刑事法杂志》2019年第2期，第131页。

《个人信息保护法》的方式关照网络时代对公民日益重要的信息权益。但是,囿于刑事诉讼程序的特殊性质,这类专门旨在维护公民个人信息的法律规定难以直接在刑事诉讼中为犯罪嫌疑人或被告人以及第三人提供支持。由此,伴随着公安司法机关日益强大的电子侦查能力,公民的相关权益亟待保护。对此,由于这类措施往往表现为侦查措施而与刑事强制措施之间存在密切关联,故而从刑事强制措施视角考察这类措施的实施所带来的影响是十分必要的。①

一、侦查技术手段进步的实践现状

从我国目前的刑事司法实践来看,犯罪分子不断在信息网络环境中实施侵犯被害人人身或财产的各类传统犯罪,给公安司法机关的案件办理带来了新的挑战。② 在这种实践背景下,侦查机关依托大数据侦查技术,广泛使用各项新型侦查技术手段,以期能够对新时期内新出现的犯罪行为进行有效打击。

从概念上看,"大数据侦查技术一般是指侦查机关针对已经发生或尚未发生的犯罪行为,通过运用数据搜索、数据挖掘、数据碰撞对比、数据分析、数据共享等技术手段,确定犯罪嫌疑人、发现犯罪线索、收集并固定证据信息的侦查行为。"③ 根据该定义,侦查机关依托相关技术装备主要通过数据搜索、数据挖掘、数据

---

① 需要说明的是,我国《刑事诉讼法》目前仅将逮捕等五种措施纳入刑事强制措施体系,因此这类侦查技术一般被归属到侦查行为的范畴之中。这种规范模式是否合适尚需要进一步探讨。为了行文简便,本节仍将之列入侦查行为体系进行描述。
② 参见王东:《技术侦查的法律规制》,载《中国法学》2014年第5期,第273页。
③ 王燃:《大数据侦查》,清华大学出版社2017年版,第109-123页。

碰撞对比等方式从事大数据侦查活动。① 整体来说，该过程主要可以分为数据获取和数据分析两个基本步骤。首先，侦查机关需使用技术装备及时准确地获取所需数据。数据的获取是侦查机关进行大数据侦查活动的前提和基础，侦查机关只有通过互联网等数据存储介质才能够获得有关主体的有效信息，并根据所获得的信息开展下一步的侦查活动。其次，数据分析是侦查机关获得基础数据之后从事的工作，主要目的在于从基础数据中筛选出有效的数据以对侦查活动提供针对性帮助。在这一环节，侦查机关会在相关算法的帮助下全面分析已经获取的各类数据进而形成数据模型，对相关主体的行为作出预测，以便于确定下一阶段的侦查策略。

在司法实践中，大数据侦查技术在不同的案件中会有不同的表现形式，并形成相应的专门侦查技术。例如，网络监控技术、电子手铐等具体措施就是目前司法实践中侦查机关依托大数据广泛使用的侦查方法。其中，网络监控技术在各类网络犯罪案件的侦查活动中被侦查机关广泛采用。网络犯罪是互联网时代的特殊犯罪行为，犯罪分子利用互联网的特点实施诈骗、盗窃等犯罪活动，给公安司法机关的侦破活动带来了挑战。随着网络犯罪侦查技术手段的不断升级，网络监控技术已经在实践中被广泛采用。该技术是指侦查机关利用互联网的交互性特点对公民或者网络服务商的网络数据进行实时监测，对这些数据进行收集、提取、封

---

① 对于侦查机关当前运用各类技术手段实施侦查的行为，学界目前存在不同的概念阐述方式。而科技侦查的概念广泛，指涉手法众多，难以精确定义及分类。因此，学界对于这一侦查手段的概念有继续修正的必要。目前来说，我国内地侦查机关在这方面的突破主要集中在对大数据技术的应用上。参见林钰雄：《科技侦查概论（上）——干预属性及授权基础》，载《月旦法学教室》2021年第2期，第46页。

锁、过滤等技术处理的一种侦查措施。另外，为了提高取保候审、监视居住等非羁押性强制措施的适用率，防止未处于羁押状态的犯罪嫌疑人或被告人脱离公安司法机关控制进而影响刑事诉讼程序的推进，近年来电子手铐逐渐开始被不少地区的公安司法机关所使用。① 电子手铐是一种利用电子设备监控、约束犯罪嫌疑人、被告人或罪犯等特定对象行踪的现代信息化监管手段，该技术监控手段有利于帮助公安司法机关对特定主体实现远程长时间监控，有效预防并减少监外人员再次实施犯罪，使得公安司法机关更愿意适用取保候审等非羁押性强制措施，从技术层面帮助公安司法机关提高了社会治理效能。② 从该技术的使用效果上看，适用电子手铐能够防范被采取非羁押性强制措施的犯罪嫌疑人或被告人、因各种原因而在监外执行刑罚的罪犯于特定期间脱离公安司法机关的控制，公安司法机关在实践中开始逐步推广使用电子手铐，以达到对特定公民实施"点对点"监控的管制效果。③

二、大数据侦查在侦查活动中的应用效果

大数据侦查作为一种新型侦查措施被广泛适用于各类刑事案件的侦查活动中，对打击网络犯罪等新型犯罪活动起到了重要的推动作用，产生了积极的实践效果。但是，由于大数据侦查措施的属性尚未明确，与之相关的程序规则也有待完善。因此，该措施在司法实践中的应用同样存在干涉公民基本权利等潜在风险。

---

① 参见黄忠：《定位腕带 24 小时监管非羁押嫌疑人》，载《楚天都市报》2022 年 2 月 9 日。
② 参见储国樑，褚浩，马可雷：《电子手铐在检察实践中的应用探讨》，载《犯罪研究》2012 年第 1 期，第 99-101 页。
③ 参见刘建：《上海启用第一代"电子手铐"》，载《法制日报》2011 年 5 月 18 日。

（一）适用大数据侦查措施的积极功能

第一，有利于积极预防并及时发现犯罪。比较而言，传统的搜查、扣押等侦查手段的实施具有被动性，公安司法机关只能在刑事案件立案之后再实施侦查措施。在科技手段的保障下，当前的侦查技术开始在保有被动性的同时兼有主动性的特点。[①] 以大规模监控技术为例，该技术不仅适用于刑事立案之后侦查机关寻找犯罪嫌疑人的侦查阶段，还更多地适用于刑事案件尚未立案的阶段。公安机关在该阶段通过使用大规模监控技术的方式，一方面通过该技术的威慑力量起到了积极预防犯罪的效果，另一方面通过该技术实时监控和记录的功能得以在刑事犯罪发生之后迅速了解案件情况进而采取相应措施制止犯罪。

第二，有利于迅速固定案件证据材料。保全案件证据材料是公安司法机关使用刑事强制措施的目的之一。一方面，网络社会中的刑事犯罪证据大多储存于网络空间，这类证据相比于传统刑事犯罪中的证据材料来说更易散失。如果公安司法机关在刑事案件发生之后没有能够及时获取并固定这些证据，则将给案件的侦破带来困难。对此，通过技术手段在网络空间中迅速寻找并固定犯罪证据是网络侦查措施的一大优势。另一方面，在非网络空间环境中，高科技侦查措施同样能够起到迅速固定案件证据材料的效果。例如，公安司法机关可以通过其在城市中设置的各个监控设备了解犯罪行为的发生过程进而迅速固定犯罪证据，也可以通过由企业、个人等普通民事主体设置的监控设备提取他人犯罪的证据材料。这一系列手段都起到了迅速固定犯罪证据的作用。

---

① 参见甄贞、张慧明：《技术侦查立法与职务犯罪侦查模式转变》，载《人民检察》2013年第9期，第12页。

第三，有利于快速搜索进而控制犯罪嫌疑人等涉案人员。虽然，随着我国社会的发展，故意杀人等传统犯罪的数量在逐渐下降，网络诈骗等新型犯罪的数量在逐渐上升，但是，不论对于哪一类犯罪来说，公安司法机关的最终目的都是控制犯罪嫌疑人并将之移送审判机关定罪量刑。因此，通过手机基站定位、视频监控、网络监控等技术手段迅速确定犯罪嫌疑人的所在位置进而配合办案人员实施现场抓捕，仍旧是侦查技术升级改良的主要功能和应用目的。当然，除了犯罪嫌疑人之外，刑事案件的被害人、证人等涉案主体在实践中对公安司法机关办理案件同样十分重要。因此，公安司法机关在实践中也可能会对被害人、证人等主体采取相应措施，以便于迅速接触涉案主体获取相关的言词证据或实物证据。

（二）适用大数据侦查措施的潜在风险

一方面，大数据侦查措施的适用存在干涉公民隐私权的风险。[①] 相比于传统的五种干涉人身自由权的刑事强制措施，以及未使用大数据技术的传统意义上的查封、扣押等侦查措施，大数据侦查措施依托丰富的数据资源，通过技术手段将公民基本信息进行全面收集并细致分析，更加体现出了对公民相关基本权利的深刻影响。这种影响是传统侦查手段难以达到的。[②] 从大数据侦查措

[①] 参见杨志刚：《诱惑侦查研究》，中国法制出版社2008年版，第29页。

[②] 例如，有论者将传统搜查措施和技术侦查措施进行对比指出，在对犯罪嫌疑人的房屋、物品等对象进行搜查时，由于其属于客观存在的范围有限的物理空间，且侦查人员在对物理空间的搜查结束之后物理空间即不再受到侦查人员的控制，故公民的隐私信息、财产信息等信息的保护在一定程度上是可控的，而在对相关电子数据进行搜查时，由于电子数据与虚拟空间的特有属性，公民信息的保护在一定程度上是不可控的，故极易对公民的隐私权造成侵害，技术侦查搜查结束之后公民信息也还继续处于侦查人员的控制之下。参见屈舒阳：《我国刑事有证搜查制度之反思——从苹果"叫板"FBI事件说起》，载《上海政法学院学报（法治论丛）》2017年第1期，第140-141页。

施的运行方式观之,其主要体现为通过技术手段对相关主体的各类信息进行收集并实施分析,以达到侦破刑事案件的目的。因此,此类措施主要干涉的基本权利类型就是公民的隐私权。① 在规范上,《民法典》第 1032 条对隐私权内容进行了界定。由此,在理论上隐私权的内容主要包括"独处的权利或称生活安宁"和"保有秘密的权利或称私人秘密"这两个部分。② 侦查机关在实践中运用大数据侦查措施从事侦查活动时,往往会通过技术手段对特定主体的行动轨迹、网页浏览状态、实时聊天内容、通讯记录等私密信息进行收集,随后才能形成相应的数据模式为侦查活动服务。显然,大数据侦查措施的这一运行特点已经触及了公民隐私权的核心内容,属于对公民隐私权的一种干涉。尤其,大数据侦查措施在部分场合所针对的主体并不特定,因此其所干涉的隐私权范围具有不确定性。在效果上,这种不确定性导致该措施干涉隐私权的范围会随着特定主体数量的增加而逐步扩大,进而在一个相对较大的范围内形成对多个不特定公民之隐私权的干涉。

另一方面,大数据侦查措施的适用存在冲击程序法定原则的风险。程序法定原则是指导各类诉讼程序运行的基本准则,而由于刑事诉讼程序的运行与公民基本权利等问题息息相关,故而在刑事诉讼程序中尤其需要贯彻程序法定原则,彰显正当程序的基本理念。但是,作为一种新近出现且还在不断发展过程之中的侦查手段,大数据侦查措施的运行却在一定程度上缺少相关程序的规制,使得该措施的适用可能存在违背程序法定原则的风险。总

---

① 参见张可:《大数据侦查之程序控制:从行政逻辑迈向司法逻辑》,载《中国刑事法杂志》2019 年第 2 期,第 136 页。
② 参见王利明:《隐私权概念的再界定》,载《法学家》2012 年第 1 期,第 115-118 页。

体来说,大数据侦查措施的程序完善路径至少需要关注以下三个方面的内容。首先,对该措施的属性进行准确定位是将其纳入相应程序轨道进行规制的前提。虽然,目前司法实务部门将大数据侦查措施作为一种侦查措施对待。但是,从大数据侦查措施干涉公民基本权利的实际效果上说,其应被纳入刑事强制措施体系的范畴。其次,大数据侦查措施在实践中的运用十分广泛,能够在大多数案件侦破过程中为公安司法机关提供直接有效的帮助。正因为此,应当在明确该措施之根本属性的基础上继续厘清其实施标准,以防范该措施在实践中发生滥用的情况。最后,在大数据侦查措施实施过程中贯彻程序法定原则还需要通过设立监督机制的方式,对侦查机关使用该项措施的权力予以制约,防范侦查权的不当扩张。例如,有论者就指出囿于当前我国侦查程序中法官司法审查体系尚未全面构建以及大数据侦查的防控应急性,我国启动大数据侦查尚不具备法官司法审查的现实条件,但可以尝试采取检察官审批制,并辅之以紧急情形下的侦查机关自我先行审批机制。[①] 质言之,大数据侦查措施具有与传统侦查措施不同的特点,在实现高效打击犯罪的同时对公民基本权利的干预程度也更深,如果没有完备的程序机制相配合则将有碍于正当程序理念的实现。

三、大数据侦查对刑事强制措施体系的影响

实践中,大数据侦查措施的广泛适用在理论上给刑事强制措施体系的运转带来了一系列变化。在此基础上,我国刑事强制措

[①] 参见程雷:《大数据侦查的法律控制》,载《中国社会科学》2018年第11期,第173-174页。

施体系的完善路径应充分关照到这些新的变化，实现从技术到制度的逐步推进。①

（一）大数据侦查给刑事强制措施体系带来的变化

第一，刑事强制措施逐渐由被动性措施转变为主动性措施。以往，根据《刑事诉讼法》的规定，拘留等五个刑事强制措施的作出都在犯罪行为发生之后。这种特点可以被称为刑事强制措施的被动性，即公安司法机关决定作出刑事强制措施的前提是已经出现了涉嫌犯罪的行为并初步锁定了犯罪嫌疑人。随着侦查技术的发展，在广义刑事强制措施的含义之下，技术性侦查措施开始由被动作出转为主动作出。公安司法机关不再是在犯罪行为发生之后或者发现犯罪嫌疑人之后作出侦查措施，而是在犯罪行为尚未发生之时或者犯罪嫌疑人尚未出现之时就开始实施某些侦查手段，其中典型就是实时监控的广泛采用。例如，大规模监控是随着计算机技术、电子技术、大数据技术的发展而出现的针对不特定社会公众的高科技监控手段，主要包括公共场所视频监控、网络信息监控、通讯基本信息监控、手机软件用户信息监控等手段。这些监控技术既可能由作为公权力主体的国家机关掌控使用，也可能由企业、个人等非公权力主体掌控使用，通常在刑事侦查中被用来发现犯罪、查获犯罪嫌疑人、收集证据或信息等，在我国刑事司法实践中的应用已经非常普遍。② 以公共场所视频监控为例，在城市街道上目前由公安机关直接控制并使用的摄像装置广泛分布，时刻监视公民的行动轨迹，这些监控手段都是在犯罪行

---

① 参见孙长永：《少捕慎诉慎押刑事司法政策与人身强制措施制度的完善》，载《中国刑事法杂志》2022年第2期，第120页。

② 参见纵博：《侦查中运用大规模监控的法律规制》，载《比较法研究》2018年第5期，第82页。

为尚未出现或犯罪嫌疑人尚未出现之时就已经存在并持续运行。当然，这种监控措施在日常管理中的确可以给公安机关带来较大的便利。同时，这些监控措施在公安司法机关发现犯罪行为或犯罪嫌疑人时，也可以及时确定犯罪地点、寻找犯罪嫌疑人轨迹、锁定犯罪嫌疑人，起到不错的侦查效果。但是，这类措施已经体现出了与以往逮捕等措施不同的特点，即这类监控等措施的使用属于一种主动性的侦查技术，而非如逮捕等措施一样只是一种被动性的侦查手段。

第二，刑事强制措施的使用目的越发强调预防犯罪，体现出了即时性的特点。在传统的由五个人身性刑事强制措施构成的体系中，刑事强制措施的实施均在犯罪行为发生之后，公安司法机关为了控制犯罪嫌疑人、获取犯罪证据而实施强制措施。这可以说是一种回溯性的刑事强制措施实施机制。即使在广义的刑事强制措施概念中，扣押、查封等侦查行为的实施也多在犯罪行为发生之后，而非在犯罪行为尚未发生之时。然而，随着侦查技术的不断进步，刑事强制措施的实施时间范围不断向前扩展，"数据的收集与分析一般要先于侦查人员对事实及相关刑事责任的认知，"[①]体现出了预防犯罪的独特功能。[②]

第三，刑事强制措施的适用对象呈现出非特定化趋势。根据《刑事诉讼法》的规定，现有的五个刑事强制措施具有对象特定化

---

① 裴炜：《个人信息大数据与刑事正当程序的冲突及其调和》，载《法学研究》2018年第2期，第50页。

② 有论者也指出："侦查机关不再仅仅定位于通过被动反应式侦查以追诉打击犯罪，而是将侦查权能向犯罪预防甚至消除犯罪原因、条件的领域拓展和扩张，侦查权不再限定启动于犯罪行为发生乃至犯罪结果形成阶段，而是前瞻性地向引发犯罪或催生犯罪的相关因素和条件介入和干预。"参见韩德明：《从回溯调查到犯罪治理：侦查权范式的演化趋向》，载《中国人民公安大学学报（社会科学版）》2015年第5期，第45页。

的属性。即公安司法机关实施拘传等措施的对象是确定的，不会在实施过程中出现对象不特定的情况。这与通信监控、公共场所视频监控、网络监控等技术性侦查手段区别明显。对于通信监控等手段来说，公安机关采用技术性手段可以对一定范围内公民的通信活动进行监控，这个范围的大小并不确定甚至可以扩大到未涉案的普通公民。在实施这些技术性措施的过程中，公安机关可以对能够被技术性措施覆盖到的所有公民的通信情况进行监视，并根据需要作出录音、截取等处理。有论者指出："虽然传统侦查措施中，技术侦查、秘密侦查也以监控为主要内容，但一般是在确定犯罪嫌疑人之后而针对特定对象实施的，而大规模监控则使侦查机关的监控在没有确定对象的情况下保持对各类犯罪的即时监控，形成侦查权力运行的新形态。"① 可见，从侦查对象是否特定化的层面来看，新型监控措施与以往适用的技术侦查措施之间已经产生了差别。实践中，随着技术手段的不断进步，云存储等新型技术在各级公安司法机关的进一步普及，使得通过监控等措施获得的海量数据可以长时间被储存起来。即使实施对象不特定而远多于实施对象特定时所获得的数据，云存储等技术也可以将这些数据完整保存。这种技术进步极大地便利了公安司法机关的办案活动，为这类措施由对象特定化向对象不特定化发展提供了契机。

（二）大数据侦查给刑事强制措施体系完善带来的思考

第一，关于如何界定大数据侦查措施的属性。"在刑事诉讼中，由于事实上的犯罪行为破坏了法秩序，为了确认具体案件中

---

① 韩德明：《信息化背景下侦查权范式的要素系谱》，载《中国人民公安大学学报（社会科学版）》2016年第4期，第67-68页。

国家刑罚权的有无，恢复法秩序，国家不得不在诉讼产生障碍的情形下，施用以排除障碍为目的的刑事强制措施，被处分者也不得不忍受这样的剥夺基本权益的措施。"① 一般来说，这就是传统刑事强制措施的理论基础。但是，随着科学技术的广泛运用，广义刑事强制措施开始具有了主动性的特点，这种理论基础逐渐被打破。以往，因为刑事强制措施的发动具有被动性，都是以存在犯罪行为并产生了诉讼障碍为前提，所以说从理论上我们可以认为这是公民为了配合国家打击犯罪而不得不承受的恶。但是，当刑事强制措施具有主动性特点后，刑事强制措施发动时不一定已经产生犯罪行为或犯罪嫌疑人。此时，公民承受以往那种不得已之恶的前提条件即存在犯罪行为的客观情况已经丧失，很难说刑事强制措施发动的基础是国家为保障追溯犯罪活动的顺利进行而对公民权利实施限制。此时的刑事强制措施毋宁是一种为了社会治理的方便而限制公民权利的措施，而这又和行政管理措施相似了。在这个语境下，刑事强制措施与行政管理措施之间的界限进一步变得模糊了。由此，应如何对实践中出现的这些新型技术侦查措施进行定位，是否可以将其仍旧作为技术侦查措施的一部分进而包含在整个刑事强制措施体系中，就是值得思考的问题。

第二，关于如何设计大数据侦查措施的证明标准。从逻辑上说，被动性侦查措施以产生了犯罪行为为前提，所以其发动标准较之于主动性侦查措施应当为低。理由在于：其一，既然已经产生犯罪行为故使用刑事强制措施的必要性比较明显；其二，这也是即时打击犯罪收集证据的需要。而主动性侦查措施发动时由于没有出现犯罪行为或犯罪嫌疑人，社会并未体现出明显的不稳定

---

① 杨雄：《刑事强制措施的正当性基础》，中国人民公安大学出版社 2009 年版，第 35 页。

状态，公民权利受到限制的必要性被压缩。所以，这类措施的使用标准应当提高。然而，在实践中我们可以发现主动性侦查措施的适用标准却比较低，甚至于可以说没有标准。

第三，关于如何完善大数据侦查措施的事前审批机制。目前，我国五个刑事强制措施中仅仅只有逮捕一种刑事强制措施需要由检察机关进行事前审查。即使是针对这一事前审查制度，尚有不少研究者对其提出批评。当科学技术逐步介入刑事强制措施制度之后，部分刑事强制措施开始转变为一种具有主动性、对象不特定性等特征的手段。总体来说，相比于以往的五个刑事强制措施，目前新出现的这些措施除了不能对公民直接实施羁押之外，在其他方面对公民基本权利的干涉都要更深。可是，在实践中这些措施的事前审批机制近乎缺失，有限的由实施者自我审查的制度设计基本没有起到事前审查的效果，呈现出"行政逻辑过剩和司法逻辑不足的问题"①。如何从刑事强制措施制度层面改变这一现状是需要思考的。

综上所述，刑事强制措施体系化的工作除了具有较为扎实的理论基础之外，从当前立法实践和司法实践来看，其也具有特定的制度逻辑。这主要包括我国公民基本权利的发展、刑事诉讼结构的变化以及侦查技术的进步这三个方面的内容。由此，这三个方面的内容和前文所述刑事强制措施体系化的理论基础一起为后文的写作提供了支撑。未来立法在考虑对《刑事诉讼法》中的刑事强制措施章节进行修改时，不仅应当注意体系化立法的理论基础，还应当关注修法时的特定背景，因应国家刑事程序法治发展的需要。

---

① 张可：《大数据侦查之程序控制：从行政逻辑迈向司法逻辑》，载《中国刑事法杂志》2019年第2期，第131页。

第四章 刑事强制措施体系运行的基本原则

如前所述,在建构法律体系时可运用"规则—原则模式"的基本思路,形成由基本原则到具体规则的制度结构。因此,笔者在对刑事强制措施体系化的理论逻辑和制度逻辑进行论述后,首先阐述刑事强制措施体系运行的基本原则。从概念上说,刑事强制措施体系运行的基本原则是指贯穿于刑事强制措施体系之中对具体规则的制定和实施具有普遍指导意义和规范作用,刑事诉讼主体必须遵循的根本准则。整体而言,我国刑事强制措施立法对此"仅略取精神而未达实质"[①],理论研究对此也涉及较少,故有必要对该问题进行专门阐述。具体来说,刑事强制措施体系的运行至少包括以下三个基本原则。首先,刑事强制措施体系作为审前阶段严重干涉公民基本权利的法律制度,拥有该项权力的主体应当受到相应的监督,以尽量保证司法人员的行为符合规范要求。这是刑事强制措施体系的首要功能,也是我国《宪法》第140条和《刑事诉讼法》第7条之分工负责、互相配合、互相制约原则在刑事强制措施体系中的价值。其次,程序法定原则是各国刑事

---

① 郭烁:《源与流:中国现行强制措施体系的形成与反思》,载《西南民族大学学报(人文社会科学版)》2015年第12期,第113页。

程序法普遍遵循的指导原则，对刑事程序法的立法活动和司法实践都起着规范作用，是刑事强制措施体系在立法和司法层面要关注的基本原则。最后，"比例原则是保证干预公民基本权利之国家行为具备手段正当性的基础。"[①] 立法机关在完善刑事强制措施相关规定的过程中，需要遵守比例原则的要求。同时，刑事强制措施法律规范经由立法机关颁布施行之后，实践中的法得以产生，此时也需要适用比例原则对刑事强制措施司法实践给予指导，使司法人员的行为保持在合理限度之内。

第一节　分工负责、互相配合、互相制约原则

基于"权力需要制约，否则可能导致滥权"的朴素观念，分工负责、互相配合、互相制约原则在多数国家的法律制度中都有不同的体现，是一国法律制度运行的基本原则之一。正如孟德斯鸠在《论法的精神》中所指出的："一切有权力的人都容易滥用权力，这是万古不易的经验。有权力的人直到把权力用到极限方可休止，从对事物的支配模式来看，要防止滥用权力，就必须以权力制约权力。"[②] 在基本法层面上，分工负责、互相配合、互相制约原则主要是作为一种权力建构机制存在的，即通过各个公权力机关之间的相互制约和配合，达到通过权力制约权力的目的，形

---

① 李累：《论法律对财产权的限制——兼论我国宪法财产权规范体系的缺陷及其克服》，载《法制与社会发展》2002年第2期，第52页。

② [法]孟德斯鸠：《论法的精神》，孙立坚等译，陕西人民出版社2001年版，第183页。

成各项权力有序运行的制度态势。① 对于我国的刑事司法制度来说,《宪法》第 140 条规定:"人民法院、人民检察院和公安机关办理刑事案件,应当分工负责,互相配合,互相制约,以保证准确有效地执行法律。"《刑事诉讼法》第 7 条也规定:"人民法院、人民检察院和公安机关进行刑事诉讼,应当分工负责,互相配合,互相制约,以保证准确有效地执行法律。"在顶层设计层面,《中共中央关于全面推进依法治国若干重大问题的决定》进一步指出要优化司法职权配置,健全公安机关、检察机关、审判机关、司法行政机关各司其职,侦查权、检察权、审判权、执行权相互配合、相互制约的体制机制。这些内容都是分工负责、互相配合、互相制约原则在我国刑事诉讼制度中的规范来源。实践中,位于《刑事诉讼法》总则的分工负责、互相配合、互相制约原则促进了侦查权、法律监督权和审判权这三项权力之间的相互协调,表现为由侦查机关、检察机关和审判机关分别行使这三项权力的权力运行样态,可以指导整个刑事诉讼制度的建构。进而言之,在整个刑事诉讼制度设计都遵循分工负责、互相配合、互相制约原则的前提下,在直接干涉公民基本权利的刑事强制措施体系中贯彻该原则应属当然。

一、刑事强制措施体系贯彻分工负责、互相配合、互相制约原则的必要性

从比较法的视角出发,分工负责、互相配合、互相制约原则以及其他类似基本原则的运行和适用在各国刑事强制措施制度之

---

① 参见胡锦光:《论司法审查制的成因》,载《法学家》1999 年第 1 期,第 133 页。

中已基本成为共识。例如,世界刑法大会发布的《关于刑事诉讼中人权问题的决议》第 8 条规定:"影响被告人基本权利的任何措施,包括警察所采取的措施,必须有法官授权,且可受司法审查。"该决议第 9 条规定:"除第 8 条所述情况外,任何警察采取的关于强制措施的决定,均应在 24 小时内取得法官认可。"比较来看,我国目前的做法与此相距甚远。总体来说,我国目前的刑事强制措施体系的运行模式呈现出了较强的行政色彩,有关机关有权单方面决定并执行刑事强制措施,基本没有受到实质性约束和审查。在这个过程中执行机关难以实现自我监督更缺乏他方监督,导致犯罪嫌疑人或被告人甚至是案外第三人都可能遭到不当刑事强制措施的侵扰。因此,在刑事强制措施制度中贯彻落实分工负责、互相配合、互相制约原则具有必要性。

一方面,在刑事强制措施制度中贯彻分工负责、互相配合、互相制约原则体现出了该原则的基本意旨,是该原则在刑事诉讼制度中的具体化。根据《宪法》第 140 条的规定,该原则首先是作为一项基本法层面的基本原则存在的,其旨在对各项国家权力作出合适的安排。一般来说,"分工负责、互相配合、互相制约"指的是国家为了保障公民的自由等权利,而将各个国家机关分别独立设置,使得各个国家权力相互牵制和协调,其目的自然在于限制各项权力的行使范围,达到以权力制约权力的效果并保证权力行使的顺畅性。然而,这项具有宪法位阶的原则在《刑事诉讼法》中尚未被充分具体化。[①] 从理论上看,该原则中的权力一般指的是侦查权、检察权和审判权,其旨在达到这三种权力之间的相互协调。在实践中,这三种特点各异的权力类型具有结构功能上

---

① 参见孙远:《"分工负责、互相配合、互相制约"原则之教义学原理——以审判中心主义为视角》,载《中外法学》2017 年第 1 期,第 188 页。

的差异，共同推动刑事诉讼程序的运行。进而言之，这种思想和理念反映在刑事强制措施制度中，相应地表现为三种权力之间的关系，即刑事强制措施决定权、实施权、审查权三者之间的协调。其中，刑事强制措施决定权影响的是刑事强制措施是否能够实施，实施权确定的是具体由哪一个机关实施刑事强制措施，审查权规制的是有关机关实施刑事强制措施的行为是否符合法律规定。这三种权力之间相互影响，形成了整个刑事强制措施制度的基本架构并直接影响其合理运转。因此，在刑事强制措施制度中协调刑事强制措施决定权、实施权、审查权三者之间的关系符合分工负责、互相配合、互相制约原则的意旨，是该原则在特定刑事诉讼制度中的具体化。当然，考虑到各国实际情况存在不同，我国刑事强制措施制度的完善不应完全照搬西方法律制度，而是应当把握刑事强制措施体系之核心并考虑我国社会实际情况再对其进行本土化的建构，例如我国颇具特色的检察权的定位就值得我们注意。①

另一方面，在刑事强制措施制度中贯彻分工负责、互相配合、互相制约原则有利于调适公权力和私权利之间的关系。虽然，分工负责、互相配合、互相制约原则的理论根源在于对国家公权力进行的合理分配，但是，即使跳出基本法层面，分工负责、互相配合、互相制约原则也具有较大的存在价值。尤其，在涉及国家公权力和公民私权利之博弈关系的公法领域，分工负责、互相配合、互相制约原则的地位更加重要。在刑事诉讼制度中，刑事强制措施作为干涉公民基本权利的公权力行为，自然应当受到制约。

---

① 参见曹呈宏：《分权制衡中的检察权定位》，载《人民检察》2002 年第 11 期，第 16-17 页。

这关系到各机关在该制度中的角色分配,这也正是制度体系化过程中的重点和难点。① 在我国目前的刑事强制措施体系中,虽然在一定程度上体现出了分工负责、互相配合、互相制约原则的意涵,即检察机关拥有审查决定逮捕的权力以及能够对刑事强制措施的适用进行事后监督,但是,这些制约措施在实践中尚存在进一步调适的空间,有不少刑事强制措施的适用没有体现出分权制衡的理念,而由刑事强制措施决定机关自主把控。同时,还有大量没有被纳入到刑事强制措施体系中的干涉公民基本权利的强制性行为,更是完全由侦查机关决定实施并进行自向监督,没有体现出各机关之间互相制约的意旨,导致当前分工负责、互相配合、互相制约原则在我国刑事强制措施制度中没有得到体系化适用,可以说是分工负责和互相配合有余而互相制约不足。② 例如,陈瑞华教授针对通缉令的发布规则提出:对于这种严厉的强制措施,《刑事诉讼法》竟然授权公安机关自行决定、自行发布、自行追捕而没有建立起任何意义上的司法审查措施,公民不禁会担心如果通缉令被错误发布了该怎么办,《刑事诉讼法》在通缉令发布规则上确立的公安机关之绝对权威又能够受到什么样的制约?③ 还有论者以羁押性措施为例指出,"在羁押权的存废问题上,我们唯有破除权力思维建构适当的分权制衡机制,温和渐进地在羁押审查程序中建立行之有效的救济机制,才是我国羁押法制的未来改革方

---

① 参见马斌:《作为制度体系的法:成因、主题及启示》,载《西部法学评论》2016 年第 4 期,第 107 页。
② 参见张泽涛:《完善分工负责、互相配合、互相制约原则——以"推进以审判为中心的诉讼制度改革"为视角》,载《法制与社会发展》2016 年第 2 期,第 31 页。
③ 参见陈瑞华:《刑事诉讼法的立法技术问题》,载《法学》2005 年第 3 期,第 18 页。

向……其实，羁押权归属的改革方向绝非简单地构建检察官王国或法官王国，而是透过审检间的分权制衡机制给予受指控人以正当的听审权与救济权。"[①] 可见，分工负责、互相配合、互相制约原则与刑事强制措施制度的完善密切相关。在目前的权力配置状态下，由于刑事强制措施的介入，公民享有的人身自由权、财产权和隐私权难免受到不合理的干涉。分工负责、互相配合、互相制约原则的意义在于，从制度层面协调刑事强制措施体系中各权力之间的关系，以使得公权力在刑事强制措施体系外部能够与公民各类私权利的行使达成协调状态，实现刑事诉讼程序法之保障人权的立法目的。

概言之，在我国的刑事强制措施制度中落实分工负责、互相配合、互相制约原则具有合理性。正如有论者指出："为达搜集证据及确保被告之目的，常有依赖强制力之必要。惟强制力一旦发动，则人权保障之问题随之发生。因此，基于人权保障之考虑，其强制力之发动，权限谁属，自应根据分权制衡之根本精神，妥做安排。"[②] 从分工负责、互相配合、互相制约原则的内涵来看，其在互相制约层面基本可以分为自向节制与他向节制两个方面的内容，而这也是我国刑事强制措施制度研究亟需讨论的内容。据此，目前我国刑事强制措施体系体现出了自向节制普遍存在和他向节制较为缺乏的特点。从这两个方面进行观察，有助于我们对当前刑事强制措施制度内部的权力架构形成全面认识，为未来的改革工作提供指引。

---

① 刘磊：《从分权制衡原则审视羁押权之归属》，载《环球法律评论》2008年第3期，第48-49页。

② 林朝荣：《检察制度民主化之研究》，文笙书局2007年版，第129页。

二、刑事强制措施实施中的自向节制

分工负责、互相配合、互相制约原则的贯彻与权力结构密不可分，而权力结构是宪法学基础理论中的一个基本概念，其是指权力的组织体系以及权力配置与各种不同权力之间的相互关系，据此只有根据权力结构的特点从权力内部对权力进行分解，并在此建立一个稳定的、相互制约的权力体系，以权力之间的关系来制约权力，"以强制对付强制"才能有效地控制权力，即权力制约的问题其实可以转化为权力结构的问题。① 或者说，权力配置必须以权力的性质和构造为基础和根据，要合理配置权力并使其顺畅运行，必先定其性质，固其构造。② 基于此，在分工负责、互相配合、互相制约原则下对刑事强制措施制度进行建构同样需要认识该权力的内在构造。对此，根据刑事强制措施的运行机理，公安司法机关对特定主体适用刑事强制措施的权力可以从其内部进行分解，基本可以分为刑事强制措施实施权和刑事强制措施审查权两个组成部分。在此基础上，基于实施权和审查权是否分属于不同权力机关享有，在分工负责、互相配合、互相制约原则之下可以进一步延伸出自向节制和他向节制这两种权力制约机制。

分工负责、互相配合、互相制约原则下的自向节制是指由行使权力的机关本身对权力的行使进行自我的事前或事后监督。在这种监督机制中，权力没有来自机关外部的制约，权力的制约主要来自机关内部不同部门之间的相互约束。首先，行使权力的机

---

① 参见周永坤：《权力结构模式与宪政》，载《中国法学》2005 年第 6 期，第 5 页。
② 参见尚彦卿：《论分权制衡机制之下执行机构的设置——从民事执行权配置的视角出发》，载《法律适用》2013 年第 12 期，第 103 页。

关内部往往存在数个权力范围不同的部门，其中的某些部门可以通过行使自身权力的方式对其他部门形成监督。例如，在监察体制改革之前，职务犯罪的侦查由检察机关进行，由此判断犯罪嫌疑人或被告人是否需要被逮捕并提请其他部门批准逮捕的工作由检察机关职务犯罪侦查部门负责，而审查提请批准逮捕的申请是否合法进而决定是否逮捕的权力则由侦查监督部门行使，由此在检察机关内部形成了数个部门之间的权力制约关系。其次，从权力运行的内部逻辑上看，在某项权力内部实现了实施权和决定权或审查权相分离的基础上，自向制约机制主要表现为其他部门通过行使决定权的方式完成对实施权的制衡，在某些场域中还可以由其他部门通过行使事后审查权的方式再次对该权力的行使进行监督。最后，在该监督机制中还存在一种特殊的自向节制机制即上级机关对下级机关进行的监督。这种上级机关对下级机关的监督虽然在形式上是由行使权力的机关之外的其他机关实施，但是其本质上是一种同一机关体系内部的监督形态。因此，这种制约模式不适合归属于他向节制的范畴而应属于自向节制的范畴。

就我国目前的刑事强制措施体系来说，自向节制是一种普遍存在的权力制约模式。一方面，对于五种干涉公民人身自由权的刑事强制措施来说，除了逮捕之外的四种刑事强制措施的决定权和实施权均由同一个机关掌握。另一方面，对于各类干涉公民财产权和隐私权的侦查措施来说，在大部分案件中基本是由同一个机关即公安机关掌握特定措施的决定权和实施权。有论者以搜查为例指出，公安机关独自享有刑事搜查从批准到执行的所有权力，集刑事搜查的审批权与执行权于一身，而刑事搜查作为国家实施公权力以行使刑罚权的一种途径，如果仅仅由单一主体享有则势必会导致权力的过度集中，造成权力的腐败和异化。① 与之类似，技术侦查措施也采取的是内部自我监督式的审批模式，虽有利于提高效率，但并不能很好地控制技术侦查措施的滥用。② 从权力结构的基本构件来说，这属于权力的单一构件，即由一个组织掌握所有最高权力的权力构件，没有形成最高层的权力分化而形成了权力的高度集中，因而表现出了较高的权力行使任意度。③ 这就导致目前的刑事强制措施分权制衡机制存在以下问题。其一，自向节制的监督效果有限，导致除逮捕外的刑事强制措施和侦查措施的适用缺乏来自实施机关之外的其他机关的事前制约。实践中，适用频率较低和实际效果有限的事后审查机制对于这类权力的行使也难以起到应有的监督作用。其二，这种分权制衡机制反映出了我国刑事强制措施体系对公民基本权利的选择性保障，仅狭隘地关注到因为捕后羁押带来的对人身自由权的限制，而没有关注到其他较轻的刑事强制措施对人身自由权的干涉状态，更没有注意到侦查措施对公民财产权和隐私权的侵入。这体现出了权力制约机制对财产权和隐私权的忽视。

三、刑事强制措施实施中的他向节制

除了自向节制之外，分工负责、互相配合、互相制约原则下的他向节制是指由行使权力的机关之外的其他机关对权力的行使进行外部的事前或事后监督。在这种监督机制之中，权力的监督

---

① 参见屈舒阳：《我国刑事有证搜查制度之反思——从苹果"叫板"FBI事件说起》，载《上海政法学院学报（法治论丛）》2017年第1期，第139页。

② 参见王东：《技术侦查的法律规制》，载《中国法学》2014年第5期，第278页。

③ 参见周永坤：《权力结构模式与宪政》，载《中国法学》2005年第6期，第8页。

主要来自行使权力的机关的外部而不是由该机关自己进行。首先，某项权力的运行往往需要由不同的机关共同促成，单一机关无法独立实现该项权力的顺利运转。从权力结构的基本构件来说，这属于权力的分权平衡构件，其特点是各个部门各司其职，但是各个部门又不是绝对的分权而是相互牵制，每一个机关都因为自己与其他机关的法律关系而不能滥用权力。① 其次，在某项权力的运行过程中已经形成了决定权和实施权相互分离的状态，进而得以由掌握决定权的机关来制约掌握实施权的机关，实现权力运行的他向制约。② 最后，虽然他向节制的模式在外部体现为不同机关之间的相互制约，但是落实到规范上和实践中可能会出现相互制约的各机关之间因存在特殊关系导致制约效果减弱的情况。例如，虽然我国当前对逮捕适用的是他向节制模式，由检察机关掌握逮捕的决定权而由公安机关掌握逮捕的实施权，但是，由于检察机关与公安机关一样在本质上具有刑事追诉机关的属性，因此这种他向节制模式也受到了质疑。③ 诚然，这种质疑具有相对合理性。但是，从权力运行理论的内在逻辑来看，我国目前实施的这种由检察机关掌握逮捕决定权的监督机制仍然属于分工负责、互相配合、互相制约原则下他向节制的范畴，这也是我国目前刑事强制措施体系中为数不多的正在运行的他向权力节制模式。该模式在未来如何改良甚至于是否应继续存在，还需要进一步深入探讨而不可简单参照域外立法例废除之。

---

① 参见周永坤：《权力结构模式与宪政》，载《中国法学》2005年第6期，第10页。

② 参见严林雅：《我国刑事对物强制措施体系的构建》，载《政法学刊》2021年第2期，第70页。

③ 参见陈海平：《论批捕权转隶法院》，载《河北法学》2021年第6期，第181页。

另外，在外部制衡机制之中，需要特别注意的是分工负责、互相配合、互相制约原则所必然引出的刑事强制措施司法审查体制的建立问题。这是刑事强制措施体系中他向节制层面颇受学界关注的一点。不同于域外部分国家或地区，我国一直没有将司法审查机制纳入刑事强制措施制度中，即人民法院对于非由本机关决定适用的刑事强制措施并无直接审查权。在规范层面，最高人民法院曾于 2015 年 2 月发布《最高人民法院关于全面深化人民法院改革的意见——人民法院第四个五年改革纲要（2014—2018）》，其中第 11 条就指出要完善对限制人身自由司法措施和侦查手段的司法监督。在研究层面，学界对这个问题也一直保持了高度关注。有论者认为我国应当在刑事强制措施体系中引入司法审查机制，由人民法院审查公安机关各项刑事强制措施的作出是否合法；[①] 也有论者认为在我国刑事强制措施制度中引入司法审查机制时机未到，不符合我国当前国情，可以尝试适当借鉴令状原则中的增强程序参与度等部分合理内容。[②] 从研究成果的整体观点倾向上看，学界更加赞同或者说更加希望将司法审查机制引入到我国的刑事强制措施体系中来，作为审判权制约侦查权或检察权的一种手段，以此来保障被适用刑事强制措施者的基本权利。

笔者认为，是否引入司法审查机制以及在多大程度上建立刑事强制措施体系的司法审查机制，与立法机关或司法机关对分工负责、互相配合、互相制约原则的理解和适用脱不开关系。从逻辑上看，刑事诉讼程序中的司法审查机制产生于分工负责、互相配合、互相制约原则，其运行机理蕴含了分工负责、互相配合、

[①] 参见周欣：《侦查权与检察权、审判权关系解析》，载《法学杂志》2007 年第 3 期，第 87-89 页。

[②] 参见宋英辉：《完善刑事强制措施的理念与总体构想》，载《人民检察》2007 年第 14 期，第 7 页。

互相制约原则的精神，即要重视人民法院对侦诉机关的制约。① 审视我国目前的刑事强制措施体系，分工负责、互相配合、互相制约原则多体现为检察权对侦查权的监督制约，立法机关试图使用这种权力制约方式来规制侦查权在刑事强制措施适用领域中的扩张。而检察机关作为我国的法律监督机关，理应享有监督侦查机关行使侦查权的权力，适用检察权来规范刑事强制措施体系的运行也确实能够起到一定作用，有论者提出的"实行检察机关对刑事强制措施的全面司法审查"的观点有一定合理性。② 实践中，我国检察机关已经开始在审查批准逮捕时引入公开听证机制，以此规范自身批捕权的运行，给该项权力的运转增加司法色彩。③ 这项机制的基本建立体现出了我国检察机关对侦查监督工作的重视以及该项工作的未来发展方向。但是，正如有论者指出监督侦查权的国家权力应当至少具有三种特性，即该权力应当与侦查权相互分离、该权力相对于侦查权属于上位权力以及该权力的启动应当能够与侦查权的行使保持同步，只有符合这三个条件，侦查权才会受到该国家权力的有效制约。④ 否则，从域外部分国家或地区的检察制度的运行状态来看，把各种重大侦查强制处分权交给并非完全中立的检察机关行使，可能会导致侦查程序中的分权机制无

---

① 参见左卫民：《健全分工负责、互相配合、互相制约原则的思考》，载《法制与社会发展》2016年第2期，第25页。

② 参见周睦棋：《中国刑事强制措施体系的价值转型与程序改革》，载《中国人民公安大学学报（社会科学版）》2015年第6期，第90页。

③ 参见宋宝莲，李永航：《审查逮捕听证机制的实践思考》，载《中国检察官》2015年第9期，第38页。

④ 参见陈卫东主编：《刑事诉讼法实施问题对策研究》，中国方正出版社2002年版，第109-110页。

从建构，产生检察官王国的现象。① 可见，检察权作为与侦查权平行存在的国家权力，同样以追诉犯罪为其主要目的，并在多数场合以事后监督为其主要监督手段，故而由检察机关来监督侦查机关适用刑事强制措施的活动受到了学界不少的质疑。这种权力制约模式是否符合分工负责、互相配合、互相制约原则的基本意涵，值得进一步在后文中进行探讨。

第二节 程序法定原则

罪刑法定原则是刑事实体法定罪量刑的根本遵循，而程序法定原则是刑事程序法有效运转的当然要求。"程序法定原则作为现代刑事诉讼程序的一种通论性和一般性原则，对整个刑事诉讼程序具有统摄性，在刑事诉讼各个阶段都存在着程序法定的具细原则。"② 刑事强制措施作为刑事诉讼制度的重要组成部分，其运行自然应当遵循程序法定原则。将刑事强制措施程序法定原则贯穿于刑事强制措施制度之中是刑事强制措施体系化的前提，也是程序法定原则在刑事诉讼侦查阶段的主要表现。然而，我国刑事强制措施制度一直以来未能贯彻此点，并引来了部分学者的批评："从法条主义的角度分析，我国的刑事强制措施制度程序粗糙，不采法定主义，刑事强制措施的适用条件、运作程序、批准程序和监督救济程序都缺乏严格细致的规定，导致适用随意性大，这体

---

① 参见刘磊：《从分权制衡原则审视羁押权之归属》，载《环球法律评论》2008 年第 3 期，第 48 页。
② 万毅，林喜芬：《现代刑事诉讼法的"帝王"原则：程序法定原则重述》，载《当代法学》2006 年第 1 期，第 29 页。

现出了我国注重打击犯罪，忽视对犯罪嫌疑人、被告人在适用强制措施过程中应有的基本权利保护，这也是司法实践中适用刑事强制措施出现各种问题的制度性根源。"[1]"程序法定化不足，是我国现行刑事诉讼制度的一个形式和结构缺陷，强制侦查法定原则的缺乏是程序法定原则的具体样态残缺的表现之一。"[2] 同时，从比较法的视野来看，联合国《公民权利和政治权利国际公约》第9条第1款规定："每个人都享有人身自由与安全的权利，任何人不得被任意逮捕或羁押，除非依据法律所规定的理由并遵守法定的程序，任何人不得被剥夺自由。"可见，将程序法定原则贯彻于刑事强制措施制度之中殊为必要。

一、刑事强制措施体系贯彻程序法定原则的必要性

一般来说，刑事程序法定原则的基本含义包括两个方面：一是将所有的刑事诉讼活动纳入法治轨道，从立法层面规定各种刑事诉讼主体的权利义务关系；二是从刑事诉讼实施层面着手，规定司法机关采取各种限制人身自由的强制性措施、追诉方式和刑罚时，必须遵守法定程序。[3] 换言之，刑事诉讼领域中的程序法定原则要求刑事诉讼程序的启动、运行和结束等均以程序法律规定为前提。公安司法机关的职权配置和惩罚犯罪的程序制度，都必须由国家立法机关所制定的法律明确作出规定，公安司法机关不得行使法律没有明确赋予的公权力。对此，《刑事诉讼法》第3条第2款也规定："人民法院、人民检察院和公安机关进行刑事诉

---

[1] 李明：《论刑事强制措施法定原则——兼评程序法定原则》，载《中国刑事法杂志》2008年第3期，第54-56页。
[2] 万毅，林喜芬：《现代刑事诉讼法的"帝王"原则：程序法定原则重述》，载《当代法学》2006年第1期，第34页。
[3] 参见洪浩：《刑事诉讼法学》，武汉大学出版社2019年版，第65页。

讼，必须严格遵守本法和其他法律的有关规定。"可见，程序法定原则是我国刑事诉讼程序法上的一项基本原则。在完善我国刑事强制措施体系的过程中，立法机关应当重视程序法定原则的作用。笔者认为，这主要是基于以下三个方面的考量。

第一，刑事强制措施程序法定原则是程序法定原则在刑事强制措施制度中的具体化。在规范上，《刑事诉讼法》第3条将程序法定原则作为我国刑事程序法中的一项基本原则确定了下来。该原则贯穿于刑事诉讼程序始终，对各个具体程序的建构都产生了影响。刑事强制措施体系作为整个刑事诉讼制度的组成部分，在其中贯彻程序法定原则是该体系运行的应有之义，也是《刑事诉讼法》第3条的具体化形式之一。首先，刑事强制措施程序法定原则主要应用于刑事侦查和审查起诉两个阶段，对公安司法机关在这两个阶段中适用刑事强制措施的行为进行规制。国家权力机关采取扣押、搜查、羁押等侵犯公民隐私权、人身自由权以及财产权等基本权利的刑事强制措施时，必须透过程序上的监督，由法律明文规定的程序来予以规范和约束，国家权力机关的官员在执法过程中一旦违反法定的程序将使自身陷入违法、犯罪的可能性评价之中。[①] 其次，刑事强制措施程序法定原则不仅从立法层面为公安司法机关提供了追诉犯罪的各种具体方法，也从立法层面明确了这些方法的使用条件，对这些措施的适用提供了要件限制，体现出了我国刑事诉讼程序所欲达成的打击犯罪和保障人权之双重目标。最后，在刑事强制措施制度中落实程序法定原则对未来我国刑事强制措施体系的完善提供了方向上的指引，对该制度的立法完善和司法运转具有普遍指导意义。

---

① 参见万毅，林喜芬：《现代刑事诉讼法的"帝王"原则：程序法定原则重述》，载《当代法学》2006年第1期，第27页。

第二，刑事强制措施程序法定原则的确立有助于提升刑事强制措施制度在整个刑事诉讼制度中的地位，促进解决当前刑事强制措施立法存在的问题。观诸我国当前的刑事强制措施立法现状，可以发现其中存在的不少问题都和刑事强制措施的运行程序缺乏法定性有关。一方面，就各类刑事强制措施以及侦查措施的适用条件来说，立法层面的规定不够详细，导致实践中不得不采用各种方式对这些规定进行再次解释，由此产生了解释结论违背立法精神的风险，造成了刑事强制措施规范制定权的实际下放。另一方面，刑事强制措施体系缺乏程序法定原则的规范，导致司法实践中不时出现不当逮捕、超期羁押、违规搜查等不正常现象，由此甚至可能滋生冤假错案，给公民的各项基本权利造成严重影响。当然，因缺乏程序法定原则导致的问题不仅于此，此处不赘述。进而言之，对于这些问题，立法机关或许可以在未来通过修改《刑事诉讼法》的方式对这些问题给予回应。但是，如果不在刑事强制措施制度当中明确程序法定原则，则仍旧难以给这个制度树立起较高的法律地位，难以提高公安司法机关和人民群众对这个制度的重视程度，其中的规定也就可能继续流于形式而难以得到切实执行。相反，正如有论者指出："确立了一批什么样的法律原则，也就确立了一种什么样的法律制度。"[①] 程序法定原则作为各国刑事程序法所规定的一项基本原则，在刑事强制措施体系中使该原则进一步具体化代表着该制度的运行将严格遵循程序法律规定。这是对公权力和公民的郑重宣示。这种宣示将给刑事强制措施实践规范化带来积极的促进作用，以帮助未来修法活动所确立的各项规则能够顺畅运行。

---

① 张文显主编：《法理学》，法律出版社1997年版，第72页。

第三，刑事强制措施程序法定原则的确立有助于进一步规范公安司法机关的实践活动，强化程序理念和规则意识。虽然，刑事程序法定原则在很多时候都被置于立法语境下进行考量，但是，该原则其实在司法环节同样具有较大价值。刑事诉讼程序法定原则不仅仅包括刑事程序立法法定，还包括刑事程序司法法定。这两个方面的要求共同构成了刑事程序法定原则的内涵，前者是指刑事诉讼程序应当由法律事先明确规定，后者则要求实务人员应当根据法律规定的程序行事。① 从《刑事诉讼法》及司法解释的规定来看，虽然我国的刑事强制措施制度在立法层面存在不足之处，但是整体来说立法的技术水平较高，已经形成了我国特有的刑事强制措施体系。然而，落实到司法实践当中，该制度的运转仍旧不免出现一些有悖于法律规定的不正常现象。这些现象的出现与程序法定原则的缺失存在关系。该原则的缺失，致使公安司法机关在刑事强制措施实践中没有完全树立起程序理念和规则意识，以往那种简单的以打击犯罪为目的的办案思路仍不时会妨碍公安司法机关做出正确的决策。而程序法定原则不仅能够进一步帮助公安司法机关严守刑事强制措施程序关，也能够提高涉案人员尤其是案外第三人的配合意愿，使各类刑事强制措施能够得到规范且顺利的适用。因此，从司法实践角度观之，在刑事强制措施制度中落实程序法定原则有助于相关实践活动的开展。

概言之，导源于一国宪法基本规定和刑事程序法基本原则的刑事强制措施程序法定原则，是当前人权保障理念在刑事侦查程序中的体现，表明公安司法机关如欲实施干预公民基本权利的措施则必须得到法律的授权。这是作为刑事程序基本原则的程序法

---

① 参见宋英辉等：《刑事诉讼原理》，北京大学出版社 2014 年版，第 42 页。

定原则在刑事强制措施制度中的具体落实，可以起到规范刑事强制措施体系运行的作用，其具体包括种类法定等三个维度的内容。

二、刑事强制措施的种类法定

刑事强制措施作为公安司法机关各类干涉公民基本权利的手段的集合，其首先应当在立法上明确哪些手段可以纳入这一体系的范畴。对此，刑事强制措施的种类法定要求刑事程序法明确规定刑事强制措施的具体种类，即刑事追诉机关的哪些干涉公民基本权利的公权力行为属于刑事强制措施的范畴，应当受到刑事强制措施体系的限制。这主要包括两个方面的内容。

一方面，《刑事诉讼法》目前虽然仍旧坚持刑事强制措施仅限干涉公民人身自由权的五种措施的立法模式。但是，这一点正是目前学界批评较多的地方，在《刑事诉讼法》规定内部将查封等各种侦查手段都纳入刑事强制措施体系的观点较为常见。[1] 正如有论者指出："强制措施程序法定原则的确立也必然要求对其自身进行完善，强制措施自身的完善就包括扩大现行强制措施范围。"[2] 另一方面，除了《刑事诉讼法》之外，目前在《国家安全法》《人民警察法》等其他法律中还存在不少与刑事强制措施属性相当的强制手段。在刑事诉讼程序法定原则的统领下，其中的"法"自然仅仅指的是刑事程序法而不包含其他法律，由其他法律代替《刑事诉讼法》而去规定刑事强制措施制度相关问题的立法模式不符合程序法定原则的要求。从比较法的视野来看，这一情况也出

---

[1] 参见方柏兴：《对物强制处分的功能定位与结构重塑》，载《北京理工大学学报（社会科学版）》2019年第1期，第145-153页。

[2] 李明：《论刑事强制措施法定原则——兼评程序法定原则》，载《中国刑事法杂志》2008年第3期，第59页。

现在了我国台湾地区的刑事诉讼规定当中，有论者就以身体检查为例指出，身体检查虽然是实务上不可或缺且经常使用的干预处分，但在规范层面除了存在空泛授权的问题之外，其相关规定还散见于许多后来制定的特别法，例如毒品危害防治条例中对施用毒品而付保护管束者进行的强制采验尿液处分、去氧核糖核酸采样条例中对性犯罪或重大暴力犯罪者的强制采样处分，这些后来制定的规范，不但授权规定极其破碎而且宽严标准不一，并且与台湾地区刑事诉讼规定中一般性的身体检查处分产生了适用上的龃龉。[①] 同时，由于我国监察体制改革的完成，作为以往双规之替代方式的各种监察调查手段是否具有刑事强制措施的品格以及是否应当作为刑事强制措施体系的一部分，这两个问题也检验着理论界和实务界对程序法定原则的贯彻程度。

三、刑事强制措施的适用要件法定

刑事强制措施的适用要件法定是指立法应当明确规定各个刑事强制措施启动所需要满足的条件。在比较法上，这一要件主要包括证明要件和程序要件两个方面的内容。以大陆法系之代表性国家——德国的相关立法为例，我们可以看出其刑事强制措施制度立法在这两个方面的完善程度较高。

一方面，从刑事强制措施的证明要件来看，德国刑事诉讼制度的职权性较强，制度设计上更为强调便利于国家公权力机关对犯罪嫌疑人或被告人实施强制性行为。因此，其刑事诉讼规范中虽然有关于刑事强制措施证明标准的内容，但是与英美法系国家相比，这些证明标准的规定和适用则相对简单。在刑事强制措施

[①] 参见林钰雄：《从基本权体系论身体检查处分》，载《台湾大学法学论丛》2004年第33卷第3期，第22页。

证明标准的问题上,德国刑事程序法的规定较为简略。首先,以针对人身自由权实施的羁押措施为例。德国《刑事诉讼法》第 112 条规定:"当被告具有犯罪之重大嫌疑且存在羁押理由时,得命羁押。若羁押与案件之重要性及所预期之刑罚或保安处分不成比例时,不得命羁押……"① 对于这一要件的理解,理论上认为"重大嫌疑"指的是,"当被告是犯罪之正犯或共犯的可能性较大的时候,这里必须存在一个违法且有责的行为或者一个可罚的未遂行为。如果可能存在阻却违法、阻却罪责、免除刑罚等事由,就会排除重大嫌疑。这里不要求可能达到有罪判决的程度,只要有构成有罪判决的可能性就够了。"② 可见,德国《刑事诉讼法》对羁押被告时所需要达到的证明标准可以被表述为存在较大的可能性构成犯罪,而这种可能性当然低于审判机关作出有罪判决时所需的证明标准。其次,对干涉公民财产权的刑事强制措施的证明标准,德国法也进行了规定。例如,以扣押为例,德国法要求令状的签发需要达到具有合理根据的标准,这一标准相比于其他大陆法系国家来说相对更严格,同时低于英美法系所要求的相当理由之证明标准,反映出了英美法系刑事诉讼程序更加侧重对公民基本权利的保护。③ 最后,对于干涉公民隐私权的刑事强制措施的证明标准来说,其中的电信通讯监察措施与隐私权之间的联系最为紧密。根据德国《刑事诉讼法》第 100a 条第 1 款的规定,仅当存在一定事实构成怀疑而认为可能存在某人作为正犯或共犯犯了第 2 项所称之严重犯罪、在未遂可罚之情况下着手实施等情形时,侦

---

① 参见连孟琦译:《德国刑事诉讼法》,元照出版社 2016 年版,第 139 页。
② 参见连孟琦译:《德国刑事诉讼法》,元照出版社 2016 年版,第 4 页。
③ 参见谭秀云:《刑事扣押的"相当理由"证明标准及其规制路径》,载《证据科学》2018 年第 2 期,第 191-192 页。

查机关才可以实施典型通讯监察措施。① 可见，侦查机关需要有特定的事实来证明特定主体有为正犯或共犯的嫌疑，在特定犯罪中可能作案，这种嫌疑不是基于单纯的猜测或推论，而是应有特定程度的具体事实资料佐证支撑。② 可见，对于电信监察措施来说，德国法为了保障公民隐私利益不受非法干预，设置了特定的启动门槛，以此来限制电信监察措施的行使。

另一方面，从刑事强制措施的程序要件来看，德国刑事程序立法采用的是司法令状机制，由法官对羁押等刑事强制措施的实施进行审查。例如，德国《刑事诉讼法》第114条规定羁押需由法官书面签发羁押命令为之。③ 法官做出判断的基础即为刑事程序法关于刑事强制措施之证明标准的规定，只有达到相应的证明标准，法官才会签发相关令状。这是德国刑事程序法从形式层面对刑事强制措施运行设置的法定要件。

然而，从我国当前立法来看，不论是对证明要件还是程序要件，我国刑事程序立法均缺乏相应的关照。从立法技术上说，"程序法定原则以立法的明确化、精细化为技术要求。"④ 在立法层面，刑事强制措施程序法定原则要求刑事程序法明确每一种刑事强制措施的适用条件或启动要件，尽量在立法层面限制司法人员的法律解释权，减少法律规定中以"其他"等类似表述为代表的模糊性法律概念的数量，使刑事强制措施立法能够被准确明晰地适用

---

① 参见连孟琦译：《德国刑事诉讼法》，元照出版社2016年版，第76页。
② 参见［德］克罗斯·罗科信：《刑事诉讼法》，吴丽琪译，法律出版社2003年版，第334页。
③ 参见［德］克罗斯·罗科信：《刑事诉讼法》，吴丽琪译，法律出版社2003年版，第287页。
④ 徐阳：《程序法定原则对刑事司法的规范意义》，载《法学》2014年第10期，第128页。

于司法实践。就《刑事诉讼法》当前规定而言,其中的五种人身性刑事强制措施的启动条件在一定程度上于法教义学层面存在不稳定的情况,在司法实践中给公安司法机关留下了较大的裁量空间而不得不依赖于有关司法解释的不断颁布施行以充实法律规范层面留下的制度模糊点。这无疑会影响到程序司法法定的贯彻落实,导致刑事强制措施运转法定演变为运转人定。以身体检查为例,有论者就指出为贯彻法律保留原则,立法必须将刑事身体检查适用的实体要件、程序要件、对象范围、具体措施等加以明确规定,为身体检查的实践提供基本前提性限制。[①] 作者以刑事强制措施体系化为研究目标,主要希望达到的目的也是在立法层面实现我国刑事强制措施的体系法定,从而为刑事强制措施的司法活动提供法律基准。需要注意的是,我们对程序合法性的认识不应保持一种僵化和教条的立场,而是应当看到程序法定原则背后隐藏着"权力与权利""公益与私利"之间激烈的价值冲突,故而需要通过程序技术本身的兼容性来实现价值之间的衡平,这一特性突出体现为"程序条文的例外情况"的客观存在。[②] 例如,对于逮捕措施来说,不少国家的立法在原则上规定了逮捕需要受到令状制度规制的情况下,结合具体案件情况另外明确了无证逮捕的条件,从而使得原则性要件与特殊性要件相互配合,正确处理特殊案件中的利益冲突问题,体现出了程序法定原则实际运转时的动态性。

[①] 参见杨雄:《刑事身体检查制度的法理分析》,载《中国刑事法杂志》2005年第2期,第82页。

[②] 参见万毅、林喜芬:《现代刑事诉讼法的"帝王"原则:程序法定原则重述》,载《当代法学》2006年第1期,第28页。

四、刑事强制措施违法适用的后果法定

刑事强制措施作为干涉公民基本权利的行为，具有获取案件证据的主要功能，或者说将经由刑事强制措施所得证据应用于案件起诉和审判是公安司法机关使用刑事强制措施的主要目的。因此，立法需要对这一目的能否实现予以明确，规定在哪些情况下刑事强制措施的适用可能难以达成这一目的。对此，刑事强制措施违法适用的后果法定是指有关刑事强制措施立法应当明确公安司法机关违法适用刑事强制措施的行为无效。在法律明确了刑事强制措施的种类和适用条件之后，各机关在司法活动中根据法律规定的刑事强制措施种类、触发条件和程序来实施刑事强制措施自属当然。有论者将这个层面上的刑事强制措施程序法定原则称作刑事强制措施适用过程的形式法定，即各种刑事强制措施的适用应严格按照法律规定的权限、对象、条件、期限来行使。[1] 以目前尚作为侦查手段对待的财产性强制处分为例，在实践中，秘密搜查、秘密取证、无证查扣等法外干预被追诉人财产权的强制处分手段得到了常规化运用，侦查机关绕开了刑事诉讼法关于侦查行为的规定，转而采用更为"灵活方便"的方法达到侦查目的，但是这却使得公民财产权随时处于侦查机关权力的阴影下。[2] 从公权力和私权利的特点来看，这种办案方式形成了对私权利的不当干涉。"权力天然具有扩张性，很容易通过超期羁押、非法搜查、非法扣押等方式侵犯公民的人身、自由、财产等私权利，为维持

---

[1] 参见谢佑平，张海祥：《论刑事诉讼中的强制措施》，载《北京大学学报（哲学社会科学版）》2010年第2期，第128页。

[2] 参见万毅：《刑事诉讼中被追诉人财产权保障问题研究》，载《政法论坛》2007年第4期，第60页。

强大的公权力和弱小的私权利之间的平衡,刑事程序立法应当完善非法证据排除等违法制裁机制。"① 质言之,完善的程序设计有赖于司法实务人员的严格遵守,规范司法实务人员运用刑事强制措施处理刑事案件、追诉犯罪嫌疑人或被告人的公权力行为,需要致力于构建起刑事强制措施体系运转的后果监督机制,明确我国各类刑事强制措施一旦被违法实施而可能导致的法律后果,从制度上防范司法实务人员出现罔顾刑事诉讼程序立法中有关刑事强制措施规定的行为。由此,从结果层面倒逼公安司法机关严格依照刑事程序法的规定适用刑事强制措施,不得违背法律规定实施刑事强制措施,否则其应当在程序上承担不利的后果。这主要表现为通过违法刑事强制措施获得的材料不得作为证据使用,或者说在诉讼当中不具有证据能力的材料而应该被排除在外。由此,在明确了制裁性后果的前提下,刑事强制措施法定原则才有了一个完整的结构,刑事强制措施也才能够被有效实现。②

另外,在落实以上三个维度的内容的基础上,刑事强制措施领域的程序法定原则当然还要求制定这些规则的机关应当是国家的立法机关,即国家应当使用法律而非其他规范形式来建构刑事强制措施体系。在我国法的语境下,这就表现为将有关刑事强制措施的内容尽量收归由《刑事诉讼法》进行规定,而逐步减少当前由相关司法解释对刑事强制措施内涵进行解读的普遍做法。目前,刑事强制措施规定的内容不够明确具体,导致违背立法精神随意解释刑事强制措施各要件的司法解释层出不穷,这是一种侵犯公民基本权益的法外立法和二次立法,助长了各部门对刑事强

---

① 谭秀云:《公权力与私权利视域下的程序法定原则》,载《辽宁师范大学学报(社会科学版)》2016年第2期,第28页。

② 参见谢佑平、张海祥:《论刑事诉讼中的强制措施》,载《北京大学学报(哲学社会科学版)》2010年第2期,第128页。

制措施的滥用。① 例如，《刑事诉讼法》规定取保候审的时间最长不得超过一年，但是公检法三机关各自颁布的司法解释皆规定三机关分别都有权进行一年的取保候审。由此，单个案件中单个犯罪嫌疑人或被告人的取保候审时间可能达到三年。这就是一个我国刑事强制措施规则制定过程中司法解释占据不适当之地位的缩影。基于程序法定原则的内涵和三个维度，我国未来的刑事程序立法和司法解释颁行应尽量避免规则制定层面的"九龙治水"，使刑事强制措施制度中的程序法定原则最终可以落到实处。

第三节 比 例 原 则

除了法律保留原则即程序法定原则之外，比例原则是可以对刑事强制措施起到限制作用的另一基本原则。②"所有的基本权干预或限制，本身又应受比例原则之拘束。"③ 从概念上看，比例原则是指"任何旨在限制公民基本权利的法律都必须寻求符合基本法的目标，并使用适当的、必要的手段，以使能对公民权利的干预被控制在尽可能小的范围之内"④。比例原则是公法体系中的帝王条款，调适着国家权力和公民权利之间的关系，是判断国家公权力行使是否合理的标准，由此在能够达成权力行使目的的前提

---

① 参见李明：《论刑事强制措施法定原则——兼评程序法定原则》，载《中国刑事法杂志》2008年第3期，第59页。

② 参见林钰雄：《从基本权体系论身体检查处分》，载《台湾大学法学论丛》2004年第3期，第177页。

③ 林钰雄：《干预处分与刑事证据》，北京大学出版社2010年版，第25页。

④ 陈瑞华：《问题与主义之间——刑事诉讼基本问题研究》，中国人民大学出版社2003年版，第177页。

下将国家权力行使的强度控制在最小范围内。有论者则提出，比例原则在理论上包含适当性原则、必要性原则和均衡性原则这三个部分。① 这种看法已基本成为学界共识，对比例原则在立法和司法两个层面的运用提供着支撑。其中，适当性原则要求公权力机关使用特定手段实现特定目的，必要性原则要求公权力机关应当选取对公民基本权利伤害最小的手段，均衡性原则要求公权力对公民基本权利的侵犯不能大于公权力所试图保护的公共利益。② 基于此，笔者将对在我国刑事强制措施体系中引入比例原则的必要性和思路作出说明。

一、刑事强制措施体系贯彻比例原则的必要性

从《刑事诉讼法》历次修法内容观之，1979 年《刑事诉讼法》没有关于刑事强制措施适用需遵循比例原则的规定，而 1996 年《刑事诉讼法》修订建议稿中有关于使用刑事强制措施应当遵循比例原则的规定最终没有被采纳，时至 2012 年和 2018 年两次修法之后这种情况同样未曾改变，刑事程序立法只是通过对刑事强制措施适用条件等规定进行调整的方式间接地体现出了比例原则的思想。③ 换言之，不同于程序法定原则作为我国刑事程序法基本原则的实定法地位，比例原则在经过多次刑诉法修改后仍旧没有被确定为一项基本原则，其只是隐含在各个具体程序之中，发挥着

---

① 参见李震山：《行政法导论》，台湾三民书局股份有限公司 1999 年版，第 86 页。
② 参见陈新民：《德国公法学基础理论（下）》，山东人民出版社 2001 年版，第 370 页。
③ 参见刘玫、宋桂兰：《论刑事诉讼强制措施之立法再修改——以刑事诉讼法修正案（草案）为蓝本》，载《甘肃政法学院学报》2011 年第 6 期，第 17 页。

隐性调适公权力与私权利之平衡关系的作用。对此，从"立法机关属于受比例原则规制的主体之一"①的观点来看，这是未来修法需要完善的地方。刑事诉讼法律体系作为典型的公法性法律体系，比例原则运行其中自属当然。刑事强制措施作为其中干预公民基本权的具体行为，其运行过程应当受到比例原则的规范，进而调控国家权力与公民权利的界限。当然，这里的刑事强制措施概念在不同语境下有不同含义。例如，有论者把刑事强制措施制度与侦查行为分开视之，从而将二者分别看作引入比例原则的独立对象。② 这种观点虽将刑事强制措施与侦查行为分别看待而令前者的概念含义有所不同，但是于引入比例原则的主张而言其实并无区别。

根据刑事诉讼程序所具有的打击犯罪和保障人权的二元目标，将比例原则作为刑事强制措施体系运行的基本原则具有必要性。一方面，有助于达到刑事强制措施体系的公权限制目的。从理论上说，公安司法机关适用刑事强制措施的主要目的在于打击犯罪。在这个过程中，公权力的扩张是不能避免的。但是，在刑事强制措施体系中，公权力的行使张力和公民基本权利的保障范围是一对相互影响的矛盾范畴。刑事强制措施体系的立法和司法活动既要赋予公权力以必要的行使空间，但也要关照如何将之限制在合理的行使范围，从而使得公权力和私权利之间的矛盾运动关系趋于平衡。而如何将公权行使的强度控制在合理范围，就需要在比例原则的引导下构建起一套对应的限权机制，以使得刑事强制措施的运用能够有一个相对明确的比例尺进行价值判断，令刑事强

---

① 林钰雄：《从基本权体系论身体检查处分》，载《台湾大学法学论丛》2004年第3期，第178页。

② 参见秦策：《比例原则在刑事诉讼法中的功能定位——兼评2012年〈刑事诉讼法〉的比例性特色》，载《金陵法律评论》2015年秋季卷，第228页。

制措施的目的性价值、必要性价值和相称性价值都能够得到彰显。① 落实到司法实践中，有研究者就对特定地区刑事强制措施的适用情况进行了实证调研，指出了其中严重违背比例原则的问题：以我国中部某省某市看守所为例，该市在 2008 年共依法批捕各类刑事犯罪案件 1184 件 2096 人，向法院提起公诉 1274 件 2132 人，逮捕的案件数和人数分别占到起诉的案件数和人数的 92.9% 和 98.3%，羁押率接近 100%，而某市看守所 2007 至 2009 年每年累计羁押 249295、230827 和 216732 人，日平均羁押 683、631 和 594 人，该所羁押人数一直处于满负荷状态，远超过该所普通监室的最高羁押人数。② 可见，刑事强制措施立法缺乏比例原则的规范缺陷，可能在实践中导致公权力不当扩张的后果。③

另一方面，有助于实现刑事强制措施体系的人权保障机能。刑事强制措施在本质上是一种干涉公民基本权利的行为。虽然，公安司法机关适用刑事强制措施的主要目的在于打击犯罪，但是人权保障也是该制度应当关注的重点问题。那么，在适用侵犯公民基本权利的刑事强制措施时，如何令公民基本权利遭受的侵害处在合理范围是需要立法者和司法者进行考量的。对此，比例原

---

① 参见樊奕君：《比例原则视角下刑事强制措施价值平衡研究》，载《中国刑事法杂志》2011 年第 12 期，第 103-104 页。

② 参见肖建波：《我国侦查羁押制度与比例原则的差距之实证考察》，载《河南警察学院学报》2012 年第 1 期，第 100-101 页。

③ 其实，我国刑事程序法不仅在立法层面对比例原则的规定有所欠缺，在司法层面也欠缺直接运用比例原则解决实际问题的有益经验。关于这一点，域外其他国家的经验或许值得我们借鉴，其司法实务人员在司法实践中颇善于利用比例原则尝试阐明法律解释争论或化解其他问题。参见 Thomas Y. Allman, The Propor-tionality Principle after the 2015 Amendments, Defense Counsel Journal, Vol. 83: 241, p. 241-243 (2016).

则正强调的是"不允许国家行为给相关人造成过重的负担"[①]。从刑事强制措施的运行特点来看,其启动、执行、监督以及救济各环节都属于国家与私人间的公法关系范畴,都需要接受比例原则的规制。即使对于刑事强制措施的监督阶段而言,其从形式上看更为强调国家机关之间的权力博弈,比如通过检察机关行使检察权的方式实现对侦查权的有效监督。但从实质上看,刑事强制措施的监督阶段仍旧关涉公民之基本权利,而非仅是公权力和公权力之间的角力。因此,在刑事强制措施监督阶段,监督机关与被监督机关各自权力产生交汇的基础仍旧是公民基本权利,两机关之间的"公对公"关系必须借由公民权利的介入才能够达成完整的逻辑循环。否则,脱离公民权利的刑事强制措施监督环节,将完全沦为公权力之间的相互挤压。质言之,刑事强制措施监督环节的规范状态虽在形式上体现为某一公权力对另一公权力的规制,但在实质上仍旧属于影响公民私权利的国家行为,应当符合比例原则的要求。[②] 有论者也指出:"在涉及公权力运行的法律领域中,如果存在公权力的自由裁量空间并且需要以限制私人权益为手段来追求公共利益,那么就应当确立某些原则作为权衡标准和规制手段。比例原则提供了这样一个备选项。"[③] 尤其,随着我国公民基本权利体系的不断完善和公民权利意识的日渐提高,以及侦查机关侦查技术水平的不断提升,个人隐私权等其他在以往的日常生活中不太受重视的权利类型也越来越多地受到了人们的关注。然而,我国在制定《刑事诉讼法》时并未将比例原则确立为基本

[①] 伯阳:《德国公法导论》,北京大学出版社 2008 年版,第 42-43 页。

[②] 参见金石:《刑事强制措施的适用应遵守比例原则——兼论相关检察监督》,载《西南政法大学学报》2006 年第 4 期,第 99-100 页。

[③] 樊传明,郑飞:《论比例原则在警察侦查取证程序中的适用》,载《西部法学评论》2013 年第 1 期,第 106 页。

原则，导致刑事侦查行为缺乏相应的制约机制，这不仅造成了搜查、扣押电子数据滥用的倾向，也严重威胁到公民个人的隐私权利。① 可见，比例原则不仅对传统上干涉公民人身自由权的刑事强制措施的合理适用来说具有重要意义，对新兴的公民基本权利而言也具有较大的现实价值。

概言之，在刑事强制措施体系化的理论预设中，将比例原则引入刑事强制措施体系之中是必要的，实现"比例原则的立法化"② 是我国未来刑事强制措施体系建设的当然要求。只有在刑事强制措施体系中通过比例原则合理配置各方权力和权利的运行模式，才能够发挥该体系打击犯罪和保障人权的双重功能。③

二、比例原则在刑事强制措施体系中的展现

如前所述，比例原则应当贯穿于刑事强制措施体系运行的全过程。对于比例原则在该体系中的具体表现，不同的研究者有不同的阐述。例如，有论者指出："是否采取刑事强制措施以及采取何种刑事强制措施，要同犯罪轻重以及行为人的人身危险性程度相适应，符合适当性、必要性和相称性的要求。"④ 还有论者指出："比例性原则是指刑事强制措施的适用种类与期限，要求与被适用

---

① 参见陈永生：《论电子通讯数据搜查、扣押的制度建构》，载《环球法律评论》2019年第1期，第10-12页。
② 万毅：《刑事诉讼中被追诉人财产权保障问题研究》，载《政法论坛》2007年第4期，第66页。
③ 参见郑锦春，任勇飞：《对我国刑事强制措施制度改革完善之思考》，载《中国刑事法杂志》2011年第5期，第91-92页。
④ 梁静：《宽严相济的刑事政策与强制措施的比例原则》，载《河南社会科学》2008年第3期，第67-68页。

人的人身危险程度和所涉及犯罪事实的轻重程度相适应。"① 笔者认为，基于公法理论对比例原则内涵的认识，该原则在刑事强制措施体系中的运行应当重点关注以下三个方面的内容。

（一）目的的正当性

目的的正当性是指刑事强制措施的采用需要符合法律所规定的正当目的，实现手段和目的的一致性。法律目的是立法活动和司法活动的出发点。不论是对刑事强制措施立法活动而言，还是对公安司法机关在实践中适用刑事强制措施办理案件的司法活动来说，符合刑事程序法规定的正当目的是比例原则贯彻至刑事强制措施体系中的前提。从我国整个刑事程序法目的的构建模式来看，打击犯罪和保障人权是公安司法机关应追求的双重目的。具体到刑事强制措施体系之中，公安司法机关实施这类行为的直接目的在于控制人身和收集证据，进而保障刑事诉讼程序的顺利运转。例如，当前公安司法机关在实践中频繁使用网络搜查等高科技手段对公民的个人信息进行收集和使用，这种涉及干涉公民个人信息权益的行为就涉及手段是否符合目的的问题。有论者就对此指出："公安机关收集个人信息的行为要符合刑事诉讼目的，这包括个人信息符合刑事诉讼目的、使用个人信息符合刑事诉讼目的和刑事诉讼目的消失后应及时停止相关措施三层意涵。"②《刑事诉讼法》第152条第3款也明确了干涉公民个人信息权益的技术侦查措施的行使目的。可见，作为刑事诉讼制度的一个组成部分，

---

① 谢佑平、张海祥：《论刑事诉讼中的强制措施》，载《北京大学学报（哲学社会科学版）》2010年第2期，第129页。

② 郑曦：《刑事诉讼个人信息保护论纲》，载《当代法学》2021年第2期，第120页。

刑事强制措施体系追求的正当目的主要在于保障刑事诉讼程序的顺畅运行,而打击犯罪的目的则需要适当弱化。只有这样理解比例原则下刑事强制措施体系所追求的正当目的,才能够尽量避免公安司法机关为了打击犯罪的需要,在实践中对社会危险性不高的犯罪嫌疑人或被告人不当采取逮捕、扣押等刑事强制措施,影响刑事强制措施体系运行之正当目的的实现。

(二)措施的必要性

措施的必要性是指刑事强制措施的采用需要符合强度上的需求,公安司法机关应根据案件情况选择适用强度相当的刑事强制措施。各国刑事程序法都在立法层面规定了种类繁多、启动条件各不相同的刑事强制措施。在比例原则的指导下,这要求公权力机关在实践中应根据案件情况采用与犯罪嫌疑人或被告人社会危险性相当的刑事强制措施,而不得对社会危险性程度较低的主体适用强制程度较高的刑事强制措施。即"办案机关适用刑事强制措施的种类和强度与被追诉人可能妨碍诉讼的行为性质应当相对称"[①]。这主要涉及的是刑事程序立法对刑事强制措施种类的设置以及启动条件的安排。对此,《刑事诉讼法》经过2012年和2018年的两次修改,从其及其司法解释的规定来看,刑事强制措施的启动条件设置已经在较大程度上吸收了比例原则的精神。比如,《刑事诉讼法》根据罪刑轻重来设置特殊的刑事强制措施适用条件即属于其中适例。该法第75条第1款规定对于危害国家安全犯罪、恐怖活动犯罪适用指定监视居住时不要求被实施强制措施者无固定住处,以此提高对重罪案件刑事诉讼程序的保障力度,防

[①] 林偶之:《功利主义视角下的刑事强制措施》,载吴钰鸿主编:《西南法律评论》,法律出版社2019年版,第181页。

范可能出现的有碍诉讼进行的情况发生。除了适用条件上的细化之外，2012年《刑事诉讼法》还新增了羁押必要性审查制度，从程序上直接构建起了审查逮捕措施的适用是否符合比例原则的机制。正如有论者指出："羁押必要性审查的规定体现了强制措施适用中的比例原则，其具体审查对象包含实体必要性和程序必要性两个方面的内容，从而判断是否有继续羁押的必要。"① 另外，《刑事诉讼法》经过2012年的修改之后，侦查行为体系的比例原则的意涵也更加明显。例如，对各类技术性侦查措施来说，"秘密录音、监听等高隐秘性、高技术化措施往往会对公民隐私权造成严重侵犯，这类证据保全类强制措施只能针对严重犯罪行为实施。"② 针对危害国家安全、恐怖活动犯罪等社会危害性较高的犯罪行为，《刑事诉讼法》允许侦查机关适用对公民基本权利侵入程度较高的技术侦查措施办理案件，就体现出了比例原则的意涵。③ 此外，还有论者则针对实践中广泛适用的身体检查指出："比例原则对身体检查的影响主要表现在发动和执行两个方面。在检查的启动上，对被追诉人和对第三人的检查的实体要求应有宽严之分；在检查手段上，对身体健康损伤程度越大则要求越高。"④ 这种观点和比例原则关系密切。当然，除了这些符合比例原则的现有规定外，目前五种刑事强制措施的规定在某些方面还存在进一步优化的空间，以符合比例原则在刑事强制措施体系中运行的要求。在进一

---

① 洪浩，王莉：《羁押必要性审查机制的构建》，载《江西社会科学》2015年第1期，第139-140。

② 谢佑平，万毅：《刑事诉讼相应性原则的法理探析》，载《政治与法律》2001年第5期，第25页。

③ 参见宋远升：《刑事侦查的行为视角》，中国人民公安大学出版社2008年版，第111页。

④ 杨雄：《刑事身体检查制度的法理分析》，载《中国刑事法杂志》2005年第2期，第82页。

步优化立法的基础上,公安司法机关未来得以在实践当中根据不同的犯罪嫌疑人或被告人的不同情形采用强度有别的刑事强制措施,进而符合比例原则的要求。

(三) 结果的相称性

结果的相称性是指因采用刑事强制措施而造成的公民基本权受损的后果,不应超过公安司法机关在社会治理层面所欲获得的利益。在刑事诉讼中,比例原则不仅指刑事强制措施的适用及其期限应当与被指控的犯罪行为的严重性和可能判处的刑罚相适应,还要求在考虑某项措施的比例性的时候,必须平衡犯罪的严重性、嫌疑的程度、保护证据或信息的措施可能带来的价值与对所涉及的人带来的危害。① 换言之,刑事强制措施作为干涉公民基本权利的手段,其适用必然涉及对公民基本权利的侵入,只有在这种侵入不超过给社会公益所带来的利好之时,这种侵入行为才是符合比例原则的。例如,《刑事诉讼法》第 67 条第 1 款第 3 项将"患有严重疾病、生活不能自理,怀孕或者正在哺乳自己婴儿的妇女,采取取保候审不致发生社会危险性"作为取保候审的适用条件之一,即体现出了结果相称性的基本意涵,反映出了立法对特殊人群的人道主义保护理念。这个层面的考量主要出现在刑事强制措施的执行阶段。根据《刑事诉讼法》的规定,我国刑事强制措施之运行过程基本可以分为启动、执行、监督和救济四个阶段。既然比例原则旨在调适公权力干预公民基本权的范围大小,那么贯穿适用于以上四个刑事强制措施运行的具体阶段即属于当然之理。例如,有论者以比例原则为视角对未决羁押的司法实践情况进行

---

① 参见宋冰:《读本:美国与德国的司法制度及司法程序》,中国政法大学出版社 1998 年版,第 384 页。

了考量，提出实践中未决羁押的适用脱离了比例原则要求故应当予以改进，即属于从刑事强制措施执行层面对比例原则进行的考量。① 在这四个阶段当中，处在执行阶段的刑事强制措施因直接关系到公民基本权利的保障，故最可能产生与其所维护之社会公益的重要性不相符合的情况。例如，逮捕等五种干涉公民人身权的手段主要限制的是公民的人身自由权，所希望达到的效果是通过控制人身的方式避免犯罪嫌疑人或被告人在审前环节继续做出不利于社会稳定的行为，这也正是人身性刑事强制措施所能够维护的社会公益。然而，对犯罪嫌疑人或被告人一旦适用人身性刑事强制措施，就意味着其在一定时间内会处于人身自由受限甚至是被羁押的状态。由此，基于比例原则的要求，这类措施对相关主体所造成的侵害不得大于社会公益保护的需求。反映到立法和实践中，这主要表现为对可能判处刑罚较轻的公民不宜适用此类措施、适用人身性刑事强制措施的期限应尽可能小于犯罪嫌疑人或被告人所涉嫌犯罪对应的法定刑等具体样态。

比例原则在刑事强制措施体系中的落实和运转基本包括以上三个方面的内容。需要注意的是，比例原则介入刑事强制措施体系的前提是对刑事强制措施制度进行体系化完善。第一，查封、扣押、冻结等侦查手段需要被纳入到刑事强制措施体系中，由此才能够使之在刑事强制措施体系框架内与其他手段受到相同对待。其二，对于干涉公民人身自由权的刑事强制措施而言，其内部对人身自由权的限制应当体现出层次性，即在是否羁押控制公民这个问题上应当体现出案件严重程度上的差别。以上两点对于比例原则在刑事强制措施体系中的运转而言必不可少。否则，即使将

---

① 参见黄波：《比例原则适用于未决羁押的路径研究——以羁押时间为样本》，载《江苏社会科学》2018年第3期，第205页。

比例原则作为刑事强制措施体系运行的基本原则，也难免顾此失彼而效果不佳。

综上所述，刑事强制措施体系运行的基本原则至少包括程序法定原则、比例原则以及分工负责、互相配合、互相制约原则。从前文所述"规则—原则"型的法律体系化结构来说，这三项基本原则给刑事强制措施体系中具体规则的构建提供了指导。对本书来说，后文所述内在维度和外在维度的刑事强制措施体系化思路应当符合这三项基本原则的要求。

第五章　我国刑事强制措施的类型完善

以刑事强制措施体系运行的基本原则为基础，对我国刑事强制措施的基本类型进行完善，是内在维度的刑事强制措施体系化。目前，《刑事诉讼法》仅将干涉公民人身自由权的五种措施纳入刑事强制措施体系中予以规制。诚然，该刑事强制措施类型体系有合理之处，体现出了国家对公民人身自由权的高度重视。但是，这导致立法机关没有关注到公民其他基本权利的重要性，使得干涉公民其他基本权利的强制手段没有被纳入刑事强制措施类型之中。笔者将在分析目前刑事强制措施类型体系形成原因的基础上，对刑事强制措施的类型完善提出建议。

第一节　我国刑事强制措施的类型缺陷及其成因

从比较法的角度来看，我国刑事强制措施的基本类型较少。以德国刑事程序立法为例，其中与我国《刑事诉讼法》的规定类似的有羁押、居家监视等，而超过我国立法规定的则至少有身份确认、路检盘查、设立检查站等多种措施，其中设立检查站及路检盘查在我国被视为警察行政措施而不被认为涉及刑事诉讼，这是我国与德国在理解刑事强制措施方面的最大区别之一。① 换言之，即使站在当前我国强制措施体系与侦查行为体系分立的立法模式下，我国刑事程序法关于刑事强制措施的种类也是有所欠缺的。可见，通过立法增加刑事强制措施的法定种类是有必要的。遗憾的是，2018年修改后的《刑事诉讼法》仍仅将干涉公民人身自由权的五种强制手段视为刑事强制措施，将干涉公民其他权利的强制手段作为侦查行为予以规制。这是目前我国刑事强制措施类型体系的特点，即"人身自由权一枝独秀"。这与域外其他国家或者地区的刑事强制措施类型架构相去甚远。虽然，我们的立法需要从中国特色社会主义法治理念出发，但是当我国的法律制度与其他国家或地区的主流规定相去甚远时，我们还是不得不谨慎地思考其中是否存在不妥之处。

一、我国刑事强制措施法定类型的缺陷

从学界对刑事强制措施制度的研究内容来看，大部分研究者都认为《刑事诉讼法》仅将干涉人身自由权的手段作为刑事强制措施予以规制是不完善的，应当把干涉公民其他基本权利的强制措施纳入到这个体系中。换言之，我国刑事强制措施的类型体系存在缺陷。这表现为刑事强制措施干涉的权利类型仅限于人身自由权，而其他基本权利始终处于缺位状态。这一缺陷可以从我国历部刑事诉讼法的相关规定和域外部分国家或地区的立法现状得到证实。

一方面，从新中国成立以来四部《刑事诉讼法》的规定来看，刑事强制措施的类型一直被限制为干涉公民人身自由权的五种措施。在我国尚未颁布《刑事诉讼法》时，逮捕等措施的法律依据

---

① 参见邓子滨：《刑事诉讼原理》，北京大学出版社2019年版，第322-323页。

来自其他专门规定。例如，我国于1954年颁布施行《中华人民共和国逮捕拘留条例》。虽然，该条例中没有关于刑事强制措施的直接表述，但是其对当时司法实践中运用频率较高的逮捕和拘留两种措施的适用条件作了规定，为当时侦查机关的实践活动提供了支撑。值得注意的是，这部施行时间较早的条例虽然主要着眼于拘留和逮捕这两种措施，但是其也注意到了搜查和扣押这两种措施的适用程序，甚至还作出了有证搜查和无证搜查的区分。以该条例为基础，1979年《刑事诉讼法》第一编第六章正式使用"强制措施"的称谓，在《中华人民共和国逮捕拘留条例》的基础上增加了拘传、取保候审和监视居住三种措施，总共使用十五个条文初步构建起了我国的刑事强制措施类型体系。同时，该法在第二编中专门设置了"侦查"一章，将《中华人民共和国逮捕拘留条例》提到的搜查和扣押放置在此章节中规制，还增加了勘验、检查等新的措施，形成了我国的侦查行为体系。此后，在1996年、2012年和2018年的三次《刑事诉讼法》修改活动中，虽然历次修法都对刑事强制措施制度作了完善，但是1979年《刑事诉讼法》确立的刑事强制措施类型范围还是被保持了下来。

另一方面，域外部分国家或地区的立法对刑事强制措施类型的规范状态显示出了较为开放的立法态度，刑事强制措施的类型较我国为多。从域外其他部分国家或地区的立法现状来看，虽然刑事强制措施的称谓多样，但是这些措施的构成体现出了较强的体系性。基于刑事强制措施属于基本权干预措施的定位，各国结合本国宪法中关于基本权利的规定，至少把刑事强制措施分为了干涉人身自由权的刑事强制措施、干涉财产权的刑事强制措施和干涉隐私权的刑事强制措施。简举几例，以资管窥。其一，英国作为英美法系的代表性国家，其关于刑事强制措施的类型规定散见在该国宪法以及其他刑事法律文本之中，形成了由逮捕、羁押、搜查、扣押等措施构成的刑事强制措施类型体系。例如，该国1984年《警察与刑事证据法》第17条和第18条对无令状搜查措施进行了规定，第19条至第22条对扣押措施进行了规定，第24条至第33条对逮捕措施进行了规定。① 其二，美国作为英美法系的另一代表性国家，其刑事程序法上的各类刑事强制措施也分散在相关刑事法律文件之中，主要可以分为针对人身的搜查与扣押、针对财产的搜查与扣押两大类。前者主要包括拦截、搜身、边境检查、逮捕等措施，后者主要包括对物品的搜查和扣押、搜查车辆、搜查场所、电子监控等措施。② 这些措施以及具体规定与美国联邦宪法之间关系紧密，以美国联邦宪法上有关人身自由权、财产权和隐私权的基本人权架构为依托，均需符合美国联邦宪法中基本人权保护的规则。这可以说是美国刑事司法制度的一大特点，即将干涉公民人权和自由的诉讼行为上升到宪法高度，公民所享有的人身、住宅、文件和财产不受无理搜查和扣押的权利在刑事诉讼中能够得到宪法性保障。③ 其三，德国作为大陆法系的代表性国家，其也形成了较为完整的刑事强制措施类型体系。德国《刑事诉讼法》第一编第九章用大量篇幅对羁押和临时逮捕的措施进行了细致规定，同时又在其他章节对干涉公民财产权、隐私权的其他刑事强制措施作出了细致规定。④ 其四，日本在第二次世界大

---

① 参见孙谦主编：《刑事强制措施——外国刑事诉讼法有关规定》，中国检察出版社2017年版，第442-457页。

② 参见［美］罗纳尔多·V·戴尔卡门：《美国刑事诉讼——法律和实践》，张鸿巍等译，莫洪宪审校，武汉大学出版社2006年版，第141-324页。

③ 参见卞建林译：《美国联邦刑事诉讼规则和证据规则》，中国政法大学出版社1996年版，第2页。

④ 参见孙谦主编：《刑事强制措施——外国刑事诉讼法有关规定》，中国检察出版社2017年版，第171-185页；［德］克罗斯·罗科信：《刑事诉讼法》，吴丽琪译，法律出版社2003年版，第273页。

战之后，在美国的指导下对本国的刑事司法制度进行了改革，在1948年颁布了《日本刑事诉讼法》和《刑事诉讼规则》。其中，基于《日本刑事诉讼法》第197条第1款关于强制侦查法定主义的规定，该法从对人之强制以及对物之强制两个方面，全面规定了有关对犯罪嫌疑人的拘留、身体检查、逮捕、鉴定留置、勘察、扣押、搜查等措施，形成了较为完整的强制侦查行为的类型体系。[①]

概言之，我国刑事程序立法一直对刑事强制措施类型范围的把控较为严格。除干涉公民人身自由权的措施之外，干涉公民财产权和隐私权的各类措施都被放置在侦查行为章节中进行规制。比较来看，域外部分国家或地区有关刑事强制措施的规定虽然存在区别，但是在对刑事强制措施进行类型化列举的时候，基本保持了从本国公民基本权利出发全面观照人身自由权、财产权和隐私权的立法思路，反映出了立法对人身自由权之外的其他基本权利的重视，形成了较为完善的刑事强制措施类型体系。

二、我国刑事强制措施类型缺陷的成因

根据我国刑事立法和司法现状，结合刑事强制措施的本质属性，笔者认为导致上文所述之立法缺陷的原因主要在于以下两个方面。

一方面，《刑事诉讼法》高度关注人身自由权保障的立法模式乃人身自由权极易受到侵犯的司法实际使然。在确保诉讼程序的措施中，羁押是对个人自由影响最严重、深远的侵害。但是，羁

[①] 参见张凌，于秀峰编译：《日本刑事诉讼法律总览》，人民法院出版社2017年版，第3页。

押对有效的刑事司法而言在许多情形下却是不可缺少的措施。① 作为限制公民基本权最严重的羁押性强制措施,在适用之初就受到了刑事程序法的关注和规制。《刑事诉讼法》自1979年起便在其第六章专门规定了羁押犯罪嫌疑人或被告人的强制手段,对其设定各种适用条件并不断修改完善,防止公安司法机关"将羁押进行到底"。这是羁押性强制措施对公民基本权具有的强限制性所带来的立法需求。同时,在刑事侦查学理论上,"对犯罪嫌疑人采取必要的强制措施以防止犯罪嫌疑人逃避侦查和审判乃是侦查的具体任务之一"②。尤其,对于传统的杀人、伤害、强奸、抢劫等案件而言,采用强制手段控制住犯罪嫌疑人后,通过讯问的方式获取其口供进而获得其他实物证据被认为是极其有效的办案思路。这种以控制人身为主要办案逻辑的思维惯性从实践层面促使《刑事诉讼法》给予回应,对限制公民人身自由权的强制手段专门予以立法规范。

另一方面,"宪法必须作为所有法律规范的组成部分被包含进来,它是所有依照其创设之条款(包括强制行为)的前提。"③ 因此,人身自由权在刑事强制措施立法中一枝独秀的原因还可从《宪法》之基本权利规定的角度思考。人身自由又称身体自由,是指公民的人身不受非法侵犯的自由。人身自由是公民参加国家政治生活、社会生活的基础,是保护个人免受国家任意干预的自由

---

① 参见[德]克劳思·罗科信:《刑事诉讼法》,吴丽琪译,法律出版社2003年版,第281页。
② 张玉镶主编:《刑事侦查学》,北京大学出版社2014年版,第18-19页。
③ 雷磊:《法律体系、法律方法与法治》,中国政法大学出版社2016年版,第21页。

权,是以人身保障为核心的权利体系。① 显然,公民只有拥有人身自由才能行使《宪法》赋予的其他基本权利。在宪法权利体系中,公民只有首先在人身上成为一个自由的主体,才有可能享受其精神自由和经济自由的权利。故而,人身自由权在公民基本权理论体系和基本法规定中都具有基础性地位。同时,不同于对人身自由权的重视,《宪法》对公民部分基本权利的保障难称完善。例如,财产权是与强制措施紧密相关的权利,关涉查封、扣押、冻结等强制行为的行使基础。但财产权在《宪法》上的规定却难称严密:《宪法》没有在第二章"公民基本权利和义务"中规定财产权,仅仅在"总纲"对该权利加以体现。有学者据此认为"目前《宪法》所保障的财产权还只是一种财产权的理念,并没有在实质上承认其作为一项基本权利的地位"②。另外,刑事强制措施体系对隐私权的保护亦显缺乏。"基于《宪法》对隐私权的有限规定,我国刑事诉讼法没有确立隐私权的诉讼基本权利地位,没有把隐私权作为独立的诉讼基本权利予以保障。"③ 由是观之,即使在我国宪法公民基本权利的话语体系中财产权等权利尚且存在规范缺憾,其反映在刑事强制措施体系中的立法状态自然更加有待改善。

概言之,在以上两个方面因素的作用下,人身自由权便自然而然地率先叩开了刑事强制措施体系的大门,成了唯一被《刑事

---

① 参见韩大元、王建学:《基本权利与宪法判例》,中国人民大学出版社2013年版,第215页。

② 刘茂林、杨贵生、秦小建:《中国宪法权利体系的完善——以国际人权公约为参照》,北京大学出版社2013年版,第132-133页。

③ 朱福惠:《被害人个人隐私信息保护的理论证成与体系化建构》,载《国家检察官学院学报》2019年第3期,第72-73页。

诉讼法》纳入刑事强制措施体系予以保障的公民基本权利类型。然而，以《民法典》的颁布实施为背景，我国公民的权利类型得到了立法上的完善。这点与《宪法》基本权利体系之间的固化形成了对比，也对刑事强制措施类型的构建产生了影响，即公民享有的部分权利并没有作为刑事强制措施的干涉对象而被纳入刑事强制措施体系。这需要我们运用体系化思维从宪法、民法和刑事强制措施的视角予以厘清，运用体系化思维在制定法体系内部进行无矛盾的逻辑探寻，克服法律规范体系内的逻辑矛盾。① 基于此，刑事强制措施类型的完善需要从体系上以基本权利类型为根基予以延展。具体来说，以公民基本权利为基础重构我国刑事强制措施基本类型的理论尝试，旨在能够形成公民基本权利和刑事强制措施之间相互对应的刑事强制措施类型体系。人身自由权作为公民基本权体系中的重要权利类型，一直以来都受到了立法和实践的关注，值得首先探讨。除此之外，目前刑事诉讼实践中公安司法机关对公民财产权和隐私权的干涉力度正逐渐加大，故而对干涉这两种基本权利的刑事强制措施也需要进行考量。由此，基于"基本权利研究首先需要明确某项基本权利的构成要件或保障范围"② 的研究逻辑，笔者在下文中将结合《宪法》与《民法典》对相关基本权利的内涵进行讨论，以此为基础再对刑事强制措施法定类型的完善路径进行阐述。

---

① 参见陈金钊：《体系思维的姿态及体系解释方法的运用》，载《山东大学学报（哲学社会科学版）》2018年第2期，第71页。

② 李建良：《基本权利理论体系之构成及其思考层次》，载《人文及社会科学集刊》1997年第1期，第55页。

第二节　针对人身自由权的刑事强制措施

人身自由权是《宪法》和《民法典》都明确规定的公民基本权利类型,也是公民赖以生存发展的一项必不可少的权利。对此,《刑事诉讼法》已经在一定程度上建立起了较为完善的刑事强制措施类型体系。但是,从域外其他国家或地区立法以及理论研究的结论来看,目前这个体系还有进一步完善的空间。

需要说明的是,在刑事强制措施对公民基本权力进行干预的过程中可能会产生基本权利竞合的情形,即同一个刑事强制措施干预数个基本权利的构成要件,产生一个刑事强制措施干预数个基本权利的状态。宪法学研究将此称为"基本权利的竞合"。这种竞合状态不仅会影响人身性刑事强制措施的分类,还会影响到后文论述的财产性刑事强制措施和隐私性刑事强制措施的分类。因此,这里有必要对权利竞合的问题予以说明。从宪法学理论上看,"基本权利竞合是指单一的基本权利主体向国家主张同时适用几种基本权利的情况。对于这种情况的处理应遵循三个原则。一是直接关联基本权利适用原则,即在几个基本权利竞合中应优先适用与事件有直接关联的基本权利;二是最强力基本权利适用原则,即与事件的关联性相同时应运用其效力最强的基本权利;三是关联基本权利全部适用原则,即与事件有关联的所有基本权利效力相同时需要适用有关联的所有基本权利。"[1] 可见,虽然该理论主要解决的是域外法院处理宪法性诉讼时存在的基本权利交叉问题,

---

[1] [韩]权宁星:《基本权利的竞合与冲突》,韩大元译,载《外国法译评》1996年第4期,第76-78页。

但是其对本书具有借鉴意义。总体来说，并非所有刑事强制措施在所有场合的行使均会涉及基本权利的竞合，理论上和实务中会出现基本权利竞合的情形主要有以下几种。其一，因身体检查而引起身体权和隐私权的竞合。这是指身体检查可同时干预身体权和隐私权。例如，侦查人员对犯罪嫌疑人隐私处进行检查并提取毛发等生物样本。根据直接关联基本权利适用原则，身体检查虽然直接针对公民身体进行，但是该措施的目的在于探知与公民身体相关联的案件信息，且正是这种探知行为引发了公民的羞耻感进而干预了公民的隐私权，故身体检查措施应当被划归到干预公民隐私权的刑事强制措施中。其二，因身体检查而引起人身自由权和隐私权的竞合。这是指侦查人员在对公民实施身体检查时不仅会涉及对公民身体隐私的窥探，还可能产生暂时性的自由拘束效果，因此会导致人身自由权和隐私权的竞合。对此，虽然这种对人身自由形成的暂时性拘束在强度不同的各类身体检查中均无法完全避免，但是，从立法角度考虑，既然立法者已经授权公权力机关作出身体检查处分，则当然不可能排除为了达成该项干预所必要的强制，即为实施身体检查所必然附随、不可或缺的暂时性自由拘束，在法解释上可认为属于身体检查规定所附带授权的干预内容。[①] 因此，在此种基本权利竞合中应优先适用与身体检查有直接关联的隐私权作为权利基础。其三，因逮捕而引起人身自由权和名誉权的竞合。这是指逮捕可同时干预人身自由权和名誉权。例如，检察机关同意批准逮捕之后被逮捕者的个人声誉在全社会范围内受到影响，其涉嫌犯罪的行为众人皆知，也无法在出行时搭乘火车等公共交通工具。根据直接关联基本权利适用原则，

---

① 参见林钰雄：《从基本权体系论身体检查处分》，载《台湾大学法学论丛》2004年第3期，第172-173页。

公民基本权的受损直接源于逮捕的实施,批准逮捕决定的公开只是逮捕措施运行中的一个步骤,其在行动自由层面受到的限制与批准逮捕决定的公开没有直接关系。即使批准逮捕决定没有被公开,犯罪嫌疑人亦会因逃避侦查等目的而不使用公共交通工具出行,故逮捕仍旧应当被划归到干预公民人身自由权的刑事强制措施中。由此,在说明了基本权利竞合的问题后,笔者将对重构刑事强制措施类型体系的设想作简要阐述。

一、刑事强制措施与人身自由权之间的冲突样态

如前所述,人身自由权是《宪法》和《民法典》都规定了的一种公民权利类型,理论上也对人身自由权属于公民基本权利达成了共识。不同之处在于,《宪法》中关于人身自由权的表述较为原则化,宪法理论也多从国家与公民关系的角度考量人身自由权的价值而缺少对人身自由权具体构造的观察。与之相反,《民法典》和民法理论对人身权的规定和探讨较为具体和深入。在刑事强制措施的研究语境下,这些规定和理论能够使我们获得新的启发。

具体来说,在民事权利理论中,人身权是指以人身所体现的利益为内容的,与权利人的人身密不可分的权利类型,包括人格权和身份权:前者包括健康权、姓名权等具体人格权,以及人格尊严、人格平等、人身自由等一般人格权;后者则指权利人因婚姻家庭等特殊身份关系产生的人身权利。[①] 可见,人身自由权属于人身权中人格权的一个分支,是公民享有的一般人格权的表现形式之一。但是,宪法上的自由权的内容广泛,包括言论自由、学

---

① 参见王利明:《民法总则》,中国人民大学出版社 2017 年版,第 252-256 页。

术自由、人身自由、宗教自由、迁徙自由、择业自由、游行自由等内容。① 民事权利理论中的"自由"的概念同样具有多种内涵，可以包括公民的财产自由、行为自由、竞争自由、发展自由、经济自由等不同的内容。② 那么，在这种对公民自由的表述之下，如何理解刑事诉讼法学中常说的人身自由受到限制的核心意涵，以及这种限制是否会与公民的其他自由权发生交叉就成为值得讨论的问题。按照宪法基本权利理论和民事权利理论对公民自由的理解，"人身自由权是自然人支配身体、行动的自由权，表现为公民的人身不受非法拘束和限制的状态。"③ 同时，人身自由权在本质上是一种防御权，它的机能在于抵御他人对人身自由的侵害，宣示人身自由权的不可侵犯性。④ 结合刑事强制措施的运行模式，笔者认为刑事强制措施与人身自由权发生冲突的样态主要表现在两个方面。一方面，刑事强制措施与人身自由权产生冲突的主要表现是对公民行为自由的限制，而不包括对竞争自由等其他形式的公民自由的限制，进而达成刑事强制措施之人身保全的目标。公民的行为自由会以行动时间和行动空间的自主性表现出来，所以人身性刑事强制措施针对公民行为自由实施限制时针对的也是公民的行动时间和行动空间。在这个意义上，公民于宪法上所享有的自由权以及民法上所享有的一般人格权中与公民行动相关的具体权利也会成为刑事强制措施干涉的客体。例如，迁徙自由即为其中的典型权利。虽然，权利理论中的迁徙自由在形式上没有采用人身自由的表达方式，但是该权利属于会对公民的行动直接产

---

① 参见张红：《基本权利与私法》，法律出版社2020年版，第73页。
② 参见王利明：《民法总则》，中国人民大学出版社2017年版，第255页。
③ 王利明：《人格权法研究》，中国人民大学出版社2005年版，第398页。
④ 参见王道发：《私法视角下的人身自由权：限制与保护》，载《河南财经政法大学学报》2016年第5期，第54页。

生影响的权利类型，故而属于刑事强制措施直接干涉的客体。如果从广义上理解公民的迁徙自由，即公民有从某一地区自由前往另一地区的权利，那么，《刑事诉讼法》第 71 条中关于"被取保候审者未经执行机关批准不得离开所居住的市、县"的规定显然属于对这一权利类型的干涉。另一方面，如果公民的行为自由受到了限制，则在司法实践中的多数情况下就会不可避免地导致该公民的竞争自由等其他意义上的自由同样受到限制，即该公民在特定时间段内将无法从事有关自身发展、竞争等事项的社会活动。但是，这属于公民行为自由受到限制后所产生的附带效果，其并非刑事强制措施直接干涉的自由权的内容。因为根据刑事强制措施所具有的实践功能和制度目的，该措施旨在通过控制公民人身的方式实现人身保全的目标。对公民的经济自由等其他人身自由进行限制并不能对此目标的达成提供帮助，反而可能在实践中滋生一些不当的执法现象。

概言之，刑事强制措施与人身自由权之间发生冲突的场域主要在于公民的行为自由，主要使用的方法是限制公民行动的时间和空间，而经济自由等其他层面的自由虽然不可避免地会与刑事强制措施的实施产生交集，但是它们并非刑事强制措施的直接干预对象。明确此点的意义在于：其一，有助于根据特定措施对公民行为时间和行为空间之干涉力度的强弱，在立法层面组合设置人身性刑事强制措施的类型及其证明标准。对此，《刑事诉讼法》已经形成了基本的体系构造，但是还有继续完善的空间。其二，有助于公安司法机关在司法实践中根据比例原则的要求把控短暂限制公民行为自由的强度，降低对公民人身自由权的侵损。其三，将行为自由作为刑事强制措施干涉公民人身自由权的本质意涵，有助于我们关注与公民行为自由相关的其他具体权利，其中十分重要的就是公民的迁徙自由。因为在当前司法实践中，随着我国与域外其他国家之间的交往日益频繁，涉嫌犯罪的公民更容易通过离境的方式躲避追查乃至于在他国定居而不再归国，严重影响案件的正常办理，故而边境控制在刑事案件办理过程中的运用频率逐步上升。从基本权干预的视角来看，虽然该措施干预的权利对象难以直接表述为人身自由权，但是其可以被评价为属于对公民行为自由的干涉而存在纳入到人身性刑事强制措施类型体系之中的合理性。

二、干涉人身自由权的刑事强制措施的类型完善

就我国刑事强制措施制度的改良逻辑来说，有论者认为可以首先尝试完善人身性刑事强制措施的类型，而后再逐步扩大类型范围。① 对此，从目前的刑事强制措施体系来看，逮捕等五种措施均属对人身自由权之干预故不再赘述，在此主要讨论笔者拟增加的其他三种干预人身自由权的刑事强制措施。

（一）传唤犯罪嫌疑人

从法律规定上看，"拘传是《刑事诉讼法》规定的强制措施之一，而在拘传之前，警方还有传唤的权力，传唤实际上也应视为强制措施，因为被传唤者有到场义务，且一般不准代理，甚至除犯罪嫌疑人之外的证人和家属亦可成为传唤对象。"② 作为一种可以要求特定自然人到达指定地点接受讯问的措施，传唤在实践中的应用频率较高，滋生了"强攻式传唤"等不规范、不科学的传

---

① 参见郭烁：《新刑诉法背景下的强制措施体系》，载《政法论坛》2014年第3期，第58页。
② 邓子滨：《刑事诉讼原理》，北京大学出版社2019年版，第330页。

唤形式，最典型的案例便是1998年发生在贵州省的陆某某案件。①可见，传唤在刑事侦查实践中被公安机关作为一种前置性措施来使用，对公安司法机关办理刑事案件而言十分重要，值得我们关注。

从概念上说，传唤是指"公安机关通知不需要拘留、逮捕的犯罪嫌疑人自行按照指定时间到达指定地点接受讯问的一种法律措施"②。在侦查学理论上，它属于一种具有强制到案功能的侦查措施。从传唤的实际效果上看，传唤虽无直接强制力但有命令的性质，被传唤人接到该命令后负有到案义务，否则将受到行为强制。实践中，公安机关对被传唤之后无正当理由拒不到案的犯罪嫌疑人会采取拘传措施，故而传唤一般具有间接强制性。③可见，传唤是一种在不使用物理强制力状态下要求犯罪嫌疑人到达指定地点的措施。因此，有的观点认为被传唤到案的犯罪嫌疑人的人身自由并未受到干预，传唤不具有刑事强制措施的属性。④然而，笔者认为传唤虽不附带存在物理强制力，但其依然关涉公民人身自由权。理由在于：公安司法机关对公民人身自由权实施的限制不应仅局限于公民人身被物理强制力干预的场合，以无形力量导致公民于特定时间放弃对人身活动的自由支配状态者亦属干预人身自由权的行为。传唤作为公安司法机关针对被传唤人发布的一种命令，被传唤人知晓此命令后，其主观上会意识到命令的不可

---

① 参见谭耿：《从"强攻式传唤"看公安执法规范化建设》，载《湖北经济学院学报（人文社会科学版）》2021年第8期，第75页。

② 黄文忠：《正确认识刑事诉讼中的传唤措施》，载《中国检察官》2007年第10期，第33页。

③ 参见张玉镶主编：《刑事侦查学》，北京大学出版社2014年版，第148-149页。

④ 参见赖玉中：《刑事强制措施体系研究》，中国政法大学出版社2012年版，第156页。

抗拒性，如若不遵从该命令则将会产生严重的不利后果，故其必须在客观上做出与该命令相符合的行为以使得公权力的强制程度保持在现有较低水平。此即期待公安司法机关会因为自己在接到传唤通知后马上自愿到案接受讯问，而不进一步采取强制程度更高的措施。换言之，传唤措施在形式上虽然不具有物理强制力，且要求犯罪嫌疑人能够主动到案接受讯问。这一特点使得该措施从外观上看属于一种非强制的措施。但是，需要注意的是公安司法机关发布的传唤令具有要求公民必须配合的属性。如果公民不按照该要求执行，则可能导致严重的限制人身自由的不利后果。结合前述人身性刑事强制措施与人身自由权的冲突样态，传唤的适用属于对公民行动自由的一种干涉。该措施使公民在特定时间内只能前往特定地点接受讯问，对公民的人身自由权形成了客观的干预状态。[①] 同时，传唤在形式上是任意到案措施，但是公民一旦被传唤后，公安机关通常即对公民加以看管，故而传唤实质上也是限制人身自由的措施。[②] 因此，笔者提倡将传唤纳入重构后的人身性刑事强制措施体系予以规范。从比较法的视角来看，这种思路也存在合理性。

（二）堵截盘查

随着《刑法修正案（八）》将醉酒后在道路上驾驶机动车的行为作为犯罪行为处罚之后，我国正式进入了醉驾入刑的时代。在刑事实体法层面，这一修法活动的完成对我国打击醉酒驾驶机动车的行为提供了新的法律依据，有效减少了这类行为的发生，

[①] 参见马方：《刑事传唤制度刍议》，载《人民检察》2005年第23期，第40页。

[②] 参见周长军：《现行犯案件的初查措施：反思性研究——以新〈刑事诉讼法〉第117条对传唤、拘传的修改为切入》，载《法学论坛》2012年第3期，第25页。

对保护人民的生命和财产安全起到了重要作用。在刑事程序法层面，这一修法活动的完成也使得在公安机关发现醉驾犯罪嫌疑人过程中使用堵截盘查的频率进一步上升。这引起了不少程序法学者的关注，有论者就指出："我国在醉驾入刑之后，应当将查处醉驾的路检盘查明确写入刑诉法，不可再视其为行政措施。"① 同时，从这一措施的源起来看，其也经历了一个从无到有并逐步发展完善的过程。"在早期的普通法时期，国家承认在公共场所警察有任意拦阻及询问人民的权力。在公共场所，警察无须具备任何实质理由，有权任意拦阻人民并进行询问。这被称为有权讯问法则。随着社会的发展，这一措施逐步发展为对汽车的拦阻和调查并形成了相当理由的判断基准，以平衡警察权力和公民权利之间的冲突。"② 从比较法的视角来看，警察盘查制度作为发现和预防违法犯罪行为、维护社会安全稳定的一项重要制度，为各国或地区普遍运用。例如，英美法系国家的警察拦停与拍搜、大陆法系国家的盘诘措施、我国台湾地区的临检等都是其中适例。③ 可见，堵截盘查在理论上和实务中都具有较大的讨论价值。

从基本法关于公民基本权利的规定上看，《宪法》第 37 条"人身自由权"条款中的"禁止非法搜查公民身体"的内涵不应简单从语词上对应《刑事诉讼法》的搜查，而至少可以包括堵截盘查。从目的上看，《刑事诉讼法》上的搜查旨在发现公民与刑事案件有关之"物"，而非企图通过搜查来控制公民的人身自由。当然，单纯的搜查也达不到限制人身自由的效果。同时，《刑事诉讼

---

① 邓子滨：《刑事诉讼原理》，北京大学出版社 2019 年版，第 352 页。
② 王兆鹏：《路检、盘查与人权》，元照出版有限公司 2003 年版，第 94-96 页。
③ 参见杨曙光：《比较法视野下的警察盘查行为》，载《山东警察学院学报》2017 年第 1 期，第 40 页。

法》第138条还规定了附属于逮捕和拘留的无证搜查，更说明了搜查并非以干预人身自由权为目的。因此《宪法》第37条中的"非法搜查公民身体"不能等同于《刑事诉讼法》中"搜查"的概念，不应由于《宪法》第37条的个别用语便将《刑事诉讼法》中的搜查划归为干预人身自由权的刑事强制措施。至于搜查在刑事强制措施体系中的归属为何，则留待后文论述，此处不赘述。从刑事强制措施干预基本权的属性出发，《宪法》第37条上以干预公民人身自由权为出发点的"搜查"应当被理解为刑事侦查措施中的"堵截盘查"。从概念上说，堵截盘查是指警方在道路上对车和对人的拦截检查，或在机场、车站和码头等处对人的身份进行查验，并对身份、形迹可疑者进行盘问，附带搜查人身、汽车，检查甚至扣押随身或车载物品，对有重大嫌疑者实施留置的专门措施。① 需要说明的是，"就盘查法制的实质内涵而言，警察盘查的目的是达致防止社会危害（尤其是预防犯罪）或者侦查犯罪的任务。"② 可见，盘查的时点可能在刑事案件立案之前也可能在刑事案件立案之后，前者主要目的在于预防犯罪，后者主要目的在于侦查犯罪。笔者认为，以预防犯罪为目的的盘查具有显性的行政强制属性和隐性的刑事强制属性，以侦查犯罪为目的的盘查具有刑事强制的属性。囿于篇幅和主题，本书仅限讨论具有刑事强制属性的以侦查犯罪为目的的盘查。

从规范观之，《人民警察法》第9条目前是公安机关运用堵截盘查时的主要法律依据。根据该条规定，堵截盘查具有以下特点。其一，堵截盘查的运用一般被分为两个步骤，即由警察堵截公民

---

① 参见邓子滨：《路检盘查的实施依据与程序监督》，载《法学研究》2017年第6期，第180页。

② 万毅，艾明，刘宁等：《盘查程序研究》，上海三联书店2015年版，第9页。

使其行动停滞之后再对公民实施盘问，进而判断其犯罪嫌疑。在特殊情况下，警察还会附带搜查公民身体或者车辆等可能藏有犯罪物的空间，进而查找非法物品。有论者也指出典型的警察盘查一般可以分解为截停、盘问和检查三种行为，截停即要求相对人停止行动，盘问即盘诘相对人相关问题或事项，检查包括检查身份和检视搜查相关区域，实践中的盘查往往表现为其中两种或三种行为的混合，这一措施实际上构成对人的扣押，涉及对公民自由的限制。① 从基本权侵犯的视角来看，这一过程属于对《宪法》第 37 条所规定之人身自由权的干涉，而特殊案件中的搜查则是附带于前二者的动作。这一附带措施也能够在语义上弥合《宪法》第 37 条关于"搜查公民身体"的语义表达。其二，警察进行堵截盘查时针对的对象一般不具有特定性。众所周知，公安司法机关在实施拘传等五种刑事强制措施时的对象具有特定性。但是，警察在适用堵截盘查时针对的对象并不特定。根据《人民警察法》第 9 条的规定，一线办案民警往往根据经验判断特定对象是否"有违法犯罪嫌疑"，如果存在这一情况则可以针对任一公民随时实施堵截盘查。② 从这个角度上说，堵截盘查的适用频率高于目前其他五种人身性刑事强制措施的适用频率。其三，从效果上说，堵截盘查和目前其他五种人身性刑事强制措施一样会对公民的人身自由实施限制，且最高可达到 48 小时之久。关于这一点，《人民警察法》第 9 条进行了规定。这一时间超过了作为刑事强制措施之一的拘传最高可以达到的 24 小时。可见，盘查会干预公民的行动自由，是干涉公民人身自由权的强制性行为。这种特性使之

---

① 参见郑曦：《论警察的盘查权》，载《行政法学研究》2012 年第 4 期，第 60 页。

② 参见顾敏康：《逮捕、搜查与扣押的宪法问题：美国的经验教训》，法律出版社 2009 年版，第 44 页。

对公民基本权利构成了实质性威胁。① 因此，笔者提倡将堵截盘查纳入重构后的人身性刑事强制措施体系予以规范。

（三）边境控制

在基本法层面，除了非法的逮捕、拘禁和搜查之外，《宪法》第37条亦兜底规定禁止以其他方法非法剥夺或者限制公民的人身自由。而边境控制作为一种限制我国公民自由出境的刑事强制手段，干涉了公民的人身自由权的行使，应当属于刑事强制措施之一。

目前，边境控制在司法实践中不仅被应用于刑事诉讼程序，在民事诉讼程序中也多有应用。由于民事诉讼案件不存在由公权力机关把控的独立"侦查程序"，故往往直到人民法院审判环节乃至于执行环节才开始实施边境控制。不同于此，刑事诉讼中的边境控制时间跨度更长，对公民人身自由权的限制程度更高。具体而言，从概念上说，边境控制一般是指侦查机关为了抓捕犯罪嫌疑人，防止犯罪嫌疑人逃往境外，依法在边境口岸采取的阻止犯罪嫌疑人出境的一项紧急性侦查措施。② 对此，《出境入境管理法》第12条是该措施的法律依据，该条款明确规定我国公民属于刑事案件被告人或犯罪嫌疑人的则不准出境。同时，《公安机关办理刑事案件程序规定》第278条对该措施的运行作了进一步规定。从这些规定的内容来看，目前我国刑事诉讼程序中的边境控制措施的适用具有以下特点。其一，边境控制的审批流程主要由公安机关把控。一般来说，该措施的适用需要先经过县级以上公安机关的负责人审核之后，再层报给省级的公安机关审批，才能在全国范围内实施边境控制措施。其二，在具体的执行环节，边境控制

---

① 参见万毅：《论盘查》，载《法学研究》2006年第2期，第130页。
② 参见马海舰：《刑事侦查措施》，法律出版社2006年版，第138页。

的执行机关主要是移民局等边防部门，由其对特定主体实施拦截和控制。其三，在规定模式层面，边境控制与前述的堵截盘查相同，二者都没有由《刑事诉讼法》规定，而是由《出境入境管理法》等法律或司法解释进行规定。这体现出了该措施在规范模式上的缺陷。

从实施效果上看，边境控制涉及对公民人身自由权中的迁徙自由的干涉。根据基本权理论，迁徙自由作为公民的基本权利而属于人身自由的范畴。以公民能否离境为根据，可以分为狭义和广义的迁徙自由：前者是指公民仅在本国范围内的自由迁移；后者是指公民不仅可以在本国内自由迁徙，还可以进行跨国的迁徙。① 结合前文对人身自由权内涵的表述，笔者认为边境控制主要干涉的是人身自由权中广义的迁徙自由，是对公民行动自由进行的暂时性约束措施。这一措施的适用对刑事侦查活动来说具有重要意义，且针对的对象一般是犯罪嫌疑人或被告人。但是，这并不能消解该措施对公民人身自由权实施干涉的客观效果。相反，正是因为该措施在实践中具有较大价值，所以才应引起刑事程序法理论研究的关注。在比较法上，我国台湾地区相关刑事诉讼规定考虑到限制出境对于人民出入国境之权利影响甚巨，故在2019年修改时将限制出境作为一种独立的刑事强制处分措施增加进了相关规定中。② 因此，笔者提倡将边境控制纳入重构后的人身性刑事强制措施体系予以规范。③

---

① 参见李兰香：《迁徙自由权视角下的限制出境制度分析》，载《西部学刊》2021年第2期，第72页。

② 参见吴巡龙：《限制出境新制》，载《月旦法学教室》2019年第10期，第28页。

③ 参见陈庆安：《我国限制出境措施问题研究》，载《政治与法律》2018年第9期，第144页。

第三节　针对财产权的刑事强制措施

"为避免利用法律概念构成规范所可能存在的机械化弊端，我们必须从功能的观点来认识、了解、演进法律概念，使之切于实际、臻于圆满。"① 人身性刑事强制措施归于刑事强制措施体系之中自属当然，而把干涉公民其他基本权利的强制方法也归于刑事强制措施之中则属于对刑事强制措施概念的演进。具体到本节，学界关于财产性刑事强制措施的类型探讨由来已久。在讨论2011 年《刑事诉讼法修正案（草案）》时就有研究者提出应当将查封、扣押、冻结等强制方法作为财产性刑事强制措施予以规制，尽可能减少相关主体因刑事诉讼活动带来的财产权益减损，以弥合当前我国社会经济高速发展的实际情况。② 尤其，因财产性刑事强制措施的设计势必关系到单位型诉讼主体的权益，故学界还将研究视角放在了以往人身性刑事强制措施研究没有关注到的"单位主体"的权益保障上。③ 在实践层面，最高人民检察院等机关发布的文件也体现出了财产性侦查措施的重要性。可见，将财产性侦查行为纳入刑事强制措施体系进行规制具有必要性。如前所述，自然人和单位均享有财产权，故刑事强制措施的干预对象包括自然人财产权和单位财产权。这种区分虽不至于使财产权含有的

---

① 黄茂荣：《法学方法与现代民法》，法律出版社 2007 年版，第 65 页。
② 参见曹云清，鄢俊：《应建立有中国特色的财产性强制措施》，载《江西警察学院学报》2011 年第 5 期，第 10-12 页。
③ 参见刘玫，董丽红：《试论单位犯罪的强制措施》，载《政法论坛》2001 年第 5 期，第 92 页。

"物权、债权和智慧财产权"①之内容被实质变更，然而因自然人和单位的根本属性和活动方式毕竟不同，导致刑事强制措施干预自然人财产权和单位财产权的手段存在差异，需在简述财产权与刑事强制措施之间的冲突模式的基础上分而述之。

一、刑事强制措施与财产权之间的冲突样态

在社会财富较少的时期，限制涉嫌犯罪的主体的人身自由是刑事侦查活动展开的主要方式，侦查取证也以获取嫌疑人的口供为主。随着我国市场经济的发展和社会财富的激增，刑事诉讼与公民财产权产生了大量交集。一般来说，财产权是公民对属于自己的财产所享有的权利。如前所述，虽然《宪法》于2004年修法时对公民的财产权进行了进一步的规定，但是，财产权作为基本权利的属性认定仍旧是宪法学界和民法学界存在争论的一个问题。然而，暂时撇开这种争论不谈，《民法典》已经明确了公民享有财产权及其具体内容，这本就是对我国公民权利体系的一种补充和完善。同时，从内涵上看，财产权是一种典型的在民事权利领域与基本权利领域具有相同内涵的权利类型。无论是英美两国还是德法两国，其都是首先在民法上发展出成熟的财产权理论和规范之后，才有宪法上的财产权立法，故宪法上的财产权概念也就自然地吸收了传统民法上的财产权的概念体系和构造方法。②因此，在描述刑事强制措施与财产权之间冲突的场合，可以在宪法原则性规定的基础上适当结合民法财产权的理论内容，以期对刑事强制措施干涉财产权的模式有

---

① 王泽鉴：《民法总则》，北京大学出版社2009年版，第69页。
② 参见张红：《基本权利与私法》，法律出版社2020年版，第85页。

更深入的认识,也进一步夯实笔者将干涉公民财产权的侦查手段纳入刑事强制措施类型体系的观点。

具体来说,刑事强制措施与财产权发生冲突的模式主要可以从以下两个方面来观察。一方面,刑事强制措施对公民财产权的干涉具体表现为对所有权的全面干涉。《民法典》第113条规定:"民事主体的财产权利受法律平等保护。"在民事权利理论上,财产权属于一种复合型权利,其既包括物权、债权、继承权,也包括知识产权中可以令公民获得财产性收益的那部分权利。因此,根据刑事强制措施的运行模式,我国刑事诉讼法领域经常言及的刑事强制措施对公民财产权的干预,主要是指对公民的对物所有权的干预。进而言之,从所有权的具体内容来看,其主要包括占有、使用、收益、处分这四个具体的权能。刑事强制措施不同于刑事实体法上的财产刑,故而前者虽然会在形式上暂时剥夺公民对特定物享有的控制或影响其他三项权能的正常行使,但是其不具有直接转移公民财产之完整所有权于国家的功能。在刑事诉讼判决作出之前,刑事强制措施对公民财产所有权实施的仅是限制活动而非处分活动。另一方面,刑事强制措施所干涉之财产权的权利主体包括个人和单位。从财产权的行使主体来看,个人和单位都是行使财产权的主体。换言之,个人和单位都在合法范围内享有财产权,只是权利的具体样态存在区别。在传统的刑事追诉程序中,自然人财产权保护的受重视程度较高。相比来说,单位的财产权保护则容易被公安司法机关所忽略。但是,近年来随着我国单位犯罪数量的上升,不少涉案单位的财产在审前程序中就受到了来自刑事强制措施的限制,极大地影响到了单位的正常运转甚至造成单位破产并引发社会群体性纠纷。例如,侦查机关在实践中如扣押了公司的账簿、财务资料以及合同、文书等,即使没有直接查封公司或暂时剥夺其营业资格,对公司来说,其营业活动也会受到限制而遭受经济损失。① 可见，刑事强制措施和单位财产权之间的冲突已经体现得较为明显，亟待从制度层面对该问题予以解决。

概言之，刑事强制措施首先干涉的是公民对物所有权中的占有权能，进而会附带影响使用、收益、处分这三项权能的实现。认识刑事强制措施与财产权之间的冲突模式的意义在于：其一，提高公安司法机关行使刑事强制措施时对所有权中的使用、收益、处分这三项权能的重视程度。以往由于我国经济发展水平尚低，财产流动频率不高，故公民个人和单位比较重视财产的占有权能的行使，以保持自身对特定物的占有状态为财产权实现的标志，而对使用、收益和处分权能的关注度则不算太高。但是，我国社会经济日益发展，财产的流动频率加快，公民个人和单位可以依托现有资源在相比于以往较短的时间内获得财富上的增值，因此所有权所涵盖的使用、收益、处分这三项权能日益受到我国公民个人和单位的普遍重视，它们是否可以被及时行使可能会直接关系到自身财产的增减状态进而影响财产权的实现，甚至可能和第三方之间产生连锁式的财务纠纷。因此，虽然这三项权能在效果上只是刑事强制措施附带影响的所有权权能，但是在实践中仍需对其保持相当程度的重视。其二，加大对涉案单位的合法财产的保护力度。与个人财产权所具有的独立性和单一性不同，单位财产权的享有状态不仅关涉单位本身的经营活动能否继续开展，还牵涉着与本单位有业务往来的其他个人和单位的财产权能否实现。因此，相比于涉案的个人来说，单位财产权如因刑事诉讼程序受到不当限制则可能引发更严重的后果。对于这种现象，最高人民

---

① 参见闫永黎：《财产权限制措施与财产权关系之分析》，载《贵州警官职业学院学报》2012年第5期，第108页。

检察院曾于2018年明确办理涉民营企业案件的11条执法司法标准,其中就提到了对民营企业慎用刑事强制措施的问题。时至今日,我国目前正在加快推动法治化营商环境建设,刑事司法程序的优化和转型更是其中的重要因素,各地不少相关文件也都提到了对单位慎用刑事强制措施的问题。我们从理论上厘清刑事强制措施和财产权发生冲突的模式,有助于我们进一步理解单位财产权的特殊性,为我国在未来从刑事司法制度层面进一步完善单位财产权保护机制打下基础。

二、干涉自然人和单位财产权的刑事强制措施

从各类干涉公民财产权的措施来看,部分措施对自然人和单位的财产权均会产生影响,这些措施主要包括查封、扣押和冻结。这三种措施目前都被作为刑事侦查措施对待,没有被纳入到《刑事诉讼法》构建的刑事强制措施体系之中。这种立法现状有必要进行改变。

具体而言,结合前述对财产权内涵的阐述,查封、扣押和冻结干预自然人和单位之财产权的样态主要是对物权中所有权的有效行使进行限制。"物权者,支配物之权利也。物权之本质,端在对于物为直接之支配。"[1] 其中,作为完全物权的所有权是最典型的物权,是其他各种物权的基石。所有权具有积极权能和消极权能,前者包括占有、使用、收益和处分;后者是指排除他人非法干涉。[2] 然而,所有权虽系公民之基本权利,其也会因"国民经

---

[1] 梅仲协:《民法要义》,中国政法大学出版社1998年版,第511页。
[2] 参见江平:《物权法教程》,中国政法大学出版社2011年版,第141-153页。

济、国防军备、风俗卫生等公益必要"①而受到限制。干预财产权的刑事强制措施即属对所有权的限制方式。有论者指出:"从对象和效果上看,涉案财物为不动产的,公安司法机关适用查封,不转移该不动产之占有;涉案财物为动产的,公安司法机关适用扣押,转移该不动产之占有;涉案财物为存款等特殊动产的,公安司法机关适用冻结,禁止其被支取和转移。"②可见,对于这三种措施来说,查封虽不转移物之占有,但公民财产如被查而封之,自然无法实现所有权所具有的使用、收益和处分权能;扣押既然需要将标的物自公民处转移至公安司法机关占有,则公民所有权的四项积极权能皆因脱离对标的物的实际控制而全部丧失,因此扣押对公民财产权的干预程度较高,实践中不乏因扣押程序缺乏完整规制导致公民的特定财产长期受限的案例;不同于查封和扣押,冻结的对象是存在于网络信息空间中的无形财产,故冻结并不关涉转移物之占有与否,其主要限制的是所有权的使用权能和处分权能,令公民无法自由操控网络信息领域中的无形财产。对于冻结来说,需注意者有二:其一,根据《刑事诉讼法》第245条第1款,冻结并不限制所有权的收益权能,即在财产被冻结期间,股票、债券、基金等无形金融财产仍会随市场变化而波动;其二,正是由于被冻结财产仍旧与市场保有联系,根据《公安机关办理刑事案件程序规定》第246条的规定,权利人有权在满足一定条件的情况下突破冻结对所有权之处分权能的封锁而将被冻结财产出售或变现,以保持其在市场中的应有价值从而在未来满足刑事判决的履行需要,但出售或变现后的财产仍处于冻结状态

---

① 梅仲协:《民法要义》,中国政法大学出版社1998年版,第525页。
② 曹云清、王震宇:《财产性强制措施研究论纲》,载《江西警察学院学报》2013年第5期,第15页。

不得再行使用或处分。我国社会经济水平不断发展，不论是自然人还是单位，都需要在社会活动中随时随地自由使用自己的财产从而及时高效地满足各类需求。因此，笔者提倡尽早将查封、扣押和冻结纳入刑事强制措施体系予以规范，以契合我国高速发展的经济态势。[①]

三、仅干涉单位财产权的刑事强制措施

除了以上对自然人财产权和单位财产权都会产生限制作用的三种措施之外，从比较法的视角考量，尚存在限制经营等仅干涉单位财产权的刑事强制措施。[②] 该条款被明确置于《法国刑事诉讼法》中有关"法人犯罪的侦查、起诉和审判"的各项规定之中，属于公权力机关办理涉法人刑事案件时的专门措施。对此，《德国刑事诉讼法》也有类似规定。[③] 可见，限制经营在域外刑事程序立法实践中已有尝试。

就我国目前的法律规定来看，限制经营不是《刑事诉讼法》及有关司法解释中的专门概念。与之类似的概念存在于《行政处罚法》第9条中，即有关"停产停业、暂扣或者吊销许可证、暂扣或者吊销执照"的规定。这些行政处罚种类在行政处罚法理论上属于资格罚的范畴。[④] 可见，我国目前尚未将限制单位经营能力的资格罚措施纳入刑事诉讼程序，而仅是在行政处罚制度中包含

[①] 参见翁怡洁：《我国刑事搜查、扣押制度的改革与完善》，载《国家检察官学院学报》2004年第5期，第61页。

[②] 参见余叔通，谢朝华译：《法国刑事诉讼法典》，中国政法大学出版社1997年版，第265页。

[③] 参见李昌珂译：《德国刑事诉讼法典》，中国政法大学出版社1995年版，第61页。

[④] 参见应松年：《行政处罚法教程》，法律出版社2012年版，第77-81页。

有类似措施。一方面，从司法实务观之，随着我国市场经济水平不断提高，单位犯罪在刑事司法实践中占有越来越大的比重。由于作为集体的单位组织不同于作为个体的自然人，公安司法机关只对嫌疑单位中的部分工作人员实施人身性刑事强制措施无法实现保全证据、控制犯罪等刑事强制措施之目的。例如，对于生产、销售、提供假药罪等经济犯罪而言，公安司法机关需要在判决作出之前就及时控制伪劣产品的生产、销售以及流通，以便将犯罪行为造成的侵害降到最低点。但是，刑事诉讼从立案到最终判决作出尚需要一定时间，导致公安司法机关在判决作出前缺乏法律明文规定的专门措施以控制涉嫌犯罪的单位的生产经营活动，难以真正达到刑事强制措施保全证据、控制犯罪蔓延的效果。另一方面，从理论考量，经营权是以法人为主的各类单位赖以生存的必需权利，限制经营措施的实施如果不能被有效规范，则会在刑事诉讼实践中给法人等单位主体造成财产损失，产生不利影响。尤其，刑事诉讼领域的限制经营较之于行政处罚领域的类似手段的强制程度更高，若只是考虑到方便公安司法机关处理单位犯罪时的客观需要而忽视单位经营权的保障，则将偏离刑事强制措施之保障基本权的功能。正如有论者指出，宪法意义上的财产权已经从第一代财产权过渡到了第二代财产权甚至是第三代财产权，这要求刑事诉讼中的财产性刑事强制措施制度作出回应，其中就包括对被追诉主体相关资格的限制。① 因此，笔者提倡未来立法应增加限制经营等专门干涉单位财产权的刑事强制措施，以充实我国的刑事强制措施类型体系。

---

① 参见万毅：《刑事诉讼中被追诉人财产权保障问题研究》，载《政法论坛》2007年第4期，第69页。

第四节　针对隐私权的刑事强制措施

隐私权是现代社会公民的一项基本权利，干涉隐私权的刑事强制措施理应被纳入刑事强制措施体系予以对待，进而"促使国家在公法领域尊重与保护个人隐私，防御公权力对个人隐私的侵犯"①。尤其，当前我国的刑事侦查技术水平不断提高，大数据侦查、大规模监控等措施层出不穷。这些措施在给公安司法机关的案件办理活动提供便利的同时，给公民的隐私权保护带来了挑战，在司法实践中也存在侦查人员使用非法搜查措施进入公民房屋的案例。因此，有的研究者所提出的"未来立法应构建与人身性强制措施并行的财产性强制措施，二者共同组成刑事强制措施体系"②的观点没有观照到人身自由权和财产权之外的其他权利类型。即使仅从刑事强制措施类型扩大化的角度去理解刑事强制措施体系化，这种观点也难称完善。从比较法的视角以及公民基本权利理论的内容来看，我国刑事诉讼程序中目前存在的干涉公民隐私权的各类侦查措施应纳入刑事强制措施类型之中。对此，目前在刑事诉讼中关涉公民隐私权的措施主要包括搜查、技术侦查与身体检查。有鉴于此，笔者将在描述刑事强制措施与隐私权之冲突样态的基础上，对隐私性刑事强制措施的类型构建提出建议。

---

①　朱福惠：《被害人个人隐私信息保护的理论证成与体系化建构》，载《国家检察官学院学报》2019年第3期，第70页。

②　曹云清，王震宇：《财产性强制措施研究论纲》，载《江西警察学院学报》2013年第3期，第10页。

一、刑事强制措施与隐私权之间的冲突样态

从隐私权的理论研究态势来看，相比于权利外观明显的人身自由权和财产权来说，隐私权的权利外观略显模糊。在实际生活中，我国公民长期以来对何为自己的隐私权以及隐私权究竟在权利外观上有什么具体表现等问题不甚明了。因此，隐私权一直以来在我国公民的基本权利类型体系中都处于一个较弱势的地位。但是，随着现代科学技术的不断发展，公安司法机关的刑事执法技术水平也在不断提升，由此导致公民的隐私权相比于以往更容易在刑事诉讼程序中陷入被干涉的境地。在这种背景下，我国公民的隐私权意识逐渐觉醒，对自己个人信息或个人空间的安宁性和保密性的要求不断提高，进而开始在刑事诉讼程序中重点关注自己的隐私权保障问题，学界关于刑事强制措施与隐私权之间冲突模式的探讨也逐渐增多。

"对于基本权利内涵的掌握，有助于了解国家干预行为与人民基本权利的关系。而由于侵害行为的构成以存在可供侵害的客体为前提，故确立基本权利的外延乃是判断其是否受到侵害的前提条件。"① 从隐私权的概念上看，隐私权的内容虽然比较宽泛，但是它作为一项具体人格权，其内涵也具有相对的确定性而不能无限制扩张以致涵盖所有的人格利益保护。② 在规范上，《民法典》第1032条对该权利的具体内容作出了列举式规定，其中的"私密空间"和"私密信息"的概念内涵比较明确而易于把握，但是该

---

① 李建良：《基本权利理论体系之构成及其思考层次》，载《人文及社会科学集刊》1997年第1期，第56页。

② 参见王利明：《隐私权概念的再界定》，载《法学家》2012年第1期，第112页。

条所提及的"私密活动"的范围过于宽泛。从文义解释的角度看,私人所从事的一切民事行为、非民事行为均可以纳入到"私密活动"的范畴,隐私只能涉及其中有关人格利益部分的内容,其内容通常是相对较为狭窄的。因此,结合该条法律规定,从理论上看隐私权可以被归纳为自然人享有的私人生活安宁与私人信息秘密依法受到保护,不被他人非法侵扰、知悉、搜集、利用和公开的一种人格权,在内容上可以分为"独处的权利或称生活安宁"和"保有秘密的权利或称私人秘密"两个主要部分,前者是指自然人对于自己的正常生活所享有的不受他人打扰、妨碍的权利,后者是指个人的重要隐私,其涵盖的范围很宽泛,包括了个人的生理信息、身体隐私、健康隐私等内容。[①] 据此,刑事强制措施与隐私权之间的冲突也是从这两个方面展开的。一方面,刑事强制措施会干涉公民的生活安宁。这主要表现为其对公民各类私人空间的侵入。这里所说的私人空间主要是指个人的隐秘空间,权利主体在私人空间中能够按照自己的意志从事或不从事某种与社会公共利益无关或无害的活动,不受他人的干涉、破坏或控制。[②] 在内容上,私人空间不仅指的是公民的住宅等受私人支配的有形空间,还包括银行账户、网络聊天、电话通信等受私人支配的无形空间或者虚拟空间。[③] 公安司法机关通过特定方式进入这些空间之中,进而了解公民在这些空间中已经呈现出来的行为活动、物品状态等情况,或者是实时获得公民在这些空间中正在做出的行为

[①] 参见王利明:《隐私权概念的再界定》,载《法学家》2012年第1期,第115-118页。
[②] 参见张莉:《隐私权的内涵分析》,载《中国司法》2007年第9期,第96页。
[③] 参见陈玉梅:《隐私权的内涵略论》,载《求索》2008年第11期,第140页。

活动。这种办案模式显然属于对公民隐私权中"生活安宁"的干涉。另一方面,刑事强制措施会干涉公民的私人秘密。这主要表现为其对公民各类私人信息的探知。在隐私权的语境下,私人信息主要指的是那些不属于公共领域而公民本人不愿意予以公开的各类信息。基于这些信息所具有的隐私属性,公民往往会努力保持这些信息与外界的隔绝状态而不令其为外界所知。与此相反,公安司法机关为了在刑事案件中达到获取证据的目的,需要使用刑事强制措施来探知这些信息的内容进而帮助案件的办理。可见,相较于前述干涉财产权的刑事强制措施的行使目的主要在于实现对物的控制,干涉隐私权的刑事强制措施的行使目的则主要在于实现对私人信息的获取。

概言之,刑事强制措施与隐私权之间的冲突主要表现在对公民生活安宁或私人秘密的干涉这两个方面。厘清此点的意义主要在于:第一,将实践中依托侦查技术不断出现的新的侦查手段以隐私权为通道纳入刑事强制措施类型体系中。目前,大规模监控、大数据侦查等新型侦查手段层出不穷。从外在形态上看,这些侦查行为难以和传统的人身自由权或财产权对应起来。因此,如欲将这些措施纳入刑事强制措施类型体系,则需要在基本权利理论上寻找新的依托。通过探讨隐私权和刑事强制措施之间的冲突模式,可以明确新型侦查手段与基本权利体系之间是存在对应关系的。这有利于我们在未来建构更为完整的刑事强制措施类型体系。第二,有利于在新的技术背景下加大刑事司法制度对公民基本权利的保护力度。"个人电脑、智能手机、网络存储都包含了大量的电子数据,在现代科技不断进步的当下,这些电子数据都成为警方破获刑事案件的重要证据来源……因此,在电子科技如此发达的今天,伴随着大数据时代的到来,公民的隐私变得愈加的脆弱。"① 就我国的刑事强制措施制度来说，技术的不断升级正令刑事强制措施干涉公民基本权利的程度逐步加深。将干涉隐私权的各类措施纳入刑事强制措施类型体系中的尝试正是发挥隐私权之对抗作用的前提，有助于在立法上针对这些措施的行使作进一步规范，进而在司法上提高对隐私权的保护力度。

二、干涉隐私权的刑事强制措施的类型完善

除了公民的人身自由权和财产权之外，隐私权是另外一个值得刑事强制措施体系予以关注的权利类型。同财产性刑事强制措施的立法模式相同，我国目前刑事诉讼程序中干涉公民隐私权的措施也被置于侦查行为体系中，主要包括搜查、技术侦查和身体检查三种。这三种侦查措施都涉及对公民隐私权的干涉，宜纳入到刑事强制措施体系之中作为隐私性刑事强制措施予以规范。

（一）搜查

一方面，从概念上说，搜查指的是侦查人员依法对犯罪嫌疑人以及可能隐藏罪犯或者犯罪证据的人的身体、物品、住处和其他有关的地方进行搜索、检查的一种侦查行为。② 与查封、扣押和冻结这三种干预财产权的刑事强制措施不同，搜查无法令公安司法机关实现对涉案财物的控制，其目的只在于令公安司法机关能够通过该手段发现涉案财物。在公安司法机关不能明确所需查封、扣押者为何物时，搜查能够成为帮助其发现该物的手段，但这无法直接令公权力机关占有该物。在公安司法机关搜查之后发现涉

---

① 屈舒阳：《我国刑事有证搜查制度之反思——从苹果"叫板"FBI 事件说起》，载《上海政法学院学报（法治论丛）》2017 年第 1 期，第 137-138 页。
② 参见洪浩：《刑事诉讼法学》，武汉大学出版社 2019 年版，第 288 页。

案财物的场合,才得以使用干预财产权的各类刑事强制措施暂时控制财产。质言之,搜查的本质在于发现而非控制。从比较法的视角来看,日本刑事诉讼法上"搜查令状和查封令状多以搜查、查封许可的形式在一起签发"①的规定就体现出了搜查和查封的联系和区别。在日本刑事诉讼实践中,搜查在大部分场合乃是查封的前置手段,即侦查机关需要通过搜查以确知物之所在而明确查封标的为何。搜查的功能止于发现物品而非控制物品,故其干预射程亦停止于公民的隐私权而非财产权。质言之,搜查干预的公民基本权利类型为隐私权。另一方面,从搜查的具体执行方式上看,其也具有干预公民隐私权的特点。以干预隐私权之私密活动内容的人身搜查为例:"人身搜查的具体方法是拍摸、翻动被搜查人的衣领、胸、腰、腹等部位……对被搜查人的身体、衣着的各个部位及其携带物品逐一进行仔细搜检,如鞋帽、发间、两腋、前胸、后背、上下肢、臀部、裆部……"② 无疑,公务人员对公民实施的搜查行为会引发公民生理层面和心理层面的强烈不适感和巨大羞耻感。③ 从司法实践来看,这是公安司法机关在对个人执行搜查活动的过程中难以避免的结果,因此搜查措施应当被纳入干涉隐私权之刑事强制措施的范畴,未来立法应将搜查纳入刑事强制措施体系以作规范。④

另外,值得注意的是随着侦查技术科技水平的不断提高,采

---

① [日]田口守一:《刑事诉讼法》,张凌、于秀峰译,中国政法大学出版社 2010 年版,第 69 页。
② 张玉镶主编:《刑事侦查学》,北京大学出版社 2014 年版,第 144 页。
③ 参见陈玉梅:《隐私权的内涵略论》,载《求索》2008 年第 11 期,第 139 页。
④ 参见周继业:《对物的强制措施的规范化分析》,载《人民司法》2009 年第 3 期,第 65 页。

用电子或者数字化方式从某个储存器中获得隐私性信息已经成了公安机关取证的一种常见方法。这种情况不仅发生在我国,侦查技术水平本就较高的美国刑事司法实践中早已出现了类似案例,并引发了美国最高法院对宪法第四修正案中"搜查"概念的全新探讨。① 笔者认为,这种针对犯罪嫌疑人或被告人以及案外人的个人数据进行电子化采集的手段在解释论上可归入搜查的内涵中,属于干涉公民隐私权的刑事强制措施之一。当然,在我国的立法背景下,这一措施一般被归属于技术侦查的范畴而暂时不需被直接作为搜查对待。但是,域外法上的这一实践现状能够从法解释层面帮助我们进一步认识搜查作为公民隐私权之干涉措施的属性。

(二) 技术侦查

技术侦查是刑事侦查技术水平提高后的产物。根据《公安机关办理刑事案件程序规定》第264条的规定,技术侦查并不是一个单独的措施而是数种技术性措施的总称。据此,有论者指出技术侦查是指公安机关、人民检察院根据侦查犯罪的需要,在经过严格的批准手续后,运用技术设备收集证据或查获犯罪嫌疑人的一种特殊侦查措施。② 可见,技术侦查主要是指不同环境下的监控型措施。例如,其中针对通信进行监控的措施在刑事侦查学上被称为秘密监听,也可被称为电子监听、侦听、窃听、秘密录音,

---

① 例如,在卡平特案中美国联邦最高法院就裁定警方从通信服务运营商那里获取的手机基站定位信息的做法,属于联邦宪法第四修正案中的"搜查"行为,需要搜查证。这是联邦最高法院首次将第四修正案的保护范畴拓展到了手机定位数据上,也是其面对数字信息时代刑事侦查涉隐私权保护议题作出的首个裁决。参见朱嘉珺:《数字时代刑事侦查与隐私权保护的界限——以美国卡平特案大讨论为切入口》,载《环球法律评论》2020年第3期,第41页。

② 参见陈光中主编:《刑事诉讼法》,北京大学出版社、高等教育出版社2013年版,第300页。

一般是指侦查机关未经通话当事人许可,秘密采用技术侦查手段如窃听器等获取与犯罪有关的言词信息的一种秘密侦查措施。① 有论者就以其中的监听为例,指出监听是一种严重侵犯公民基本权益的强制处分,属于技术侦查手段的一种。② 刑事程序法如何规制监听、监视等手段,体现出了刑事诉讼法的品质高低,如果能够在《刑事诉讼法》中规定这些事项,则代表诉讼法地位的提升。③

从实际效果来看,不同于其他需要接触适用对象的刑事强制措施,技术侦查不需要与被监控对象直接发生物理接触,公安司法机关与被适用技术侦查对象之间的空间距离可以被技术手段消除,进而对公民的各类私人信息实现跨空间的干预。"科技侦查措施是在相对人不知情的情形下秘密进行的,其因为揭露了相对人所在位置等资讯而构成了对公民资讯自主权的干预。"④ 值得注意的是,随着监控技术的不断发展,公安机关在刑事侦查实践中已经开始大量使用不同于传统监控手段的大规模监控措施。这是一种随着计算机技术、电子技术、大数据技术的发展而出现的针对不特定社会公众的高科技监控手段,如公共场所视频监控、网络信息监控、通讯基本信息监控、手机软件用户信息监控等。大规模监控的运用使侦查由被动性、调查性、回溯性、对象特定性侦查向主动性、预防性、即时性、对象非特定性侦查过渡。⑤ 质言之,传统技术侦查中的各类监控手段主要针对涉嫌犯罪的犯罪嫌

---

① 参见马海舰:《刑事侦查措施》,法律出版社2006年版,第381页。
② 参见李明:《监听性质辨析》,载《中国刑事法杂志》2005年第1期,第73页。
③ 参见邓子滨:《刑事诉讼原理》,北京大学出版社2019年版,第360页。
④ 林钰雄:《科技侦查概论(上)——干预属性及授权基础》,载《月旦法学教室》2021年第2期,第48页。
⑤ 参见纵博:《侦查中运用大规模监控的法律规制》,载《比较法研究》2018年第5期,第82-84页。

疑人或被告人，具有明确的指向性。而大规模监控更接近于一种"防患于未然"的预防性措施，其监控对象远远广于传统监控手段所涉人员而辐射到全社会范围。由此侦查手段不再是一种为了打击犯罪而实施的事后强制措施，转而成为一种为了制止犯罪而实施的事前强制措施。这对于抑制刑事犯罪而言确是有益之举。然而，由于大规模监控目前基本由公安机关进行内部规范，尚未纳入《刑事诉讼法》的调整范畴，故其干预公民隐私权的弊端将被不断放大。由是观之，笔者提倡将此新型技术侦查措施与各类传统型技术侦查措施均纳入刑事强制措施体系予以严格规范。

除此之外，值得注意的是大数据侦查的定位问题。目前，随着 2019 年 6 月我国工业和信息化部发布了 5G 商用牌照，我国正式进入了 5G 时代，这也催生出了与 5G 技术运用相匹配的新型侦查模式即大数据侦查。在刑事领域的警察活动中，我们的个人数据普遍以各种形式被留存下来，其中有的为政府所拥有，有的为私人企业所拥有，有的在我们自己的掌控下，而这些数据对公权力机关来说则充满了价值。① 对此，学界立足当前法律规定展开了讨论。有论者指出大数据侦查和传统侦查手段应统一看待，宜将之纳入现有强制性侦查措施即侦查行为体系中进行规制。② 还有论者指出大数据侦查不属于技术侦查手段，不应当纳入传统侦查行为体系而应该作为一种新兴措施独立规制。③ 可见，如何看待大数据侦查在刑事强制措施体系中的位置是一个值得思考的问题。对

---

① Christopher Slobogin, *Policing, Databases, and Surveillance*, Criminology, Criminal Justice, Law & Society, Vol. 18：70, p. 70-71（2017）.

② 参见胡铭，龚中航：《大数据侦查的基本定位与法律规制》，载《浙江社会科学》2019 年第 12 期，第 16 页。

③ 参见程雷：《大数据侦查的法律控制》，载《中国社会科学》2018 年第 11 期，第 167 页。

此，笔者认为由于大数据侦查的模式多种多样，"同时涵盖物理空间和虚拟空间且和搜查、调取证据、监控等措施均存在重叠之处，"①与其说大数据侦查具有独立的特点，不如说其是基于大数据技术的发展对传统侦查措施的升级改造，因此未来立法不宜将大数据侦查作为一种专门的刑事强制措施予以规定，而只需要在司法实践中基于传统刑事强制措施的规定对大数据侦查措施进行合理适用即可。

（三）身体检查

虽然，我国刑事犯罪在网络时代呈现出较强的信息化趋势，但是在不少传统犯罪中，公安司法机关仍旧需要大量使用身体检查措施去提取证据。一般来说，"刑事诉讼中的身体检查指的是公安司法机关在刑事诉讼程序中为了查明案件事实或收集证据，而对被追诉人及相关第三人的身体进行查看或提取某些物质从而审查、判断案件有关事实的行为。"② 在比较法上，我国台湾地区学者指出，身体检查处分是各国追诉实务经常使用的强制干预手段，是目前各国立法中少数会直接造成公民身体上的生理痛楚的合法干预手段，由于开刀等某些身体检查方式带有高度危险性，因而在部分案件中身体检查对基本权干预的严重程度甚至会超过羁押。③ 可见，虽然从形式上看身体检查的强制程度可能不及逮捕等人身性刑事强制措施，但是在司法实践中该措施能否被合理适用依然与公民之基本权息息相关。

---

① 朱嘉珺：《数字时代刑事侦查与隐私权保护的界限》，载《环球法律评论》2020年第3期，第54-55页。
② 杨雄：《刑事身体检查制度的法理分析》，载《中国刑事法杂志》2005年第2期，第77页。
③ 参见林钰雄：《从基本权体系论身体检查处分》，载《台湾大学法学论丛》2004年第3期，第150页。

在规范上，《刑事诉讼法》第 132 条对身体检查措施的运用作出了原则性规定。根据该条规定，通说指出人身检查是指为了确定被害人、犯罪嫌疑人的某些特征、伤害情况或者生理状态，对其人身进行检查，提取指纹信息，或者采集血液、尿液、汗液、精液、唾液以及毛发、气体等生物样本的一种侦查活动。[①] 参照我国台湾地区刑事诉讼强制处分理论对身体检查的分类，《刑事诉讼法》上的人身检查处分也可以被分为"单纯的检查处分与侵犯性的检查处分"[②]。前者包括对公民的人身直接进行检查或提取指纹信息，例如检查犯罪嫌疑人手臂上的抓痕；后者包括采集血液等生物样本，例如采集犯罪嫌疑人或被告人血液样本以供比对。比较来看，单纯的身体检查处分旨在获取身体外部痕迹，故干预公民基本权的程度较低，侵犯性的身体检查处分旨在使用技术手段达到使血液等人体生物样本与人体本身分离的效果，并保存从人体内部分离出来的生物样本以作为判断案件事实的证据材料，故干预公民基本权的程度较高。虽然，二者干预基本权的严重程度明显不相同，但是从理论上说不论是哪一种身体检查都旨在获取公民的身体信息而非对公民的身体本身进行限制，因而一般不涉及对公民人身自由权的干预。由于通过指纹、血液等载体表现出来的身体信息属于公民个人隐私的范畴，因此身体检查措施主要干预的基本权类型应为公民的隐私权。正如我国台湾地区学者所指出的，包括 DNA 检测技术在内的各类身体检查措施都向国家机关透露了公民个人所有的深层隐私，其中包括公民及其近亲属那些不为外人所道的遗传特质和生理缺陷，国家借由这些措施几乎

[①] 参见陈光中主编：《刑事诉讼法》，北京大学出版社、高等教育出版社 2013 年版，第 291 页。

[②] 林钰雄：《刑事诉讼法（上册）》，中国人民大学出版社 2005 年版，第 331-333 页。

等于掌握了上帝发给被告的身份证,这是对公民隐私权和资讯自我决定权的严重侵犯。① 需要注意的是,身体检查和搜查应属两种不同的刑事强制措施。虽然,二者在形式上都涉及以犯罪嫌疑人或被告人、第三人为对象实施搜索。但是,身体检查属于对公民身体的入侵性措施,其目的在于对公民身体本身实施采集或检验。与之不同,对人身实施的搜查则是由执法人员在公民身体表面或随身衣物中寻找实物证据,并不涉及对公民身体的强制侵入。所以,基于二者对相对人的干涉程度的显著区别,德国法对搜查和身体检查规定了不同的授权要件、发动要件和执行方式。②

综上所述,在我国公民权利意识不断提升的当代,以公民基本权利体系和民事权利体系为基础重构我国刑事强制措施之类型体系的理论尝试,有利于进一步从制度上规范公安司法机关在刑事诉讼中的强制行为,防范犯罪嫌疑人或被告人以及其他诉讼参与人甚至是案外人的各类基本权利遭到恣意张扬的公权力的违法侵入,使缘起于干预公民基本权的刑事强制措施能够在制度的终点尽量消解其原罪,为保障我国公民基本权利作出刑事诉讼程序上的努力。同样重要的是,引入宪法基本权利体系和民事权利体系的尝试,不仅将前者拉入了刑事司法实践的视野从而缓解了其在司法层面长久以来参与感不强的尴尬状态,显示出了我国宪法基本权利体系的司法潜力、活力与能力,同时,这还将后者的宪法功能从静态的立法推演层面上升到了动态的刑事司法运行层面,弥补了民事权利的宪法功能长期以来持续静态化表达的缺憾,彰显了民事权利的宪法功能在公法领域司法实践层面的独特价值,

---

① 参见林钰雄:《从基本权体系论身体检查处分》,载《台湾大学法学论丛》2004 年第 3 期,第 176 页。
② 参见杨雄:《刑事身体检查制度的法理分析》,载《中国刑事法杂志》2005 年第 2 期,第 77 页。

令其真正从法律规范成为可以在公法性司法活动中得到具体运用的公权力守则。这点是旨在解决私权利纠纷的民事诉讼程序所无法完成的，而旨在于刑事诉讼活动中处理国家公权力与公民私权利间具体关系的刑事诉讼程序，却可以令宪法基本权利体系与民事权利之宪法功能真正在公法性司法活动中发挥出保障公民私权利不受公权力非法干预的应有作用。可见，宪法基本权利与民事权利之宪法功能是重构刑事强制措施体系至关重要的因素，二者借助于刑事强制措施本身的司法动态性特点亦获得了新的理论增长点与实践生命力。由此，《宪法》之基本权利、《民法典》之民事权利、刑事强制措施类型体系三者之间形成了良性互动，完成了"基本权利体系＋民事权利体系＝刑事强制措施类型体系"的制度拼图。质言之，从内在维度上说，我国应形成由公民的人身自由权、财产权和隐私权为基础的刑事强制措施之类型体系，进而在未来实现刑事程序立法对我国公民基本权利更为全面的保护。当然，从体系研究的方法上说，虽然组成体系之分子的收集必须求全，即在建构法律体系时至少应考虑人类已经认知的一切相干的经验，以使所建构之体系能够包含法律秩序之全部，但是这种体系事实上不曾存在过，其不是一个事实而只是一个理念。[①] 因此，目前基于我国公民基本权利体系中的三项基本权利构建起的刑事强制措施类型体系同样可能会随着未来刑事诉讼立法活动和司法实践的深入而发生变化，以使刑事强制措施的类型划分慢慢趋于合理与完整。从研究思路上说，在从内在维度对我国刑事强制措施基本类型进行完善之后，后文则需要以此为基础再从外在维度对刑事强制措施体系继续予以完善。

---

① 参见黄茂荣：《法学方法与现代民法》，法律出版社 2007 年版，第 564 页脚注 1。

第六章　我国刑事强制措施的要件确立

在从内在维度对刑事强制措施的基本类型进行了体系化构建之后,从体系化的外在维度来看,刑事强制措施的适用要件包括证明要件和程序要件这两个方面的内容。结合《刑事诉讼法》及司法解释的规定,我国刑事强制措施体系在这两个方面都有所欠缺。一方面,刑事强制措施的证明要件是指刑事强制措施适用时应满足的证明标准。这一要件是立法从启动条件层面对刑事强制措施决定权施加的一种限制,从证据的质和量的角度赋予了刑事强制措施体系运转的正当性。然而,《刑事诉讼法》及司法解释对这一问题的规定较少。另一方面,刑事强制措施的程序要件是指刑事强制措施运行时需遵循的关键程序步骤。对此,相关程序机制的缺乏导致我国法上的大部分刑事强制措施的运行流于随意,公民基本权利容易受到不当侵害。刑事强制措施作为一种严重干涉公民基本权利的手段,在刑事诉讼中发挥着保全证据或约束人身的作用。正是由于这类措施涉及对公民基本权利的干预,所以其发动必须满足相关要件,而非只要存在保全证据或约束人身的客观需要,公权力机关就有权决定采取各类刑事强制措施,否则公权力机关就应当承担国家赔偿责任。从整个刑事强制措施体系来看,司法令状等程序机制是公民基本权保障的形式,刑事强制措施的证明标准是公民基本权保障的实质。[1] 只有将令状制度等程序机制和证明标准相互结合起来,才能够规范刑事强制措施制度的运行。有鉴于此,笔者将首先从证明要件和程序要件这两个方面出发对我国刑事强制措施要件设计之现状进行观察,再讨论刑事强制措施证明标准,为后文探讨刑事强制措施决定权的归属等问题打下基础。

第一节 我国现行刑事强制措施体系的要件评析

一、刑事强制措施证明要件之评析

从我国立法和实践来看,刑事强制措施证明标准的建立和运行情况不太乐观。一方面,对于现有的五种干涉人身自由权的刑事强制措施来说,虽然立法对它们的适用要件进行了较为完善的规定且还在不断通过修法的方式予以完善,但是实践中仍旧存在证明标准不明的问题。[2] 另一方面,对于查封等本属于刑事强制措施却被划归为侦查行为的各类措施来说,其各自的证明标准在立法层面基本付之阙如。[3] 实践中,这类措施的适用标准多由一线办案人员根据办案经验掌握。[4] 有鉴于此,笔者结合《刑事诉讼法》

---

[1] 参见刘金友、郭华:《搜查理由及其证明标准比较研究》,载《法学论坛》2004 年第 4 期,第 9 页。

[2] 参见杨雄:《刑事强制措施的正当性基础》,中国人民公安大学出版社 2009 年版,第 78 页。

[3] 参见瓮怡洁:《我国刑事搜查、扣押制度的改革与完善》,载《国家检察官学院学报》2004 年第 5 期,第 67 页。

[4] 参见杨宇冠:《强化监督职能保障侦查措施依法适用》,载《检察日报》2016 年 11 月 27 日,第 3 版。

及有关司法解释中的规定，对我国包括查封等侦查行为在内的广义刑事强制措施的适用标准进行了梳理，进而帮助我们思考未来立法完善各类刑事强制措施适用标准的路径。

（一）刑事强制措施证明标准的规范梳理

1. 干涉人身自由权的刑事强制措施

从规范上看，《刑事诉讼法》及有关司法解释对五种刑事强制措施适用条件的规定如下。第一，对拘传来说，根据《公安机关办理刑事案件程序规定》第 78 条第 1 款的规定，公安机关根据案件情况对需要拘传的犯罪嫌疑人，或者经过传唤没有正当理由不到案的犯罪嫌疑人，可以拘传到其所在市、县公安机关执法办案场所进行讯问。第二，对拘留来说，根据《刑事诉讼法》第 82 条的规定，公安机关对存在不讲真实姓名、住址，身份不明等七种情形之一的现行犯或者重大嫌疑分子可以拘留。第三，对取保候审来说，根据《刑事诉讼法》第 67 条第 1 款的规定，公安司法机关对存在可能判处管制、拘役或者独立适用附加刑的等四种情形之一的犯罪嫌疑人、被告人可以取保候审。第四，对监视居住来说，根据《刑事诉讼法》第 74 条第 1 款的规定，公安司法机关对存在患有严重疾病、生活不能自理等五种情形之一的犯罪嫌疑人、被告人可以监视居住。同时，当犯罪嫌疑人或被告人满足该法第 75 条规定的无固定住处等情形时，公安司法机关可以对其采取指定居所监视居住。第五，对逮捕来说，根据《刑事诉讼法》第 81 条的规定，公安司法机关对存在企图自杀或者逃跑等五种情形且符合相应证据条件与刑罚量刑要求的犯罪嫌疑人或被告人可以进行逮捕。同时，对违反取保候审、监视居住规定且情节严重的犯罪嫌疑人或被告人可以予以逮捕。可见，《刑事诉讼法》及有关司法解释虽然对五种人身性刑事强制措施的适用条件作了规定，但是其中少有证明标准的内容。

2. 干涉财产权的刑事强制措施

第一，对于查封和扣押的实施标准来说，《刑事诉讼法》第141条第1款将之规定为"可用以证明犯罪嫌疑人有罪或者无罪"。在司法解释层面，《人民检察院刑事诉讼规则》第210条第1款和《公安机关办理刑事案件程序规定》第227条采取的也是这一思路。同时，为了保障这一措施能够在实践当中被顺畅运用而不受到当事人的阻碍，《公安机关办理刑事案件程序规定》第227条赋予了公安机关在当事人拒不配合时强制执行该措施的权力。可见，各机关适用查封和扣押的条件是为了调取能够充当案件证据的各类实物材料。只要所调取的对象具有这一特点，各机关就可以对之实施查封和扣押。有论者以扣押为例表达了自己的担忧，我国现行的刑事扣押证明标准无异于单纯怀疑，侦查人员仅仅凭借自己的主观认识就可以决定是否扣押，导致扣押程序的启动较为随意、扣押范围不当扩大，这使得对普通财物、文件的扣押容易转变为"抄家"，对电子数据的扣押容易转变为超越范围的"数据扫描"。[①]

第二，对于冻结来说，根据《刑事诉讼法》第144条第1款的规定，人民检察院、公安机关根据侦查犯罪的需要，可以依照规定查询、冻结犯罪嫌疑人的存款等财产。《公安机关办理刑事案件程序规定》第237条也采用的是这种思路。可见，检察机关和公安机关都拥有实施冻结措施的权力，而存在侦查犯罪的需要即为冻结措施启动的标准。

---

① 参见谭秀云：《刑事扣押的"相当理由"证明标准及其规制路径》，载《证据科学》2018年第2期，第187页。

3. 干涉隐私权的刑事强制措施

第一,对于搜查来说,根据《刑事诉讼法》第 136 条关于"对物搜查和对人搜查"的规定,侦查人员为了收集犯罪证据、查获犯罪人,可以对犯罪嫌疑人以及可能隐藏罪犯或者犯罪证据的人的身体、物品、住处和其他有关的地方进行搜查。在司法解释层面,《人民检察院刑事诉讼规则》第 203 条和《公安机关办理刑事案件程序规定》第 222 条都有类似的规定。可见,是否实施搜查基本由办案人员进行判断,只要是为了收集犯罪证据或查获犯罪人,侦查人员都有权对可能存在罪犯或证据的空间实施搜查,因此搜查所需达到的证明标准的要求相对较低。对于这一规范现状,不少研究者都指出:"我国内地的搜查决定机关为侦查机关,搜查的证明标准基本不存在。"[①]"我国搜查证明标准整体而言处于缺位状态,应当在立法理念和司法实践中加以完善。"[②]

第二,对于身体检查来说,根据《刑事诉讼法》第 132 条的规定,公安司法机关为了确定被害人、犯罪嫌疑人的某些特征、伤害情况或者生理状态有权进行身体检查,且在认为必要的时候可以强制检查。从效果上看,身体检查属于直接侵入人体的干涉隐私权的刑事强制措施。实践中,这项措施被广泛运用于故意杀人、故意伤害、强奸等刑事犯罪的侦查活动中,进而了解犯罪嫌疑人与被害人的身体情况。但是,这项措施的适用标准仅被表述为"为了确定被害人、犯罪嫌疑人的某些特征、伤害情况或者生理状态"。

[①] 刘金友,郭华:《搜查理由及其证明标准比较研究》,载《法学论坛》2004 年第 4 期,第 16 页。

[②] 侯晓焱:《论我国搜查证明标准的完善》,载《国家检察官学院学报》2006 年第 1 期,第 107 页。

第三，对于各类技术侦查措施来说，根据《刑事诉讼法》第150条的规定，公安机关根据侦查犯罪的需要有权采取技术侦查措施。在司法解释层面，《公安机关办理刑事案件程序规定》第263条同样将"存在侦查犯罪的需要"作为启动技术侦查措施的条件。虽然，技术侦查、搜查以及身体检查均属于干涉隐私权的刑事强制措施，但是，从干涉隐私权的强度上来看，技术侦查由于其提取信息的手段更隐蔽、采集信息的范围更广、获取信息的速度更快，因而技术侦查干预隐私权的强度显然更高。然而，即使对这样一种主要应用于危害国家安全犯罪等严重犯罪的刑事强制措施来说，其适用标准仍旧被立法模糊地界定为"根据侦查犯罪的需要"。落实到实践中，这种规定模式不仅可能对公民基本权利产生不利影响，还可能对案件办理产生阻碍。

（二）刑事强制措施证明标准的规范缺陷

从前文可见，我国刑事程序立法对五种刑事强制措施和各类侦查措施的证明标准的规定基本缺位。综合来看，目前我国刑事强制措施证明标准的规范缺陷主要表现在以下三点。

第一，多数刑事强制措施的证明标准要件阙如。从前述规定上看，各规定基本都以"办案目的"代替了"适用标准"。这些规定在形式上是发动刑事强制措施的证据要件，而实质上却仅仅在描述公安司法机关的办案需求，刑事强制措施真正的证明标准付之阙如。有论者曾对法律及司法解释中扣押的相关规定提出疑问，指出"可能与犯罪有关"等类似表述存在缺陷。[①] 有论者也指出"为了保全固定证据"仅是《刑事诉讼法》中各项对物强制措施的

---

① 参见谭秀云：《刑事扣押的"相当理由"证明标准及其规制路径》，载《证据科学》2018年第2期，第190页。

立法目的，强调"与案件有关"这一标准只是为了能够匹配关联性这一证据属性。① 其实，这是一种以办案需求代替证明标准的立法缺陷。除了在扣押的相关规定中存在这个问题之外，其他刑事强制措施或侦查措施也普遍存在这个问题。例如，《人民检察院刑事诉讼规则》第 210 条第 1 款把查封的适用标准表述为"可以证明犯罪嫌疑人有罪、无罪或者犯罪情节轻重"，《刑事诉讼法》第 132 条把身体检查的适用标准表述为"为了确定被害人、犯罪嫌疑人的某些特征、伤害情况或者生理状态"，《公安机关办理刑事案件程序规定》第 263 条把启动技术侦查措施的条件表述为"存在侦查犯罪的需要"。可见，规范层面的适用标准其实更多表达的是查封、扣押、搜查等措施的实施目的而非实施时所需要具备的证据条件，不当地将实施这些措施所能够达到的目的视为这些措施的证据要件。有论者以搜查为例指出，虽然我国内地将搜查的限制提升到了宪法的高度，但是《刑事诉讼法》规定搜查时采用了"为了收集犯罪证据、查获犯罪人……"的表达方式，"为了"实质上表现为一种目的，因此该法对搜查证明标准的规定属于空白，即使撇开由搜查主体自己签发搜查证的非令状模式不提，实践中侦查机关为达到相应目的而不当采用搜查措施的做法就已经足以引起我们的注意，这导致宪法确立的公民基本权利被虚置而沦为宣言式条款。② 有论者也指出："实际上任何侦查手段都是为了收集犯罪证据、查获犯罪人，因而该条实际上未对搜查规定任何限制条件，没有任何独

---

① 参见严林雅：《我国刑事对物强制措施体系的构建》，载《政法学刊》2021 年第 2 期，第 68 页。

② 参见刘金友，郭华：《搜查理由及其证明标准比较研究》，载《法学论坛》2004 年第 4 期，第 16 页。

立的适用条件与证明标准的要求。"① 可见,搜查等侦查措施的证明标准缺失应当引起理论界和实务界的高度关注。②

第二,刑事强制措施适用要件的可操作性不强。结合以上第一点,即使我们勉强认为可以将刑事强制措施的实施目的当作证明标准来对待,《刑事诉讼法》与司法解释中有关条文的表述也过于模糊,导致在实践中办案人员自由解释"根据侦查犯罪的需要""为了收集犯罪证据、查获犯罪人"等适用标准的空间较大。有论者就指出,对物强制处分的发动条件是指对他人款物采取强制性行为应具备的要件,包括实体要件和程序要件两种,前者是指刑事诉讼法所确立的公权力主体在何种情形下可对他人款物采取强制性行为,例如我国现行法即以"根据侦查犯罪的需要"这种高度模糊的语言进行了规定,后者是指司法机关对他人采取对物强制性行为时程序上须具备的要件,我国现行法暂无关于司法审查的规定。③ 这种模糊的表述方式赋予了公权力机关更大的刑事强制措施决定权,给公民的财产权和隐私权带来了威胁。以扣押为例,侦查机关对一时难以查清是否与案件有关的财物、文件,实践中的普遍做法是尽可能多地扣押,即"宁可错扣一万,不可放过一个",先扣押财物、文件,待案件事实逐渐查清,认为这些财物、文件确实与案件无关时,侦查人员再将与案件无关的财物、文件返还给相关权利人。④

---

① 翁怡洁:《我国刑事搜查、扣押制度的改革与完善》,载《国家检察官学院学报》2004年第5期,第65页。
② 参见崔敏、郭玺:《论搜查程序》,载《中国刑事法杂志》2004年第5期,第4-5页。
③ 参见龙建明:《对物强制处分中被追诉人财产权保护研究》,载《内蒙古社会科学(汉文版)》2016年第1期,第118页。
④ 参见谭秀云:《刑事扣押的"相当理由"证明标准及其规制路径》,载《证据科学》2018年第2期,第187页。

第三，规范层面的表述模糊化不仅导致了个案中判断标准不定，还导致了其他公民主张基本权利以及检察机关行使监督权的困难。一方面，由于"根据侦查犯罪的需要"等标准的主观性色彩太强，在个案中的判断标准基本由办案人员掌握，因此权利主体很难找到维护自身权利的理由，导致基本权利难以得到及时保障。另一方面，由于"根据侦查犯罪的需要"等标准不易理解，因此检察机关即使试图开展侦查监督，也会因为标准不清而难以产生良好的监督效果。① 可以预见的是，如果立法和司法解释坚持这种规范模式，那么即使未来我国引入了司法审查机制或第三方审查机制来规制这些措施的行使，其效果恐怕也会因为证明标准的缺位而大打折扣。

概言之，我国刑事诉讼立法中有关于刑事强制措施证据标准的规定难称完善，搜查、扣押等措施的证据标准虚无化给司法实践埋下了隐患，需要在观察域外其他国家或地区立法模式的基础上对其进行完善。

二、刑事强制措施程序要件之评析

对刑事强制措施体系来说，除了证明要件之外，程序要件是该体系得以顺畅运转的另一要素。前者解决的是刑事强制措施的适用在实质上需要满足什么证据要求的问题，后者解决的是刑事强制措施的适用在形式上应通过哪些程序检验的问题。对于后者来说，根据监督措施启动的时间点来看，关于刑事强制措施的监督模式基本上可以被区分为事前监督、事中监督和事后监督三大类。结合我国现有法律规范，可以发现其中尚存在一些问题值得

---

① 参见李建明：《强制性侦查措施的法律规制与法律监督》，载《法学研究》2011年第4期，第159页。

我们考量。笔者将首先对这些问题进行分析，在此基础上再提出相应的完善路径。

（一）事前监督机制亟待改良

刑事强制措施的事前监督机制是指，由实施刑事强制措施之外的其他机关在刑事强制措施被实施之前判断该措施的实施是否具备正当性，进而决定是否实施该措施，实现刑事强制措施决定权和实施权之间的分离，达成在事前环节保障刑事强制措施合法适用的目的。对此，由人民法院行使此项权力是不少研究者从比较法角度倡导的观点。① 此外，根据我国检察实践以及近年来检察制度改革的成果，由检察机关全面行使此项权力的观点同样存在。② 概言之，这二者都属于刑事强制措施监督机制中的他向监督，我国未来立法和司法实践适合选择哪一条道路是学界争论的重点内容。

从目前法律规定和司法实践来看，我国没有采用域外部分国家或地区以及广为学界推崇的司法审查模式或者令状制度，而是将大部分刑事强制措施的事前审批权交由公安机关自行行使，仅将逮捕的事前审批权交由检察机关行使。这就导致我国刑事强制措施事前审批程序的行政性色彩较浓，对公民权利保障的程度较低。即使就唯一采用了类似第三方审查机制的逮捕来说，也因为检察机关所具有的刑事追诉机关身份，使审查批准逮捕程序遭到

---

① 参见陈海平：《论批捕权转隶法院》，载《河北法学》2021年第6期，第180页。

② 参见温军，张雪妲：《强制性侦查措施检察监督研究——"以审判为中心"背景下的侦查权法律控制思考》，载《学习与探索》2017年第1期，第78-87页。

了不少质疑。① 尤其，目前我国尚没有从类型上建立起完整的刑事强制措施体系，游离于该体系之外而由侦查行为体系规制的搜查、扣押等侦查措施的事前审批权由公安机关掌握。② 在公民权利不断发展的当代，这一规范现状引起的争议不小，学界对此问题多有探讨。例如，以干涉人身自由权强度最高的逮捕为例，早有论者提出应取消人民检察院的批捕权，由人民法院统一行使强制措施的审查权，被告人有权要求法官对强制措施的合法性和公正性进行审查。③ 与之相对，有论者认为应当将逮捕批准决定权保持原状，但可以对逮捕的程序进行完善，增设批捕公开质证程序，使逮捕的决定必须经过犯罪嫌疑人及其辩护人的公开质证方能决定其效力。④ 可见，理论界对刑事强制措施事前审查主体的设定存在分歧，是否可由审判机关行使此项权力是一个需要思考的问题。总体来说，我国目前的侦查活动具有的行政逻辑侧重于推进程序进行，而以"规制"为核心的司法逻辑才是侦查活动的应然走向。⑤

（二）事中审批机制有待完善

刑事强制措施的事中审批机制是指公权力机关在审查决定是

---

① 参见高峰：《对刑事司法令状主义的反思》，载《政法学刊》2005年第3期，第51页。

② 参见王宏溥：《搜查、扣押犯罪嫌疑人财产存在的问题及制度完善》，载《人民检察》2015年第7期，第75-76页。

③ 参见陈卫东，郝银钟：《被告人诉讼权利与程序救济论纲——基于国际标准的分析》，载《中外法学》1999年第3期，第78页。

④ 参见叶青，张少林：《法国预审制度的评析和启示——兼论强化我国逮捕程序的公开、公正性》，载《华东政法大学学报》2000年第4期，第43页。

⑤ 参见张可：《大数据侦查之程序控制：从行政逻辑迈向司法逻辑》，载《中国刑事法杂志》2019年第2期，第138页。

否采用相关刑事强制措施时的具体模式。我国公安司法机关以往在办理审查批捕等类似案件时体现出了较强的行政化色彩,办案效果有待提高。目前,可能正是考虑到我国刑事强制措施和各类侦查措施在适用环节具有的封闭性特点,我国检察机关和人民法院已经开始在这方面作出积极探索,尝试使用公开听证程序对是否采取刑事强制措施作出判断。

一方面,我国检察机关在实践中对刑事强制措施的适用广泛实行公开听证。2016年9月,最高人民检察院制定并发布了《"十三五"时期检察工作发展规划纲要》,提出要"围绕审查逮捕向司法审查转型,探索建立诉讼式审查机制"。此后,最高人民检察院又制定并发布了《2018—2022年检察改革工作规划》,继续强调"建立有重大影响案件审查逮捕听证制度,健全讯问犯罪嫌疑人、听取辩护人意见工作机制"。由此,我国不少地区的检察机关开始探索构建逮捕公开听证制度,在审查批准逮捕活动中采用公开听证的方式听取各方意见,使犯罪嫌疑人或被告人及其辩护人以及其他各方主体充分发表意见,最终形成恰当的审查批准逮捕决定。这种公开听证活动的初步实践逐渐成为当前检察机关审查批准逮捕或者说监督逮捕措施适用过程的重要补充方法,是检察机关针对侦查行为实施监督的新形式。在具体规则层面,不少检察机关制定了通行于本地区的专门实施办法。[①] 这些实施办法从公开听证案件的范围、公开听证参加人的权利与义务、公开听证程序等方面对逮捕公开听证作出了较为详细的规定,在本地区内取得了较

---

① 参见《广汉市人民检察院审查逮捕公开听证实施办法(试行)》,载广汉市人民检察院官网2023年3月7日,https://gh.dysjcy.gov.cn/news/show-472.html;戴旺德:《福建长泰:出台审查逮捕公开听证办法》,载中华人民共和国最高人民检察院官网2023年3月7日,https://www.spp.gov.cn/dfjcdt/201510/t20151017_105989.shtml。

好的实践效果。基于此,最高人民检察院于 2020 年 10 月制定并颁布了《人民检察院审查案件听证工作规定》,其中第 4 条第 2 款规定"人民检察院办理审查逮捕案件,需要核实评估犯罪嫌疑人是否具有社会危险性、是否具有社会帮教条件的,可以召开听证会"。2021 年 8 月 17 日,最高人民检察院又印发了《人民检察院羁押听证办法》,其中第 1 条指出羁押听证的目的在于进一步规范人民检察院羁押审查工作而准确适用羁押措施,第 2 条明确了羁押听证的内涵。可见,逮捕公开听证制度在我国检察机关审查批捕活动中已经形成了实践基础和程序规则,在一定程度上改善了"我国以往审查逮捕以书面审查为主,行政特性明显而司法性缺失,缺乏控辩参与,未广泛听取控辩双方意见"[①] 的程序性构造缺陷。考虑到逮捕的审查属于整个刑事强制措施制度的重要组成部分,从刑事强制措施制度未来发展的角度来看,将检察机关组织的这种公开听证活动扩大到其他刑事强制措施的适用过程中具有可行性和必要性。这将是检察机关开展刑事强制措施法律监督工作的关键机制之一。

另一方面,虽然我国人民法院直接决定适用刑事强制措施的机会不多,但是目前部分地区的人民法院已经在部分案件中对刑事强制措施的适用实施公开听证。例如,平阴县人民法院在 2016 年审理一起受贿案件时,为了决定是否对被告人实施取保候审,依法决定对拟作取保候审决定的案件进行公开听证。[②] 此次听证会由案件承办法官主持并邀请平阴县两位人大代表、两位政协委员、三位人民陪审员参加,公诉方、被告人和辩护人一同到场。在听

---

① 步洋洋:《除魅与重构:"捕诉合一"的辩证思考》,载《东方法学》2018 年第 6 期,第 138 页。

② 参见宋立山:《取保候审公开听证,全国法院头一遭》,载搜狐网 2023 年 4 月 11 日,https://www.sohu.com/a/67371508_119700。

证会上，各方在主审法官的主持下分别发表意见，最后由人民陪审员、参会代表根据双方辩论结果进行投票表决并决定对被告人实施取保候审。在当时，该案被认为是全国范围内公开的新闻报道中人民法院适用公开听证制度办理类似案件的首次尝试。该案的办理模式推动了司法公开化，在取保候审的适用上防止了权力寻租，有力地击破了"取保候审往往存在暗箱操作"的社会传言。无独有偶，安陆市人民法院在 2021 年 5 月 12 日对一起故意伤害案件同样采用了公开听证的方式决定对被告人实施取保候审，取得了良好的法律效果和社会效果。①

由此可见，我国检察机关和审判机关已经在刑事强制措施公开听证机制的适用上积累了不少经验。但是，作为一个刚刚运行不久的制度，其还需要从各方面进行完善。尤其，需要结合事前审查权的确立问题进行整体考量。

（三）事后制约机制尚待强化

刑事强制措施的事后监督机制是指，由实施刑事强制措施之外的其他机关在刑事强制措施被实施后审查该措施的实施是否具备正当性，进而判断经由刑事强制措施所得证据是否具备证据能力，以达成在事后环节倒逼刑事强制措施合法适用的目的。从刑事强制措施的功能上看，其可以帮助公安司法机关获取案件中的实物证据和言词证据。因此，其与非法证据排除规则之间联系紧密。在域外部分国家或地区，通过刑事强制措施获得的证据需要经过非法证据排除规则的检验以获得证据能力。不论刑事强制措施干涉的公民基本权利类型是什么，只要公权力机关存在违法适

---

① 参见《安陆法院首次对拟取保候审案件举行听证会》，载安陆市人民政府官网 2023 年 4 月 11 日，http://www.anlu.gov.cn/bmgz/1240367.jhtml。

用相应措施的情形，所获取的证据就面临着被否定证据能力的风险。正是通过这种事后的吓阻效果，才使得侦查机关在实施刑事强制措施之前就会主动考虑行为的正当性，形成了具有预防功能的事后约束机制。但是，非法证据排除规则尤其是非法物证排除规则的缺乏，使得我国始终无法建立抑制违法搜查、扣押的程序性制裁机制。[①] 目前，我国关于排除公安司法机关通过非法扣押、搜查等措施所获证据的法律规定比较模糊，导致在我国刑事司法实践中尤其是审判活动中，尽管有不少辩护人提出侦查机关在取证过程中存在违法适用查封等侦查措施的情况故希望排除相关证据，但少有审判机关适用非法证据排除规则否定相关证据的证据能力。有鉴于此，笔者将结合非法证据排除规则的基本功能以及我国法上关于该规则的具体规定，对非法证据证据排除规则在我国刑事强制措施体系中的构建和运行作出分析。

1. 非法证据排除规则的基本功能

目前，《刑事诉讼法》与《关于办理刑事案件严格排除非法证据若干问题的规定》对非法证据排除规则的刑事法适用问题进行了规定，原则上要求在我国刑事诉讼程序中贯彻非法证据排除规则，严格排除通过刑讯逼供等方式获得的证据。其中，《刑事诉讼法》第56条对此作出了原则性规定。《关于办理刑事案件严格排除非法证据若干问题的规定》则对非法证据排除的程序和标准进行了说明，基本形成了体系化的非法证据排除机制，反映出在刑事诉讼程序中确立非法证据排除规则的基本功能和正当性。一方面，通过提前由法律规定违法取得的证据不具有证据能力的方式，在非法证据产生之前就起到规制侦查活动的效果。该目的一般在

---

① 参见万毅：《刑事诉讼中被追诉人财产权保障问题研究》，载《政法论坛》2007年第4期，第65页。

理论上被称为非法证据排除规则的吓阻功能,即通过提前告知公权力机关以不利的证据采用结果,令公权力机关自觉规范取证行为,防范权力滥用。① 另一方面,维护刑事诉讼程序正义,保障公民基本权利。在刑事强制措施体系的运转逻辑中,公民的基本权利并非不能被干涉,而是不能采用非法手段进行干涉。这是公安司法机关采用刑事强制措施侦破刑事案件的前提。然而,一旦产生了非法取证的行为,则公民让渡自己基本权利的基础就不存在了,基本权利受到了侵犯,刑事诉讼程序的规范性被减损。

概言之,非法证据排除规则具有深厚的历史底蕴和丰富的理论积累,能够在刑事审判活动中起到排除非法取得之证据的效果,在刑事司法实践中起到了较大的威慑作用。在理论研究和实务操作当中,运用此项规则的关键在于对"非法取证之手段"的理解。由于刑事强制措施具有保全人身和证据的功能,这类措施自然从形式上理应被纳入非法证据排除规则的范畴,可以被评价为特定案件中非法取证的一种手段。因此,我们在讨论刑事强制措施事后监督机制的建构时应对这一问题给予关注。

2. 非法刑事强制措施所得证据排除规则的规范缺陷

非法刑事强制措施所得证据的排除属于非法证据排除规则的一部分,在整个刑事强制措施制度中起到了事后节制的作用。在规范上,与此相关的规定主要是《刑事诉讼法》第 56 条第 1 款后段的内容,即"收集物证、书证不符合法定程序,可能严重影响司法公正的,应当予以补正或者作出合理解释;不能补正或者作出合理解释的,对该证据应当予以排除",以及《关于办理刑事案件严格排除非法证据若干问题的规定》第 4 条和第 7 条的内容。

---

① 参见王东:《技术侦查的法律规制》,载《中国法学》2014 年第 5 期,第 281 页。

除此之外，综观《刑事诉讼法》与《关于办理刑事案件严格排除非法证据若干问题的规定》，其中基本再没有与非法刑事强制措施所得证据排除规则相关的内容。从这些规定来看，违法适用刑事强制措施在一定程度上属于我国法中非法证据排除规则意义上的非法方法：一方面，拘留等五种刑事强制措施干涉公民人身自由权，故在法律解释层面可能被评价为司法解释所称的"非法拘禁等非法限制人身自由的方法"；另一方面，查封等侦查措施的直接目的是收集实物证据，故在法律解释层面可能被评价为司法解释所称的"收集物证、书证不符合法定程序，可能严重影响司法公正的方法"。可见，严格来说在我国现行刑事强制措施体系下，通过合理的法律解释，违法适用刑事强制措施的行为可能触发非法证据排除规则。比较来看，这也是域外部分国家或地区的基本立法思路。质言之，在我国当前立法中，违法适用刑事强制措施基本属于可以触发非法证据排除规则的理由。

进而言之，从我国的刑事司法实践层面来看，随着刑事程序正义理念的不断强化并立基于当前的规范模式，实践中有越来越多的辩护人提出要排除公安司法机关违法采取刑事强制措施或侦查措施而获得的证据，检察机关和审判机关也对这个问题给予了高度重视。这一点在 2017 年轰动一时的杭州保姆莫某纵火案中就有所体现。在该案的二审环节，辩护律师提出因公安机关查看莫某的手机存在程序不合法的情况，所以从手机中得到的证据应当被排除。对于这一观点，二审人民法院在进行了充分说理后给出了相反意见，认定该手机取证过程合法，所得证据具有可采性。① 除了该案之外，在实践中还有不少案件包含了因可能存在违法刑事强制措施而导致的证据排除问题。例如，在刘某等人走私、贩

---

① 参见浙江省高级人民法院（2018）浙刑终 82 号刑事裁定书。

卖、运输、制造毒品案二审中，人民法院指出对于辩护人提出的毒品送检超期五日、检定证书与实际称量仪器不一致，涉案毒品扣押程序违法的情况，本案已通知侦查机关进行补正或做出合理解释，侦查机关已经做出补正和合理解释，不足以将本证据予以排除。① 在董某走私、贩卖、运输、制造毒品案中，人民法院指出侦查机关对上诉人董某的住所搜查后对查获的疑似毒品进行了扣押，在出具的《扣押决定书》中载明了毒品的编号、名称、数量以及特征等信息，且对涉案毒品的搜查、扣押、称重等工作，均有办案人员、被搜查人、持有人、见证人的签字，所得证据具备可采性。②

综合以上规定以及实践案例，可以看出非法刑事强制措施所得证据排除规则在我国的刑事司法立法和实践中存在这样几个问题。第一，非法证据排除规则对公民各类基本权利的保护存在区别对待的情况。虽然，现有刑事程序法涵盖了违法刑事强制措施可启动非法证据排除规则的意旨，对公民基本权利保障有促进作用，但是，从立法状态来看，非法言词证据和非法实物证据对应的是不同的排除结果，这就反映出了立法对公民人身自由权、财产权和隐私权存在区别对待的情况，没有形成统一的非法证据排除效果。第二，排除非法证据的可能性较低。我国刑事程序法及有关司法解释对违法适用刑事强制措施是否可以引起非法证据排除规则的问题没有明确说明，但是实践中涉及类似法律争议的案件不在少数。人民法院在处理这类法律争议时，往往会通过由侦查机关进行补充说明的方式解决，使得相关证据基本可以成为定案的依据，即公安司法机关违法适用刑事强制措施而获得的证据

---

① 参见辽宁省大连市中级人民法院（2020）辽02刑终328号刑事判决书。
② 参见河北省保定市中级人民法院（2020）冀06刑终394号刑事判决书。

材料基本不会被作为非法证据而排除，较少受到非法证据排除规则的规制，"缺乏程序性违法的制裁后果。"① 第三，相关裁判文书缺乏细致说理。从笔者收集整理的涉及排除由非法刑事强制措施所得证据之法律争议的案例来看，审判机关在制作裁判文书时对此类问题普遍缺乏细致说理甚至直接置之不理。这将降低审判机关在刑事强制措施事后监督机制中的权威性，也会导致侦查机关在日后的侦查实践中难以找到可以参照的标准而规范自身行为。在我国目前的规范状态下，审判机关需要在裁判文书中结合具体案件事实来对相关规定进行严谨解读，使非法刑事强制措施所得证据的排除问题得到妥当处理。同时，不仅人民法院在审判环节适用非法证据排除规则时欠缺说理，侦查机关在侦查环节适用刑事强制措施时也存在这个问题。可见，文书说理问题在刑事强制措施制度的运行过程中需要引起关注。

第二节　我国刑事强制措施的证明要件

从比较法的角度观察，可以发现域外部分国家或地区的刑事强制措施立法中普遍存在证明标准的规定。诚然，不加思考的拿来主义弊大于利。但是，在对这种立法模式进行理性分析之后，是可以在结合我国具体情况的前提下对域外立法的有益内容进行吸收的，从而弥合我国未来刑事强制措施立法活动和司法实践的客观需要。第一，从刑事强制措施的程序法属性来看，其不应适用严格证明程序所要求的排除合理怀疑的证明标准，而应适用自

---

① 刘玫、宋桂兰：《论刑事诉讼强制措施之立法再修改——以刑事诉讼法修正案（草案）为蓝本》，载《甘肃政法学院学报》2011年第6期，第22页。

由证明程序所要求的证明标准。理由在于，严格证明程序针对的证明对象是定罪和量刑这类刑事实体法内容，其要求法官达到排除合理怀疑的心证程度；自由证明程序适用于刑事程序法争点，其只要求裁判者达到相对较低的心证程度即可。① 因此，刑事强制措施的证明标准应当参考自由证明程序的要求来设计而不宜适用严格证明程序的要求。同时，侦查机关在实践中遇到的情况十分复杂，要求其达到审判阶段适用的证明标准显然不合实际，还可能对侦查活动的开展造成不利影响。② 因此，刑事强制措施的证明标准应低于排除合理怀疑的要求。参考域外其他国家或地区立法，尤其是英美法系国家对不同证明标准所对应的心证程度的分析，相当理由证明标准需要达到的心证程度仅次于排除合理怀疑，且高于合理怀疑证明标准所需要达到的心证程度。第二，刑事强制措施属干涉公民基本权之行为，其证明标准的设计应遵循比例原则的要求。因此，在设计干涉人身自由权、财产权和隐私权的三类刑事强制措施的证明标准时，应当以这三类权利的受侵入强度为基础进行思考。"根据自由证明程序的证据法则、干预层级化原理与比例原则的要求，对公民权利干预程度越强的行为越需要更高的证明标准。"③ 第三，在证据法理论层面，结合域外其他国家或地区立法规定刑事强制措施证明标准时的表述方式，刑事强制措施证明标准从高到低可以分为相当理由（probable cause）、合理怀疑（reasonable suspicion）、单纯怀疑（bare or mere suspicious）

---

① 参见闵春雷：《严格证明与自由证明新探》，载《中外法学》2010年第5期，第685页。

② 参见闵春雷：《论审查逮捕程序的诉讼化》，载《法制与社会发展》2016年第3期，第69页。

③ 谭秀云：《刑事扣押的"相当理由"证明标准及其规制路径》，载《证据科学》2018年第2期，第193页。

这三个基本层次,并在这三个层次中通过例外规定对刑事强制措施证明标准进行调节。①

一、干涉人身自由权的刑事强制措施的证明要件

人身自由权包括多重内涵,经济自由、学习自由、竞争自由、工作自由、行动自由等都是其组成部分。刑事强制措施干涉的主要是人身自由权中的行动自由。基于这一特性,干涉人身自由权的刑事强制措施的证明要件设计应紧紧围绕这一权利受限状态的强度即行动自由受限的强度来展开。对此,行动自由的受限强度主要是由人身自由受限的时间和空间所决定的,因而笔者认为可在充分考察我国未来各类人身性刑事强制措施之行使特点的基础上,对各个人身性刑事强制措施的证明标准进行探讨。具体来说,针对人身自由权的刑事强制措施的证明要件从高到低可以分为以下三个层次。

(一)逮捕的证明标准

逮捕的证明标准宜设定为相当理由。从限制强度上说,逮捕在各类干涉人身自由权的刑事强制措施中对人身自由权的限制程度最高。即使我国在未来逐步扩大了人身性刑事强制措施的种类,逮捕的这一特点也不会改变。

一方面,从限制公民人身自由权的时间效果上说,逮捕作为最严厉的干预人身自由权的措施,可以使公民在审前环节处于长期被羁押的状态。这一点是其他人身性刑事强制措施达不到的。根据《刑事诉讼法》第156条、第157条、第158条和第159条的

---

① 参见高家伟:《证据法基本范畴研究》,中国人民公安大学出版社2018年版,第340-341页。

规定，我国的捕后羁押时间较长，一般应在两个月以内，特殊情形会根据案件具体情况进行延长。除了《刑事诉讼法》之外，其他有关司法解释还在规范层面对捕后羁押的时限以及延长的模式又进行了细致规定。例如，《人民检察院刑事诉讼规则》第十章第五节就在《刑事诉讼法》的基础上对此继续作出了规定，使得犯罪嫌疑人或被告人的捕后羁押期限的计算变得更加复杂。质言之，目前我国捕后羁押的时间较长，多数犯罪嫌疑人或被告人往往一直被羁押到庭审开始并等待最终判决作出。

另一方面，从限制公民人身自由权的空间效果上说，根据《刑事诉讼法》第 93 条的规定，被逮捕的犯罪嫌疑人或被告人一般被送至看守所羁押。显然，看守所作为执行逮捕和部分刑罚的专门场所，犯罪嫌疑人或被告人虽然尚未被宣告判决，但是置身看守所之中本就已经是一种重大煎熬，从空间层面加深了逮捕对人身自由权的限制强度。① 可见，不论从时间角度观察还是从空间角度考量，逮捕对人身自由权的限制程度均为最高，需要适用较高的证明标准。所以，笔者认为逮捕的证明标准可设置为相当理由。② 正如有论者指出："从公诉和有罪判决的证明标准设置来看，我国逮捕证明标准的设置应在公诉证明标准要求程度之下而在拘留证明标准要求之上。如果非要对其进行量化理解的话，若公诉证明标准为英美法的 80%（证据确实、充分的唯一性），则逮捕证明标准的概率起点应在 51% 以上。"③ 这一心证程度基本符合相当

---

① 参见顾永忠：《论看守所职能的重新定位——以新〈刑事诉讼法〉相关规定为分析背景》，载《当代法学》2013 年第 4 期，第 76 页。

② 参见杨依：《我国审查逮捕程序中的"准司法证明"——兼论"捕诉合一"的改革保障》，载《东方法学》2018 年第 6 期，第 131 页。

③ 郭志远：《我国逮捕证明标准研究》，载《中国刑事法杂志》2008 年第 5 期，第 78 页。

理由证明标准的要求，即"以普通人的判断为基础，可以肯定被怀疑事实的客观存在"①。在经过证明之后，第三方中立机关对于未达到证明标准的逮捕申请应作出不批准逮捕的决定。②

（二）拘留、监视居住和取保候审的证明标准

拘留、监视居住和取保候审的证明标准宜设定为存在合理的怀疑。需要首先说明的是，有论者从基本属性的角度出发认为监视居住和取保候审这两项措施应当定位为犯罪嫌疑人或被告人的权利而不是国家权力，公安司法机关对犯罪嫌疑人或被告人进行取保候审或监视居住不是在行使国家权力而是在履行国家义务。③基于这一判断，有论者提出对这两种本质上属于公民之行权方法的刑事强制措施来说，应当设置较低的证明标准以便于该权利的行使。④笔者认为，这一观点有待探讨。理由在于，在规范层面监视居住和取保候审都属于《刑事诉讼法》明确规定的公安司法机关有权使用的刑事强制措施，这就很难说公安司法机关是在履行义务而非行使权力。同时，这两种措施虽然相比于其他刑事强制措施来说更可以给公民带来"利好"，但是从实质上看这种形式利好背后其实仍旧是对人身自由权的限制，只不过限制的程度相比于逮捕来说降低了而已。因此，二者仍旧属于国家的公权力行为而非公民行使权利的方式，故而不宜对它们设定过低的证明标准。

---

① 刘根菊，杨立新：《逮捕的实质性条件新探》，载《法学》2003年第9期，第68页。

② 参见闵春雷：《刑事诉讼中的程序性证明》，载《法学研究》2008年第5期，第143页。

③ 参见唐磊：《论我国取保候审制度的完善》，载《社会科学研究》2005年第1期，第90页。

④ 参见段书臣，刘澍：《证明标准问题研究》，人民法院出版社2007年版，第260页。

基于此，拘留、监视居住和取保候审的证明标准设定同样可以从时间和空间两个方面展开论述。一方面，从时间层面看，这三类措施对人身自由权的限制时间相对于逮捕来说较短。就拘留而言，《刑事诉讼法》第 91 条基本将拘留的时间限制在了 37 日以内。就取保候审和监视居住而言，《刑事诉讼法》第 79 条第 1 款将其时间分别控制在了 12 个月和 6 个月之内。可见，这三类措施对人身自由权的限制时间较短。其中，拘留的适用时间在 37 日之内，"仅能带来暂时的人身自由控制。"① 对于另外两种可以让公民免于羁押的措施来说，考虑到被取保候审者和被监视居住者所处的客观环境和生活状态，二者对人身自由权的限制时间同样不算太长。另一方面，从空间层面看，因被取保候审者和被监视居住者未被羁押，所以这两类措施在空间层面对公民人身自由的侵犯程度较逮捕为低。"取保候审是我国一种重要的刑事强制措施，而且是一种限制但不剥夺犯罪嫌疑人或被告人人身自由的强制措施。"② 其中，"限制但不剥夺人身自由"的表述正是从空间层面对这一措施限制公民人身自由权之特性的生动表述。与此类似，被监视居住者相比于被取保候审者虽然在活动空间上受到相对大的限制，但是仍旧享有自由行动的空间和可能。即使是对指定居所监视居住来说，被执行主体也能够在适当限度内享有部分行动自由。相比于这两类措施，拘留在空间层面对人身自由权的限制程度则相应提高。根据《刑事诉讼法》第 85 条第 2 款的规定，执行拘留的场所一般为看守所。但是，考虑到拘留在时间层面对公民人身自由的限制强度较低，这一特性可以和该措施在空间层面对

---

① 薛向楠：《中国刑事拘留制度的发展轨迹与完善路径（1954-2018）》，载《中国政法大学学报》2019 年第 3 期，第 178 页。

② 陈轶：《我国取保候审制度的完善——从无罪判决的实证分析入手》，载《政治与法律》2005 年第 2 期，第 120 页。

公民人身自由具有的较高限制强度相互调和。① 质言之，在我国目前五个刑事强制措施之中，拘留、监视居住和取保候审对公民人身自由权的干涉程度较逮捕为低，故而都可以尝试适用合理怀疑的证明标准作为启动要件。

（三）拘传、传唤堵截盘查、边境控制的证明标准

拘传、传唤、堵截盘查、边境控制的证明标准宜设定为存在单纯的怀疑。相比于拘留、取保候审和监视居住，拘传、传唤、堵截盘查、边境控制这四个人身性刑事强制措施对人身自由权的干涉强度下降了一个等级。同时，考虑到这四个刑事强制措施在实践中属于一种临时性应急措施，多针对紧急情况下发生的特殊情形，在适用时对效率的要求较高。因此，这四个人身性刑事强制措施的证明标准宜相应降低为只要存在单纯的怀疑即可。一方面，从时间层面来说，这四个刑事强制措施对公民人身自由的限制时间相对较短。根据《刑事诉讼法》第119条第2款的规定，传唤和拘传的时间一般应当控制在12小时之内，特殊情况下不得超过24小时。可见，这两种措施对公民人身自由的限制时间远少于前述四种措施。同时，对于堵截盘查和边境控制来说，这两种措施是一种暂时性拘束措施，对公民人身自由的控制时间相对较短。当然，如果办案人员在对公民实施堵截盘查或边境控制之后再适用其他刑事强制措施导致限制人身自由的时间变长，则属于另一个层面的问题。另一方面，从空间层面来说，这四个刑事强制措施对公民人身自由的限制强度较轻。根据《刑事诉讼法》第119条第1款的规定，传唤犯罪嫌疑人的场所一般是在犯罪嫌疑人

---

① 参见高家伟：《证据法基本范畴研究》，中国人民公安大学出版社2018年版，第340-341页。

所在市、县内的指定地点或者他的住处之中。实践中，这一场所一般会选在办案机关的办公场所内。这一点和拘传的执行基本是一致的。另外，对于堵截盘查和边境控制来说，这两个措施一般不在封闭场所内执行，而是直接在办案人员暂时限制公民人身的当场就实施，并不需要将被执行人转移到其他空间内。可见，这四个措施不论是从时间层面还是从空间层面来看，对人身自由权的限制强度都相对较低，处于所有人身性刑事强制措施中的最低层级。因此，笔者认为从公民基本权利保障的角度考虑，可以将这四种措施的证明标准设置在较低水平。这也能够尽量避免给公安司法机关办案人员带来不必要的阻碍。

二、干涉财产权的刑事强制措施的证明要件

如前所述，刑事强制措施干涉财产权的形式主要表现为对所有权的限制，而所有权又包含占有、使用、收益和处分这四项基本权能。围绕这一权利特性，查封、扣押、冻结以及专门针对单位使用的限制经营对财产权的限制强度是不一样的。因此，根据比例原则并结合域外立法经验，可以尝试从此角度出发对财产性刑事强制措施的证明标准进行体系化设计。具体来说，干涉财产权的刑事强制措施的证明标准从高到低可以分为以下两个层次。

（一）扣押和限制经营的证明标准

扣押和限制经营的证明标准宜设定为存在相当理由。理由在于，在整个财产性刑事强制措施类型体系中，这两种措施相较于查封和冻结来说，对自然人或单位财产权的干涉强度更高。

一方面，对于仅适用于单位的限制经营来说，其属于一种资格罚，即涉嫌单位犯罪的特定单位在一定时间内不得从事相关业

务。这样一来,该单位丧失了经营能力甚至将在短期内面临无法继续存续的风险。可见,在刑事判决作出之前对涉案单位采用限制经营措施将直接触及公司企业等主体的生存根基,属于对单位财产权的严重干涉。因此,这项措施的启动需要满足较高的证明标准。

另一方面,扣押的适用对象可以是自然人也可以是单位。但是,不论是哪一种主体的财产被实施扣押,其财产权的受限强度都是比较高的。从概念上看,扣押是指侦查机关依法强行扣留和提存与案件有关的财物、文件的一种侦查活动,在侦查实践中扣押的客体一般是动产。① 根据《刑事诉讼法》第141条,可用以证明犯罪嫌疑人有罪或者无罪的各种财物、文件应当扣押。结合财产所有权的四项基本权能,可见侦查机关在扣押自然人或单位的动产时是对所有权之占有、使用、收益和处分四项基本权能的全面干涉,使得公民财产所有权受到了完全的限制。"财物被采取扣押等强制措施后,基本上处于权利人无权处分的状态。"② 侦查机关对被扣押财产除了没有使用、收益和处分的权限外,实际上已经实现了对该财产的占有,是一种取得物之占有的强制处分。③ 正是因为扣押的适用将导致财产占有状态的改变和转移,导致财产直接脱离权利人的控制范围而置于公安司法机关的直接管控之下,故刑事司法实践中不乏被扣押物迟迟不予返还的案例。除了郸城县人民检察院撤案十年后仍不返还贾某被扣押财物一案之外,还

---

① 参见陈光中主编:《刑事诉讼法》,北京大学出版社、高等教育出版社2013年版,第294页。

② 严林雅:《我国刑事对物强制措施体系的构建》,载《政法学刊》2021年第2期,第67页。

③ 参见张栋:《刑事诉讼法中对物的强制措施之构建》,载《政治与法律》2012年第1期,第26页。

有其他案例可供参考。例如，我国公安部于2021年2月对青海省公安厅作出刑事赔偿复议决定书，责令青海省公安厅向马某返还黄金5183.493克（足金），该批黄金系1994年8月青海省公安厅从马某手中扣押得来，后马某虽然未被追究刑事责任，但直到2016年青海省公安厅仍未将这批黄金返还给马某，故马某提起刑事赔偿申请。[1] 可见，扣押因可以发生转移财产占有的效果，在实践中容易滋生公安司法机关滥用扣押权的现象，乃至于出现在刑事案件终结之后仍旧长时间拒不返还扣押财物的极端情况。因此，对该措施应适用相当理由作为启动标准。这也符合域外其他国家或地区的立法经验。例如，有论者指出英美法系国家的诉讼程序侧重保障公民基本权利，要求实施扣押需要具备相当理由，我国刑事程序立法为了防止公民基本权利受到不当干预，侦查人员应当具有较充分的理由相信行为人实施了犯罪行为或藏有证据时才能实施扣押，因此相当理由的证明标准是一个较为适宜的立法选择。[2]

（二）查封和冻结的证明标准

查封和冻结的证明标准宜设定为存在合理怀疑。如前所述，查封和冻结的适用对象可以是自然人和单位。相比于扣押和限制经营来说，查封和冻结对财产权的干涉强度相对降低。

一方面，查封是指侦查机关依法强行封存与案件有关物品的侦查活动，查封在侦查实践中针对的是不动产和船舶等少数特殊

---

[1] 参见《商人黄金被扣26年续：公安部责令青海省公安厅返还五千余克》，载网易新闻网2023年3月7日，https：//3g.163.com/dy/article/G3ELM3970514R9P4.html。

[2] 参见谭秀云：《刑事扣押的"相当理由"证明标准及其规制路径》，载《证据科学》2018年第2期，第193页。

动产。① 在规范上,《刑事诉讼法》第141条则对查封的适用程序作了规定。可见,查封是将自然人或单位的财产查而封之、就地封闭、禁止动用,使自然人或单位不能行使财产所有权中的使用、收益、处分权能。② 从实际效果上看,被查封财产未直接处于权利人的占有之下,而是仍旧处在该财产所在的原地点。尤其,我国刑事司法实践中查封的客体一般都是工厂、房屋等不动产以及航空器等少数特殊动产。这决定了被查封的财产基本不会被直接转移到公安司法机关的控制之下由公安司法机关实施占有。所以,虽然不能说权利人仍旧占有被查封物,但是也难以认定公安司法机关实现了对被查封物的占有。

另一方面,冻结是指侦查机关根据侦查犯罪的需要而依法向金融机构、证券公司、邮电机关或企业等金融机构查询犯罪嫌疑人的存款、汇款、债权、股票、基金份额等财产,并在必要时予以冻结的侦查活动。③ 在规范上,《刑事诉讼法》第144条对其适用程序作出了规定。可见,冻结针对的对象是处在虚拟网络空间中的自然人或单位的各类无形金融资产或者说"权利凭证类的财产"。④ 反映到所有权四种权能上面,冻结的适用有以下特点。第一,公安司法机关在进行冻结时不涉及对占有状态的改变。理由在于,处于冻结状态的金融资产仍旧保存在权利人的银行账户、股票账户、基金账户等各类金融账户当中,公安司法机关无法像

---

① 参见陈光中主编:《刑事诉讼法》,北京大学出版社、高等教育出版社2013年版,第294页。

② 参见严林雅:《我国刑事对物强制措施体系的构建》,载《政法学刊》2021年第2期,第68页。

③ 参见陈光中主编:《刑事诉讼法》,北京大学出版社、高等教育出版社2013年版,第296页。

④ 参见严林雅:《我国刑事对物强制措施体系的构建》,载《政法学刊》2021年第2期,第68页。

实施扣押那样将各类金融财产移动到其他网络场域当中。对此，《公安机关办理刑事案件程序规定》第 237 条规定公安机关冻结的财产不得划转、转账或者以其他方式变相扣押。这明确了其与扣押之间的本质区别。第二，所冻结者乃是金融资产，这类资产的价值与金融市场紧密相连，其中的股票、基金、债券等特殊资产会随着每个交易日的不同行情而发生不同的价值变动。此时，由于在被冻结期间上市公司的基本面可能会发生改变，且冻结期间市场环境因素也会对金融资产价值产生影响，故股票等资产的价值可能会发生变化。尽管此时股票等资产的账面价值还是冻结时的市值，但是其内在价值很可能已经发生了巨大改变，只不过因为处于冻结状态而不能交易故没有及时兑现这种价值变化。一旦股票等资产在未来被解冻后，发生变化的价值会通过市场交易价格的变化而体现，所以解冻后的价格相对于被冻结时的价格往往会存在区别。质言之，这类资产虽然处于被冻结状态，但是其依然会和市场保持联系。这就使之至少实际上仍然存在使权利人在未来解除冻结之后享受收益的可能性，即被冻结资产仍旧存在产生收益的可能。对此，《刑事诉讼法》第 245 条第 1 款规定公安司法机关对被冻结的犯罪嫌疑人或被告人财物及其孳息应当妥善保管。同时，《公安机关办理刑事案件程序规定》第 237 条规定权利人在符合条件的情况下有权书面申请出售被冻结的债券、股票、基金份额等财产并使之变现，所得价款则继续冻结在其对应的银行账户中。这是认可被冻结财产之收益权能的表现，也为后续财产刑的顺利执行打下了基础。第三，除了收益和占有权能外，被冻结财产的使用和处分权能会受到限制。这是实施冻结措施的本质目的，即保证被冻结财产不被挪作他用。根据《公安机关办理刑事案件程序规定》第 237 条，只有在较为特殊的情况下被冻结财产才可以进入市场交易即进行使用和处分，因此冻结主要限制的是金融资产所有权中的使用和处分这两项职能。概言之，查封和冻结相比于扣押干涉公民财产权的强度来说为低，故可适用合理怀疑的证明标准。

三、干涉隐私权的刑事强制措施的证明要件

如前所述，隐私性刑事强制措施干涉的是公民生活安宁或私人秘密这两个方面的内容。基于此，身体检查、搜查和技术侦查这三种隐私性刑事强制措施的证明标准设计应符合隐私权特点。在隐私权理论中，由于隐私权是指公民在任何时间、任何场所合理地期待其私人生活不受他人非法干涉的权利，故合理的隐私期待理论是司法实践中判断公民是否享有隐私权以及隐私程度高低的依据。① 在刑事强制措施领域，对于公民隐私期待较多的隐私内容需要满足较高的证据要求，对于公民隐私期待较少的隐私内容则只需要满足较低的证据要求。② 故而，隐私性刑事强制措施证明标准的设计应从隐私权特点出发，结合合理的隐私期待理论进行考量。

需要说明的是，前文所述两类刑事强制措施可以从每种措施干涉的方式上作区分，体现出不同方式所带来的不同的限制基本权利的强度，进而决定各自的证明标准。隐私性刑事强制措施证明标准的构建不宜适用这个逻辑，而需要以干涉的对象为基准进行划分。理由在于，人身性刑事强制措施和财产性刑事强制措施中的每个具体措施都只会产生一种干涉公民基本权利的强度状态。

---

① 参见杜红原：《论隐私权概念的界定》，载《内蒙古社会科学》2014年第6期，第109页。
② 参见杨雄：《刑事强制措施的正当性基础》，中国人民公安大学出版社2009年版，第245页。

例如，逮捕对公民人身自由权的干涉强度始终会维持在高位而不会下降到与拘传一样的水平。这使得我们可以根据这些措施对公民基本权利产生的固定干涉强度进行区分，进而设定启动标准。但是，隐私性强制措施与之不同，其内部各个措施可以产生多种高低不同的干涉隐私权的强度状态，而不会始终保持一种强度供我们作为分类依据。例如，身体检查既可以只了解公民的身高、体重等一般信息，也可以探查公民的血型、基因等重要信息；技术侦查既可以只了解公民的地理位置、身份证号等一般信息，也可以探查公民的银行卡号、资产状况等重要信息。这样一来，同一种措施在不同的适用场合就产生了不同的干涉基本权利的强度，故难以同前两种措施一样从干涉方式层面作分类。根据此特点，隐私性刑事强制措施需要从不同的干涉对象出发，根据不同的隐私信息所承载的隐私价值，来判断具体措施对隐私权干涉强度的高低，形成层次化的证明标准体系。基于此，结合隐私性刑事强制措施干涉公民之生活安宁或私人秘密的特点，可以将在刑事强制措施制度运行中受到侵入的公民信息分为一般信息和敏感信息两类，据此对不同种类的信息设置不同的证明标准。

（一）干涉公民敏感信息的隐私性刑事强制措施的证明标准

对于干涉公民敏感信息的隐私性刑事强制措施来说，其证明标准宜设定为存在相当理由。从概念内涵上说，公民敏感信息指的是公民合理隐私期待程度较高的隐私信息，至少包括医疗与健康信息、基因与生物识别信息、性生活与性取向、行踪轨迹信息、住宅与家庭生活、未成年人的犯罪前科等内容。这类信息一旦被不当获取并滥用将给公民基本权利带来极为不利的影响，将其列入个人隐私的核心区域符合隐私权保障私生活安宁的最初语义与价值射程。① 这一内涵也可以得到司法解释的支撑。例如，两高在 2017 年 5 月发布了《关于办理侵犯公民个人信息刑事案件适用法律若干问题的解释》，其中第 5 条将非法获取、出售或者提供公民的行踪轨迹信息、通信内容、征信信息、财产信息以及住宿信息、通信记录、健康生理信息、交易信息等信息的行为，作为《刑法》中侵犯公民个人信息罪即第 253 条之一规定的"情节严重"情形予以专门规制。该司法解释将这类信息归入了个人敏感信息的范畴，这种划分方式为我们划定刑事强制措施领域的个人信息范围提供了可以借鉴的思路。可见，这类信息与公民一般信息不同，侵犯这类公民信息属于侵犯公民个人信息罪的严重情节。据此，搜查、身体检查和技术侦查这三种隐私性刑事强制措施都存在直接干涉公民敏感信息的可能性，在实践中适用频率较高，需合理设置各自的证明标准。

第一，搜查涉及人民之隐私，隐私、自由、财产皆为宪法保障之基本权利，具有同等重要性而无轻重之别，政府非法干涉则属对宪法权利的严重侵犯。② 对此，结合《刑事诉讼法》第 136 条以及搜查的运行特点，传统意义上的搜查一般指对人本身或空间的搜索检查。其中，对个人住宅、工作场所等空间实施的搜查将直接触及并发现个人敏感信息。因此，其启动标准需相应为高，宜采相当理由证明标准。比较来说，对人实施的搜查一般很难直接触及个人敏感信息，因此在这种场合办案人员可以不必遵循相当理由证明标准。第二，根据《刑事诉讼法》第 132 条第 1 款的规定，身体检查可以获取的个人信息具有多样性，既可以简单获

---

① 参见程雷：《大数据背景下的秘密监控与公民个人信息保护》，载《法学论坛》2021 年第 3 期，第 25-26 页。

② 参见邓子滨：《刑事诉讼原理》，北京大学出版社 2019 年版，第 323 页。

知人体的外在体貌信息,也可以深入探查人体的各类生物样本。对此,身体检查如果收集的是公民的血液、尿液、基因与生物识别信息等个人敏感信息,自然需要满足较高的证明标准。这不仅是由于这类信息具有的高度敏感性,还由于身体检查在获取这些信息时往往需要采用穿刺技术等侵入性专门手段,对公民身体直接进行侵入后才能获得这类信息。因此,采用相当理由证明标准符合这类措施的执行特点。第三,技术侦查对公民敏感信息的干涉主要表现在对公民的通信内容、征信信息、财产信息、交易信息等隐私的探查与获取方面。从合理隐私期待理论上说,这些信息属于具有高度合理隐私期待的私人事实,属于公民不想让公众知晓,且侵权者的"披露或监视行为会令一个具有普通情感的理性人产生高度反感"的信息。[1] 在形式上,这类信息一般以大数据形式存储在特定介质当中而不为外人所知晓,是公民在日常生活中普遍不希望予以公开或为人所知的个人重要信息,公安司法机关使用技术手段对这类信息进行获取属于对个人敏感信息的侵入,应当受到相当理由证明标准的规制。

(二)干涉公民一般信息的隐私性刑事强制措施的证明标准

对于干涉公民一般信息的隐私性刑事强制措施来说,其证明标准宜设定为存在合理怀疑。从概念内涵上说,公民一般信息指的是除了上述公民敏感信息之外的其他公民信息,包括身高、体重、视力、居民身份证号码、手机号码、电子邮箱等内容。相比于前述公民敏感信息,公民对一般信息表现出了较低的隐私期待

---

[1] 参见杜红原:《隐私权的判定——"合理隐私期待标准"的确立与适用》,载《北方法学》2015年第6期,第26页。

性。因此,这类信息在现代社会生活中不宜纳入隐私权的核心范畴之中。反映到刑事强制措施制度中,表现为公安司法机关针对这些信息实施刑事强制措施时不需达到相当理由的证明标准,只要满足相对较低的合理怀疑标准即可。

第一,搜查可以分为对人之搜查和对空间之搜查,前者往往只能得到公民的一般信息而难以直接获得敏感信息。这是由警察拍搜行为的执行方式所决定的。拍搜行为只能对公民身体本身进行搜索检查,至多对公民的随身物品进行查看。而一般公民的随身物品中多为个人普通用品,这些普通用品的私密程度尚达不到个人敏感信息的高度。因此,在此场合中对人之搜查是干涉一般信息隐私权的主要方式,其证明标准可以相应下调为存在合理怀疑。① 第二,对于身体检查来说,其干涉的具体对象所涉隐私权强度的层次性更为明显。例如,我国台湾地区学者指出身体检查存在因干预隐私的程度过轻而可能否定基本权干预属性的情形,其中公权力机关对公民测量身高即属典型,此时不宜将身高纳入公民隐私信息的范畴,否则国家公权力行为将会寸步难行。② 可见,当办案人员实施身体检查的目的仅在于明确公民的身高、体重、视力等基本身体信息时,该措施所干涉的应是公民个人隐私信息中的一般信息而非敏感信息。此时,该措施干涉公民隐私权的强度较轻,不宜以相当理由作为证明标准,否则将过犹不及而影响到侦查职能的发挥。第三,对于技术侦查来说,办案人员在实践中运用此项措施主要获取的是公民敏感信息。但是,在部分案件中公民的一般信息也可能成为收集对象。对此,应以当前信息化

---

① 参见刘金友,郭华:《搜查理由及其证明标准比较研究》,载《法学论坛》2004 年第 4 期,第 18 页。
② 参见林钰雄:《从基本权体系论身体检查处分》,载《台湾大学法学论丛》2004 年第 3 期,第 159 页。

社会的特点来判断这些信息是否属于一般信息。例如，对于居民身份证号码、手机号码、家庭住址、出生日期等信息来说，如果在信息网络尚不发达的时期，这些信息将具备较高的合理隐私期待而属于个人敏感信息。但是，在当代社会这类信息的隐私性早就大大下降，公民在参与购物、求职、消费、上网、出行等日常社会活动时早已将这类信息"公之于众"，合理隐私期待大大降低。① 因此，办案人员使用技术侦查对这些信息进行获取时其实不能算作是干涉了公民的敏感信息而应属于干涉一般信息的范畴，故只需满足合理怀疑的证明标准即可。

第三节 我国刑事强制措施的程序要件

基于分工负责、互相配合、互相制约原则的要求，刑事强制措施制度的顺畅运行需要完备的监督机制，监督机制的设计是该原则在刑事强制措施体系中的表现。"强制措施处分之运用，干预人民之基本权利，虽然必须依照法定程序，谨守法律保留原则与比例原则，但是徒法不足以自行，如果欠缺相应的诉讼监督机制，强制处分的实体事由及程序要件之限制就只是纸上谈兵。"② 从基本权保障的角度来说，国家为保护人民之基本权利免于受到他人的妨碍与侵犯，有权通过禁止程序、许可程序等各种程序机制达

---

① 参见谢琳，王漩：《我国个人敏感信息的内涵与外延》，载《电子知识产权》2020 年第 9 期，第 4 页。
② 林钰雄：《刑事诉讼法（上册）》，元照出版公司 2015 年版，第 325-326 页。

到保护人民基本权利之目的。① 如前所述，从监督措施启动的时间点来看刑事强制措施监督机制基本上可以被区分为事前监督、事中监督和事后监督三大类。首先，建构刑事强制措施实施之前的审查机制，通过分离刑事强制措施决定权和实施权达到监督的目的。对此，学界多从司法审查机制切入，对由人民法院主导的司法审查机制作了探讨。其次，我国部分地区在事中审查环节正在探索实施一种新的监督机制——公开听证制度。该制度运行于检察机关审查批准逮捕过程之中，针对的刑事强制措施基本限于逮捕，起到了不错的法律效果和社会效果，可以作为刑事强制措施监督机制中的重要内容。最后，强化刑事强制措施实施之后的非法证据排除机制，从证据能力层面禁止适用违法刑事强制措施所获得的证据材料成为定案依据。由此，通过事前、事中和事后三个方面的他向监督，防范刑事强制措施给公民基本权利带来不当干涉。

一、事前节制：审批模式的建构

目前，我国不存在完整意义上的刑事强制措施司法审查制度。基于这种规范状态，有的研究者对我国实行令状许可制度的合理性进行了论证，认为实行司法审查对完善刑事强制措施制度来说大有裨益。② 同时，这类主张没有止于对批捕权的转设问题，还涉及各类侦查行为之审查机制的设计。例如，有论者从整体上指出从理论研究和域外实践来看司法令状制度可辐射到财产性强制措

---

① 参见李建良：《基本权利理论体系之构成及其思考层次》，载《人文及社会科学集刊》1997年第1期，第50页。

② 参见高峰：《对刑事司法令状主义的反思》，载《政法学刊》2005年第3期，第51页。

施、隐私性强制措施中;① 有论者从未来刑事强制措施类型扩大化的角度指出,当立法将我国现有的对物侦查行为纳入刑事强制措施体系后,这些行为需要受到司法审查;② 有论者从身体检查出发,指出虽然一般的轻微身体检查可以由警察和检察官直接决定,但是入侵性身体检查则需要由法官事前决定;③ 有论者结合目前不断发展更新的侦查技术手段,指出技术侦查属于刑事强制措施,不应由警方独立决定而应受制于令状原则,由中立的司法机关加以制衡;④ 有论者认为在以审判为中心的诉讼制度改革的背景下,应加强对强制性侦查措施的检察监督,实现对侦查权的法律控制;⑤ 有论者认为我国有必要在法律上明确规定,除紧急情形或者法律另有规定的以外,侦查机关采取涉及公民人身权、隐私权、财产权的强制性措施,均应书面提请检察机关审查批准。⑥ 可见,我国理论界持建构司法令状制度的观点颇多,且逐渐涵盖了各个不同的刑事强制措施以及侦查措施,参照域外立法进而由人民法院行使刑事强制措施决定权的改革思路存在已久,即构建我国的司法令状制度或司法审查制度。同时,构建以检察机关为主体的

---

① 参见林偶之:《功利主义视角下的刑事强制措施》,载吴钰鸿主编:《西南法律评论》,法律出版社 2019 年版,第 191-192 页。

② 参见龙建明:《对物强制处分中被追诉人财产权保护研究》,载《内蒙古社会科学(汉文版)》2016 年第 1 期,第 116 页。

③ 参见杨雄:《刑事身体检查制度的法理分析》,载《中国刑事法杂志》2005 年第 2 期,第 82-83 页。

④ 参见邓子滨:《刑事诉讼原理》,北京大学出版社 2019 年版,第 367 页。

⑤ 参见温军、张雪妲:《强制性侦查措施检察监督研究——"以审判为中心"背景下的侦查权法律控制思考》,载《学习与探索》2017 年第 1 期,第 78 页。

⑥ 参见李建明:《强制性侦查措施的法律规制与法律监督》,载《法学研究》2011 年第 4 期,第 164 页。

刑事强制措施监督机制的观点也是存在的。对此，笔者认为未来由人民法院行使刑事强制措施的事前监督权更为合适。

（一）由人民法院行使刑事强制措施事前监督权具有合理性

第一，符合以审判为中心的刑事诉讼制度改革的要求。如前所述，以审判为中心的刑事诉讼制度改革是刑事强制措施体系化的制度成因之一。该项改革要求各机关要在刑事诉讼活动中贯彻以审判为中心的理念，对我国长期以来形成的流水线式刑事诉讼程序进行改造。在刑事强制措施监督机制的设计上，以审判为中心要求关涉被追诉人基本权利的强制性措施的采用需接受司法审查，由法院作为中立的裁判方做出最终裁决。① 公安机关和检察机关作为刑事诉讼三角结构的同一极，虽然二者在内部存在着控制与自治、统一与独立、制约与裁量的紧张关系，但是从外部来看，二者的利益、价值基本趋同，行为基本趋于一体化。② 从公安机关和检察机关的履职范围来看，二者皆为刑事追诉机关，共同履行打击刑事犯罪的职能，是刑事诉讼程序流水线上接续递进的主体。人民法院在刑事诉讼程序中履行审判职能，属于中立的裁判机构。在理论上，一般不认为人民法院具有追诉刑事犯罪的职能。这与侦查机关的理论和实践定位存在明显区别，使二者在以往的刑事诉讼程序中基本没有产生太多交集，进而有助于通过新的审查机制重塑当前流水线式刑事诉讼办案程序。同时，由于刑事审判工

---

① 参见闵春雷：《〈刑事诉讼法修正案（草案）〉完善的基本方向——以人权保障为重心》，载《政法论坛》2012年第1期，第27页。
② 参见李蓉：《论刑事诉讼权力配置的均衡》，载《中国人民大学学报》2006年第4期，第124页。

作的特殊性，人民法院审判刑事案件时遵循最高的证明标准，对证据材料的要求十分严格。这使审判人员形成了慎重严谨的工作习惯，也使审判工作在功能上更偏向于人权保障。这一点势必会反映到刑事强制措施的事前监督工作上，进而以较高的证据要求严格适用刑事强制措施。这符合以审判为中心的刑事诉讼制度改革的要求。

第二，符合人民法院审判权的根本属性。从权力的基本属性来看，公安机关享有的侦查权具有行政权属性，以维护社会治安稳定为其主要工作目的。由此，在工作当中公安机关行使侦查权时不可避免地会受到行政权特性的影响，出现盲目追求行政效率和效果等不当的执法行为，因而需要使用属性不同的权力对其进行监督。同时，《宪法》在规范上明确了检察机关属于法律监督机关，检察权的本质是一种法律监督权，"检察机关的客观官署性质是为立法者所认可的。"① 在这种规范语境下，我国检察机关具有一种超然的维护法律正确实施的身份定位，即检察机关在行使检察权时并非单纯以追诉刑事犯罪为目的，而是在履行自身客观义务的基础上保护包括被告人在内的各个刑事诉讼主体的合法权益，维护国家法律的正确实施。然而，"虽然我国人民检察院是法律监督机关，在刑事诉讼程序中承担着客观中立履行监督职责的义务，但是因其同时承担追诉犯罪的职责与愿望，导致其又容易在侦查机关和被侦查对象发生利益冲突时丧失中立立场而和侦查机关站在一边。"② 这一点是目前实践中争议较大且久久没有得到改善的关键问题。检察权虽然是行政权和司法权的集中体现，但是该权

---

① 郑曦：《刑事诉讼个人信息保护论纲》，载《当代法学》2021年第2期，第124页。
② 李蓉：《论刑事诉讼权力配置的均衡》，载《中国人民大学学报》2006年第4期，第130页。

力乃是行政权的本质反映。① 这就意味着检察权和侦查权在属性上具有同质性,二者在一定程度上遵循类似的权力运行规律,因此由检察机关实施刑事强制措施事前审查权需要慎重考量。比较来说,人民法院属于中立的司法机关,"法院的司法官员具有独立性"②,在刑事诉讼程序中行使的是司法权。人民法院的第三方中立地位以及司法权具有的裁判功能,符合研究者对令状主义下裁判机关特点的阐述。③ 从权力结构的构建理论来看,权力平面化意义上的分权不是随意对权力进行分割而形成多个同质的权力中心,而是依据权力在规范运作中的不同作用所作的区分。④ 在这种语境下,在刑事强制措施事前监督机制中试图以检察权制约侦查权的设计属于"随意对权力进行分割而形成的多个同质的权力中心",这不利于该监督机制的运转。比较来说,在刑事强制措施事前监督机制中以司法权制约侦查权的设计则属于"依据权力在规范运作中的作用的不同所作的区分",这种根植于权力属性的设计模式更符合刑事强制措施事前监督机制的客观需求。

第三,符合我国刑事诉讼结构的基本设计。如前所述,近年来检察机关实施的捕诉合一、提前介入等改革措施,是从侦检关系角度对刑事诉讼结构进行的调适,进而对刑事强制措施制度的运行产生了影响。在以往的刑事诉讼程序中侦查机关和检察机关分别负责刑事案件的侦查和审查起诉,中间基本不存在其他环节

---

① 参见洪浩:《检察权论》,武汉大学出版社 2001 年版,第 102 页。
② 胡锦光:《论司法审查制的成因》,载《法学家》1999 年第 1 期,第 135 页。
③ 参见刘磊:《从分权制衡原则审视羁押权之归属》,载《环球法律评论》2008 年第 3 期,第 46 页。
④ 参见周永坤:《权力结构模式与宪政》,载《中国法学》2005 年第 6 期,第 7 页。

的阻隔，二机关在刑事诉讼阶段论的语境下已经是前后两个相互衔接的公权力主体。时至今日，由于捕诉合一和提前介入改革的基本完成，检警之间的合作关系愈发凸显，检察机关通过捕诉合一和提前介入的方式得以直接深入参与侦查活动，见证甚至是直接参与部分刑事强制措施的运用过程，在诉讼结构上发生了从后向前的位序转变，在一定程度上改变了以往只能被动承接侦查机关移送的案件材料的工作模式。这使原本就具有相当程度之紧密联系的检警机关进一步提升了相互配合的便捷性。质言之，这些改革措施使得侦查机关和检察机关在工作环节上的联系日益频繁，程序连结愈发紧密。从效果上看，这给检察机关提供了在侦查活动中监督刑事强制措施之实施的便利。① 但是，从检察机关和侦查机关两者联系如此紧密的诉讼结构安排上说，这种便利又可能导致检察机关更加难以抽身出来成为事前监督刑事强制措施实施的第三方主体。② 相反，在目前的诉讼结构中检察机关已经成为和侦查机关共同决定实施刑事强制措施的关联主体，中立性和客观性更难保证。③ 而人民法院作为中立的审判机关，主要职责是负责刑事审判。从诉讼阶段论的角度看，审判环节位于刑事诉讼程序的尾端，和侦查环节之间的距离较远，两个环节之间基本不存在直接的衔接关系。这种结构安排使人民法院在刑事强制措施事前监督的问题上较之于检察机关更可以保持相对中立位置，不至于因与侦查机关存在诉讼结构上的深度牵连而导致对是否使用刑事

---

① 参见洪浩：《我国"捕诉合一"模式的正当性及其限度》，载《中国刑事法杂志》2018年第4期，第28页。
② 参见聂友伦：《检察机关批捕权配置的三种模式》，载《法学家》2019年第3期，第55页。
③ 参见刘计划：《逮捕审查制度的中国模式及其改革》，载《法学研究》2012年第2期，第122-142页。

制措施作出不当判断。在比较法上，为节制侦控机关的侦查活动，实现权力制约以保障人权，在世界各国刑事诉讼制度中，决定逮捕等刑事强制措施的权能当然地由法院行使并逐渐成为司法权之应然范畴。①

概言之，对于刑事强制措施制度的事前他向节制方法来说，学界主要有由人民法院进行令状审查和由人民检察院进行检察监督两种观点。笔者认为，前者相比于后者而言可能更具合理性。当然，目前的行政式审批模式和检察监督机制的运行可能还会持续较长时间。从效果上说，这种模式能够在一定程度上满足限制权力并保障权利的客观需求。毕竟，"司法改革不能企求尽善尽美、一步到位，而只能采取渐进的、改良的方法，从逐步的技术性改良走向制度性变革。"② 但是，未来我国在刑事强制措施事前审查机制的构建中如何借鉴域外部分国家或地区采用的令状制度仍值得重点探索。③

（二）由人民法院行使刑事强制措施事前监督权的初步构想

法律制度的构建除了合理性层面的论证外，还需要结合一国现有制度，落实到具体的制度构建层面。笔者在对由人民法院行使刑事强制措施事前监督权之合理性进行论证的基础上，继续对该机制的设计提出初步构想。

---

① 参见周新：《审查逮捕听证程序研究》，载《中外法学》2019年第4期，第1027页。

② 龙宗智：《论司法改革中的相对合理主义》，载《中国社会科学》1999年第2期，第130页。

③ 参见陈光中、张小玲：《中国刑事强制措施制度的改革与完善》，载《政法论坛》2003年第5期，第128页。

1. 管辖确定

管辖的确定是我国实行刑事强制措施司法审查机制首先需要厘清的问题。对此，笔者认为主要分为两个层次的内容。第一个层次，在法院内部设立新的专门法庭来行使这一权力。目前，我国法院内部一般分为刑事审判庭、民事审判庭、行政审判庭等业务部门。这些法庭构成了人民法院的主要工作机构。当人民法院在未来承担起刑事强制措施事前审查的职责后，应当在目前的这些法庭之外设置独立的专门法庭来处理刑事强制措施审查案件，在名称上可以将之称为刑事强制措施审查庭。① 这主要是考虑到我国法院刑事审判庭目前的审判压力较大，待审案件数量较多，难以在本职工作之外承担其他职责。同时，将办理刑事强制措施的法庭和最终审判刑事案件的法庭区别开来，可以在一定程度上避免刑事审判庭法官先入为主。第二个层次，在各级人民法院建立了刑事强制措施审查法庭之后，则需要从级别管辖和地域管辖两个方面明确刑事强制措施事前审查的管辖权限。一方面，对级别管辖来说，我国大部分刑事案件是由基层人民法院管辖的轻微刑事案件，在审前环节案件也主要由基层侦查机关和检察机关负责办理。基于这一情况，为便于侦查机关、检察机关和人民法院的工作衔接，刑事强制措施审查案件的级别管辖应与刑事案件审判管辖时的级别管辖相一致，即在多数案件中，由基层人民法院进行级别管辖。对于部分由中级及以上人民法院管辖的一审刑事案件，则由相应的中级及以上人民法院管辖。另一方面，对地域管辖来说，我国刑事案件原则上由犯罪地机关管辖。这种地域管辖方式有助于公安司法机关在犯罪地调取犯罪证据，系统掌握刑事

---

① 参见闵春雷：《完善我国刑事搜查制度的思考》，载《法商研究》2005年第4期，第124页。

案件的发生情况。而刑事强制措施的适用基础主要是在案的可以证明犯罪嫌疑人具有较高人身危险性的各类证据材料，因此人民法院行使刑事强制措施事前审查权时也可遵循该地域管辖模式行使权力，以便于案件的顺利办理。

2. 审查模式

在初步厘清了刑事强制措施案件管辖设计的问题后，需要在案件审查过程中明确两个方面的内容。一方面，在审查方法上，以开庭审查为原则而以书面审查为例外。实践中，人民法院习惯以书面审查的方式办理案件。这种做法早已为学界所批评，且不符合以审判为中心的诉讼制度改革的要求。因此，人民法院行使刑事强制措施事前审查权时这种情况应当避免。除了径行逮捕等特殊情况下作出的刑事强制措施之外，人民法院原则上对各类刑事强制措施的审查均应当以开庭方式处理，使控辩双方充分发表观点，发挥辩护律师的作用。① 例如，有论者以逮捕为例指出在构建起逮捕司法审查制度后应当支持律师参与并强化批捕辩护。② 另一方面，在审查内容上，应主要围绕刑事强制措施是否满足证明标准来进行。如前所述，各类刑事强制措施的启动均应当满足相应证明标准的要求，否则即属于违法适用的刑事强制措施。因此，从程序上说人民法院对刑事强制措施进行事前审查的主要内容在于根据在案证据判断刑事强制措施是否满足证明标准。

3. 裁判方式

裁判是人民法院的主要职能，从方式上说人民法院的裁判行

---

① 参见陈卫东：《逮捕程序司法化三题》，载《人民检察》2016年第21期，第31页。

② 参见陈海平：《论批捕权转隶法院》，载《河北法学》2021年第6期，第199页。

为可以分为判决、裁定和决定三种。① 如果未来我国采用由人民法院对刑事强制措施作事前审查的令状机制，则需要明确人民法院适用哪一种裁判方式。对此，判决是人民法院依法对案件实体问题所作的处理决定，不应被作为人民法院对刑事强制措施作事前审查时的裁判方式。需要考虑的是，裁定和决定这两种裁判方式何者更为合适。从概念上说，前者是指人民法院在审理案件过程中或判决执行过程中就案件的程序问题和部分实体问题所作的决定，后者是指人民法院在审判过程中为了解决诉讼程序中的某些问题而作出的一种处理方式。② 可见，刑事强制措施的适用作为一种程序性事项，从概念上说均符合裁定和决定的适用范畴。但是，根据《刑事诉讼法》的规定，裁定作出后存在被提起上诉或抗诉的可能性，而决定作出后不得上诉或抗诉。从这个角度上说，为在刑事强制措施监督机制中充分保障公民基本权利，人民法院在判断是否适用刑事强制措施时以裁定作为裁判方式更为合适。

4. 例外情况

刑事强制措施司法审查机制虽然可以对刑事强制措施的适用起到事前监督效果，但是也可能导致刑事侦查效率的降低，难以照顾到部分案件存在的紧急情况，因此需要在令状原则之外设置例外性规定。参考域外其他国家或地区的立法以及我国当前立法，考虑到司法实践现状，这些紧急情形主要包括：犯罪嫌疑人或被告人即将逃跑或藏匿、犯罪嫌疑人或被告人可能实施湮灭或伪造证据的行为、犯罪嫌疑人或被告人可能再次实施犯罪、证据面临灭失或损毁的可能、附带性实施刑事强制措施等。从效果上看，

---

① 参见徐静村主编：《刑事诉讼法学》，法律出版社2012年版，第287页。
② 参见洪浩：《刑事诉讼法学》，武汉大学出版社2019年版，第336-337页。

这类紧急情形的出现往往会严重阻碍侦查活动的顺利进行。刑事强制措施制度在保护公民基本权不受非法侵犯的同时，也需要考虑到侦查活动的实际效果。有鉴于此，结合前述对刑事强制措施司法审查机制的原则性设计，在存在紧急情况时刑事强制措施实施机关可以先行适用刑事强制措施而后再提交人民法院作事后审查，并在事后监督环节接受非法证据排除规则的检验。

第一，对于人身性刑事强制措施来说，其目的主要在于控制犯罪嫌疑人或被告人的人身，保证其不脱离公安司法机关的控制范围。因此，对该目的影响较大的紧急情形主要表现为犯罪嫌疑人或被告人的逃匿。在这种情况下，侦查人员可以不必事先提请人民法院允许，而只需在达到证明标准的前提下立即控制犯罪嫌疑人或被告人的人身，以免其脱离公安司法机关的控制范围后造成更为严重的后果。第二，对于财产性刑事强制措施来说，其目的主要在于实现对特定物品的控制。因此，对该目的影响较大的紧急情形主要表现为物品的损坏甚至是灭失。在这种情况下，侦查人员为及时保全物品而固定实物证据，有权在未经人民法院授权的情况下实施财产性刑事强制措施。第三，对于隐私性刑事强制措施来说，其目的主要在于获取特定主体与案件存在关联的各类信息。因此，对该目的影响较大的紧急情形主要表现为特定信息的篡改或消失。同时，由于当前刑事案件中不少信息是以数据形式存在的。故而，紧急情形下的信息灭失还可能表现为数据的破坏。在这种情况下，侦查机关显然不宜在获得人民法院授权后再实施刑事强制措施。否则，信息将难以被完整准确地获取，对以大数据形式存在的网络信息来说尤其如此。

综上，笔者从管辖模式、审查模式、裁判方式、例外情况等四个方面对由人民法院行使刑事强制措施事前监督权的机制设计作出了初步考量。当然,从比较法的视角和理论研究的现状来说,这四个方面只能代表该机制构建过程中的基本内容而非全部内容。本书限于篇幅,难以在此对我国令状机制的建立作全盘考量。对于该机制的全面构建来说,学界需要在日后的研究中不断扩展和深化。

二、事中节制:审批过程的改良

如前所述,在刑事强制措施事前监督机制层面,我国未来立法的修改还需要时间的积淀。在未来相当长一段时间内,我国仍旧会延续目前这种由检察机关审查批捕、公安机关自行批准适用大部分刑事强制措施的做法。但是,即便如此我们依然可以在事中节制环节对该审批过程进行优化。这一优化路径不仅可以和当前的事前审批模式相互对接,还可以被未来可能实施的法院令状制度所借鉴,即通过公开听证展示刑事强制措施的审批流程,促进刑事强制措施的正确适用。

(一) 刑事强制措施公开听证的正当性

首先,完善刑事强制措施公开听证机制符合恢复性司法理念的要求。"理念革新在对策研究中难免被视为老生常谈,但在刑事强制措施审查这一问题上,办案理念的转变仍须重点强调。"[1] 随着我国刑事犯罪治理模式的逐步转型,传统的以事后惩罚为主的刑罚制裁理念和司法治理模式已难以满足社会治理的实际需要,对犯罪嫌疑人或被告人直接实施逮捕等刑事强制措施可能在部分案件中并不一定有利于案件的顺畅解决。由此,恢复性司法理念

---

[1] 周新:《审查逮捕听证程序研究》,载《中外法学》2019年第4期,第1042页。

在刑事犯罪治理中被提了出来。① 该观点认为，刑事案件的办理不是简单地有罪必罚而是要使遭到破坏的社会关系得到恢复。相比于传统的刑事治罪观念，恢复性司法理念不再仅强调国家刑罚权的简单运用，而是在最大程度上吸纳案件中的利害关系人参与整个司法过程，以求共同确定犯罪行为引发的损害以及由此导致的各类责任，进而实现定分止争的司法目标。② 反映到刑事强制措施领域，逮捕公开听证活动的实践尝试体现了这一理念的要求。例如，有论者结合知识产权犯罪案件的审查逮捕实践指出，考虑到知识产权犯罪案件被害人参与刑事程序主动性不强和积极性不高的特点，在探索审查逮捕诉讼化实践中进行公开听证的做法即为检察机关增强检察工作兼听性、弥补检察权运行透明度和民主性不足的大胆尝试，提高了知识产权犯罪被害人对案件的参与程度，符合恢复性司法理念的一贯主张。③ 除了逮捕之外，吸纳有关主体广泛深入参与其他刑事强制措施的实施过程并给予其充分表达意见的机会，无疑也可以提升刑事强制措施决定作出时的透明度，通过合理适用刑事强制措施保障公民基本权利免受不当干扰，也减少刑事诉讼程序运行时受到的阻碍。

其次，完善刑事强制措施公开听证机制有助于提高对公民的财产权和隐私权的保障强度。公开听证机制作为对刑事强制措施实施事前监督的手段，可以在公民的人身自由权之外再起到保障财产权和隐私权的效果。一方面，公开听证机制的完善可以在财

---

① 参见孙国祥：《刑事一体化视野下的恢复性司法》，载《南京大学学报（哲学·社会科学版）》2005年第4期，第137页。

② 参见李慧敏：《将恢复性司法引入侵犯知识产权犯罪的处罚机制》，载《犯罪研究》2007年第2期，第29页。

③ 参见刘洋：《检察理念革新视阈下知识产权犯罪中被害人的权益保护》，载《犯罪研究》2020年第5期，第77页。

产性刑事强制措施和隐私性刑事强制措施的运用过程中赋予公民以听审权。所谓听审权，一般是指被告人参与刑事审判活动并实施相关诉讼行为的权利，也可以指特定主体在参与某项具有对抗性的裁断程序时享有的提出证据或反驳对方意见的权利。对于涉及受指控人重大人身自由的侦查强制处分，立法为尊重受指控人的人性尊严故应当赋予其听审的权利。① 除了涉及公民人身自由权的强制处分外，权利主体通过行使听审权的方式可以充分参与到特定程序中，为自己的财产权和隐私权不受非法侵犯而发表意见以获得于己有利的结果。正如有论者指出，狭义的听审指的仅仅是审判，而广义的听审则泛指一切允许两造对抗的程序，包括以口头出示证据和与对方证人对证及反诘的权利，它不仅存在于审判阶段还存在于刑事诉讼其他阶段，并体现出了保障当事人参与权的价值，财产权被干预的被追诉人应当获得听审的权利。② 另一方面，从诉讼结构上说，公开听证机制的引入在各类刑事强制措施的实施过程中体现出了类似于司法的对抗性和裁断性色彩，加强了对除逮捕之外其他刑事强制措施的监督力度。"刑事强制措施侦查化的一个外在诱因即缺少外部对抗机制，国家机关之间不能有效形成制衡监督。换言之，在刑事强制措施运行机制中大部分案件都缺少辩护人的有效介入而没有形成双方对抗的模式。"③ 从实践来看，除了逮捕之外，在其他刑事强制措施适用过程中都缺少这种对抗性因素，使得特定措施的适用过程略显独断而缺少司

---

① 参见刘磊：《从分权制衡原则审视羁押权之归属》，载《环球法律评论》2008年第3期，第44页。

② 参见万毅：《刑事诉讼中被追诉人财产权保障问题研究》，载《政法论坛》2007年第4期，第58页。

③ 兰哲：《刑事强制措施侦查化的法教义学思辨——以人权保障体系为视角的分析》，载《黑龙江省政法管理干部学院学报》2018年第3期，第142页。

法属性故广受诟病。例如，有论者以扣押为例指出该项措施的决定过程具有行政性特点。这不仅可能造成部分刑事强制措施的不当适用，还可能"引起当事人的不满，违背人权保障和正当程序原则"①，导致原本能够被顺利适用的刑事强制措施因得不到被适用主体的理解而遇到执行上的阻力。虽然，这种阻力可以通过侦查机关的强制力来破解，但是在涉及公民财产权和隐私权保护时这种处理方式很难取得良好的社会效果。因此，从诉讼结构层面来看，引入公开听证机制可以增强刑事强制措施事前环节的对抗性或者说司法性，提高对公民财产权和隐私权的保护力度。

最后，现有的公开听证实践可以给其他刑事强制措施公开听证活动的展开提供经验。从制度构建的逻辑上看，司法实践积累的经验性材料在制度初创阶段往往能够成为制度构建的养分，使立法机关所定之制度符合司法实践需求，进而在制度建构和司法活动之间形成良好的互动关系，避免制度建设完成之后被束之高阁。回顾检察机关探索实施逮捕公开听证机制的历程，起初正是在部分地区检察机关的积极尝试之下，主动与公安机关以及其他部门沟通，向犯罪嫌疑人或被告人及其辩护人说明公开听证机制的运行方式和效果，才初步形成了我国实施逮捕公开听证活动的宝贵经验，为我国进一步完善该监督机制提供了可行性。当前，部分地区已经基本实现了逮捕听证机制的从无到有，尚需要基于司法实践经验实现该机制的从有到优。而优化该监督机制的途径之一，就是以除逮捕之外的其他关涉公民基本权利的刑事强制措施为基础，扩大公开听证机制所关照的刑事强制措施种类，以检察机关开展逮捕公开听证活动的丰富实践经验为参照，探索刑事

---

① 郭烁：《捕诉调整："世易时移"的检察机制再选择》，载《东方法学》2018年第4期，第139页。

强制措施公开听证机制的完善路径。这种听证式改造使审查的内容不局限于卷宗材料,其不但可以突出逮捕等刑事强制措施审查程序在保护人权方面的作用,同样也是审判中心主义的应有之义。①

(二) 完善刑事强制措施公开听证机制的设想

刑事强制措施公开听证机制旨在通过公开听证从事前环节入手监督刑事强制措施的适用,是强化司法审查属性并突出程序正义的体现。② 在现有逮捕公开听证机制的基础上对该机制进行完善,扩大听证活动所涵盖的刑事强制措施类型是其核心,优化听证活动的相关程序是其保障。

1. 扩大公开听证机制涵盖的刑事强制措施类型

从各地检察机关颁布的逮捕公开听证实施规则及实践来看,逮捕是公开听证机制针对的唯一一种刑事强制措施。同时,只有满足一定条件的部分逮捕活动才会被纳入公开听证程序的规制范畴,并非所有的审查批捕活动都需要进行公开听证。例如,广汉市人民检察院于 2020 年 6 月发布的《审查逮捕公开听证实施办法(试行)》对此作出了规定,其中第 4 条明确只有存在社会影响较大、逮捕必要性分歧较大等四种情况时才可以对逮捕案件进行公开听证,第 5 条进一步明确存在犯罪嫌疑人认罪认罚、未成年人犯罪等情形的逮捕案件不得进行公开听证。可见,扩大公开听证机制涉及的刑事强制措施类型时需要注意两个层次的内容:一是

---

① 参见周新:《审查逮捕听证程序研究》,载《中外法学》2019 年第 4 期,第 1034 页。

② 参见孙谦:《司法改革背景下逮捕的若干问题研究》,载《中国法学》2017 年第 3 期,第 29 页。

确定哪些刑事强制措施应被纳入其中,二是进一步厘定这些措施在什么情况下应被公开听证。

笔者认为除干涉公民人身自由权的逮捕措施之外,干涉公民财产权和隐私权的部分刑事强制措施也应当纳入可以进行公开听证的范畴。具体来说,在干涉公民财产权的刑事强制措施当中,查封、扣押和冻结这三类措施在实践中运用较多,尤其是在单位犯罪案件中使用的频率颇高,与自然人和单位的财产权保护息息相关。因此,可以考虑将这三类措施纳入公开听证范围。同时,在干涉公民隐私权的刑事强制措施当中,考虑到其中大部分措施都是通过技术手段完成而具有秘密性,对这些技术性措施进行公开听证可能给侦查活动带来不利影响,故可暂不列入公开听证范围。除了这些技术性措施之外,搜查的秘密性较低且与公民隐私权保护关联甚密,因此可以将搜查列入公开听证范围。从法律解释的角度上说,这符合《人民检察院审查案件听证工作规定》第4条关于检察机关可以召开听证会的案件范围的规定,是对该条之兜底条款的合理解读。

进而言之,为保证侦查活动的效率,需限制对查封、扣押、冻结和搜查这四种措施进行公开听证的条件。虽然,公开听证机制体现出了刑事强制措施领域分工负责、互相配合、互相制约原则的意旨,能够起到保护公民基本权利的效果,但是,在公开听证机制下侦查活动的效率同样需要得到保障,把逮捕等刑事强制措施的所有审查事项都纳入听证范围既无必要性也缺乏可行性。[①] 具体来说,在设置限制性条件时可参考部分地区检察机关施行的相关规定,至少可以将以下情形作为进行公开听证的条件:案情

---

① 参见邢小兵,张仁杰,李德胜:《逮捕司法化转型的实践困境反思》,载《中国检察官》2017年第11期,第44页。

疑难、复杂、争议较大的；社会影响较大的；查封、扣押、冻结、搜查的必要性分歧较大的；有当事人反映侦查活动违法而可能影响案件正确处理的。由此，只将存在这些特殊情形的案件纳入公开听证范围，其他普通案件则无需进行公开听证。

2. 优化公开听证机制的具体程序

对公开听证机制的运行程序进行完善是推动这项监督机制持续发展的关键，可以起到保障被适用刑事强制措施主体之听审权的作用。[1] 结合部分检察机关颁布的公开听证规则以及《人民检察院审查案件听证工作规定》，目前我国的逮捕公开听证活动已经形成了较为固定的程序步骤，有效促进了公开听证机制的运转。但是，从实践情况来看，公开听证机制的运行尚需要重点关注以下几个方面的问题并从规则层面予以适当调整。

第一，在公开听证活动中重点把握刑事强制措施证明标准。以目前进行的逮捕公开听证为例，由于《刑事诉讼法》和司法解释对逮捕的证明标准表述不明，因此参与各方在逮捕公开听证中对这一概念的理解往往存在较大分歧。[2] 对此，笔者认为刑事强制措施公开听证活动的证明标准应当以前述各类刑事强制措施的证明标准为基准进行判断。在此基础上，基于公开听证具有的诉讼属性与司法特色，检察机关应采用讯问犯罪嫌疑人或被告人、对实物证据作实质审查等方式，避免公开听证中出现证据审查形式化和亲历性欠缺的情况。第二，强化公开听证活动中辩护人的作

---

[1] 参见万毅：《刑事诉讼中被追诉人财产权保障问题研究》，载《政法论坛》2007年第4期，第61页。
[2] 参见胡胜友，靳宁：《听证审查：审查逮捕诉讼化改革的模式探索》，载《中国检察官》2019年第13期，第47页。

用。"我国侦查程序构造本身因诉讼构造失衡而呈现出高度的内卷化"①，逮捕公开听证机制的建立旨在增强审查逮捕活动的对抗性，甚至在一定程度上体现出司法的属性，通过各方主体共同参与的方式形成恰当的审查逮捕结论。由此，在由检察机关作为逮捕公开听证活动之主导者的前提下，需保障犯罪嫌疑人或被告人一方在实质上于逮捕听证活动中发表观点，体现该机制的诉讼化特点，避免该机制的运行流于形式。对此，势必需要重视辩护律师在其中发挥的作用。这也是以审判为中心的刑事诉讼制度改革的当然之意。② 然而，由于检律双方缺少沟通、犯罪嫌疑人或被告人的权利保护意识不足等原因，辩护律师在目前的逮捕听证活动中发挥的作用有限，存在角色性失灵的问题。③ 在扩大公开听证机制的适用范围后，应重点发挥法律援助律师的作用，保证参与听证的犯罪嫌疑人或被告人能有辩护律师的支持。更为关键的是，检察机关在该机制中应当对自身有准确定位，即其不仅只是决定的作出者或者说公开听证活动的主持者，还应当是对刑事强制措施的适用实施法律监督的监督者。在这种定位下，即使目前辩护律师作用受限的状况一时难以改变，检察机关也可以在公开听证中以做出正确的刑事强制措施决定为目的，深入调查所需要的证据材料，广泛听取各方意见，充分利用公开听证，从自身出发破解辩护律师的作用难以完全释放的困境。

---

① 张可，陈刚：《审判中心视野下侦查程序的改革与完善》，载《河南社会科学》2016 年第 6 期，第 65 页。

② 参见闵春雷：《论审查逮捕程序的诉讼化》，载《法制与社会发展》2016 年第 3 期，第 63 页。

③ 参见邢小兵，张仁杰，李德胜：《逮捕司法化转型的实践困境反思》，载《中国检察官》2017 年第 11 期，第 42 页。

三、事后节制：非法证据排除规则的强化

如前所述，《刑事诉讼法》与《关于办理刑事案件严格排除非法证据若干问题的规定》在一定程度上体现出了排除违法刑事强制措施所得证据的精神，实践中部分辩护人和人民法院结合相关条款作出了阐释。[①] 该规则在刑事强制措施制度中已具有基础，故在我国法语境下应当关注的是非法证据排除规则在刑事强制措施事后监督机制中的强化路径。具体来说，刑事强制措施制度全面贯彻非法证据排除规则是一个系统性工作，需要从提出排除非法证据的主体和庭审质证时的内容这两个方面入手，同时借鉴域外判例法国家在具体案件中动态理解非法刑事强制措施所得证据之内涵的做法，辅之以我国的案例指导制度，进而令公安司法机关能够在具体案件当中动态把握非法证据的内涵。

（一）加强针对性：围绕证明标准展开审查

从概念上说，非法证据排除规则中的"非法证据"是指以非法方法取得之证据。例如，以法律明确禁止的刑讯方式获取犯罪嫌疑人或被告人的有罪供述，以及违反法定程序实施搜查、扣押所获取的物证、书证。[②] 如前所述，公安司法机关只有在达到相应证明标准的情况下才能实施相应的刑事强制措施。因此，从逻辑上说公安司法机关在未达到证明标准时就采取的刑事强制措施应属于违反法定程序的刑事强制措施，所取得的证据属于使用非法

[①] 参见林喜芬、董坤：《非法证据排除规则运行状况的实证研究——以557份律师调查问卷为样本》，载《交大法学》2016年第3期，第125页。

[②] 参见万毅：《解读"非法证据"——兼评"两个〈证据规定〉"》，载《清华法学》2011年第2期，第28页。

方法取得的证据,故而应受到非法证据排除规则的规制。然而,我国立法和司法解释未将这一点作为启动非法证据排除规则的理由之一。当然,这和《刑事诉讼法》长期缺乏刑事强制措施证明标准的规定存在关系。因此,人民法院在贯彻非法证据排除规则时,除了对公安司法机关实施的有违程序规则的刑事强制措施进行审查外,还需要围绕证明标准展开研判,分析刑事强制措施决定的作出是否具备证据要件。否则,同样应当启动非法证据排除规则。在比较法上,刑事强制措施的适用是否达到证明标准是启动非法证据排除规则的理由之一。然而,我国目前立法将非法证据排除规则狭隘地理解为仅包括对存在暴力、威胁等非法取证方法的证据进行排除,而对取证方式合法但是在实施时没有达到证明标准的证据未形成有效规制。①

有鉴于此,在以现有非法证据排除规则为基础的前提下,立法可将未满足相应证明标准作为启动非法证据排除规则的理由之一。这可以起到扩大非法证据排除规则规制范围的效果,将原本不受非法证据排除规则限制的行为纳入到监督体系中来,进一步提高刑事强制措施适用的准确性和合理性。落实到实践中,这对审判人员提出了更高的要求,即审判人员需要从刑事强制措施启动时的条件出发,对当时的证据材料进行审查,判断是否达到了刑事强制措施的启动要求。

(二)提高威慑性:强化非法证据排除效果

根据《刑事诉讼法》及司法解释对非法证据排除规则的规定,审判机关对物证和书证收集程序存在瑕疵的案件允许侦查机关予

---

① 参见杨宇冠:《我国非法证据排除规则的特点与完善》,载《法学杂志》2017年第9期,第83页。

以补正，补正之后则可以采纳相关证据。由此，取证程序存在瑕疵的言词证据和实物证据引发的是不同的非法证据排除效果，即言词证据为绝对排除而实物证据为有限排除。①

对《刑事诉讼法》这一区别性的规定，理论界和实务界一直以来都存在质疑，部分研究者认为应当将实物证据的排除效果明确为绝对排除而不得在进行补正后使之获得证据资格。在刑事强制措施体系化的背景下这一观点存在合理性，未来立法应逐步向该观点靠拢，进而强化非法证据排除规则的效果，提高该规则的威慑力。一方面，刑事强制措施体系和侦查行为体系并存是目前非法证据排除规则对言词证据和实物证据作区别对待的基础和前提。在目前立法状态下，对于主要由各类侦查措施获得的实物证据，可以适用补正的方式令其获得证据资格，而对于经由五种干涉公民人身自由权的刑事强制措施收集的言词证据则采取绝对排除的模式。如果未来立法扩大了刑事强制措施的类型范围，将各侦查行为纳入到刑事强制措施体系当中，则不宜再在非法证据排除规则立法中采用区别对待的立法模式，而应当对言词证据和实物证据都采用绝对排除的标准，以实现刑事强制措施体系内的统一。另一方面，绝对排除非法实物证据有利于保障公民的财产权和隐私权。现有刑事强制措施立法仅关照公民的人身自由权而忽视财产权和隐私权，未能全面保障公民基本权利。这种对公民基本权利进行区别对待的立法态度，也反映到了非法证据排除规则的立法和运行之中，不适当地产生了人身自由权凌驾于财产权和隐私权之上的效果。② 正如有论者指出："《刑事诉讼法》第 56 条

---

① 参见杨宇冠，郭旭：《非法证据排除规则实施考察报告——以 J 省检察机关为视角》，载《证据科学》2014 年第 1 期，第 5 页。
② 参见汪进元：《非法证据排除规则的宪法思考——兼评我国刑事诉讼法的修改》，载《北方法学》2012 年第 1 期，第 38 页。

规定的非法证据排除规则主要适用于刑讯逼供获得的言词证据，在例外情形下适用于针对物与财产的搜查、扣押等收集物证、书证的取证行为，而对于干预隐私权或个人信息权的技术侦查措施则根本就没有列为证据排除的范围。通过排除范围的立法安排，我们可以清晰地看到刑事诉讼法对人身权、财产权与隐私权三类主要程序法益的重视程度是依次递减的。"① 与之类似，有论者也指出《刑事诉讼法》与司法解释中的非法证据排除规则只适用于犯罪嫌疑人或被告人之供述、证人证言、被害人陈述、物证、书证五种证据，对收集使用电子数据的取证活动在规范上却避而不谈，这对于网络时代我国公民隐私权的保障来说是不利的。② 从基本权理论来看，这种立法模式存在调整的空间。不论是公民的人身自由权还是财产权和隐私权，它们都属于公民的基本权利，应受到同等的对待。因此，当干涉财产权和隐私权的刑事强制措施的运用存在程序违法时，其后果应当提高为绝对排除，进而实现对财产权和隐私权的平等保障。

（三）保证动态性：用指导性案例进行引导

"我国的案例指导制度尽管不同于英美国家的判例制度，但在现实司法政治体制之下，通过最高司法机关来颁布的指导性案例，依然具有重要的巩固法律体系之融贯性的功能。"③ 近年来，由两高推动的案例指导制度在我国司法实践中的应用日趋频繁，不少

---

① 程雷：《大数据背景下的秘密监控与公民个人信息保护》，载《法学论坛》2021年第3期，第16页。
② 参见陈永生：《论电子通讯数据搜查、扣押的制度建构》，载《环球法律评论》2019年第1期，第20页。
③ 雷磊：《融贯性与法律体系的建构——兼论当代中国法律体系的融贯化》，载《法学家》2012年第2期，第14页。

指导性案例成为公安司法机关、犯罪嫌疑人或被告人及其辩护人释法用法的依据。最高人民法院在2010年颁布的《关于案例指导工作的规定》第2条中,将"法律规定比较原则"的情形作为发布指导性案例的条件之一。① 具体到本书,违法刑事强制措施触发非法证据排除规则的代表性案例有必要纳入指导性案例的阐释范畴,"适用非法证据排除规则需要司法判例。"②

第一,从立法层面来看,《刑事诉讼法》及司法解释难以在立法层面穷尽所有违法实施刑事强制措施的情形,因而法律规定往往较为原则,属于有待进一步阐释说明的情形。第二,从域外司法实践经验来看,判断某项刑事强制措施是否足以触发非法证据排除规则需要审判机关结合个案进行具体分析,尤其在疑难案件中这种情况更是会引起控辩双方的激烈辩论。此时,如果能够有指导性案例作为参考依据,则能够对此类法律争议的化解提供帮助。第三,指导性案例能够适应非法刑事强制措施所得证据之内涵的开放性特点。"当成文法使用抽象模糊的字眼时,法律适用活动便会遇到难题,而案例指导制度对抽象稳定的法律条文具有较强适应性,可以通过具体化抽象法律条文的方式,帮助人们正确理解和适用法律。"③ 可见,抽象法律规定是指导性案例的重点阐释对象之一。通过指导性案例制度的过滤,抽象法律规定可以在个案中落到实处而实现具体化,体现了"具体问题,具体分析"的裁判艺术。同时,虽有指导性案例的介入,但抽象法律规定仍

---

① 参见陈兴良:《案例指导制度的规范考察》,载《法学评论》2012年第3期,第120页。

② 何家弘:《适用非法证据排除规则需要司法判例》,载《法学家》2013年第2期,第106页。

③ 胡云腾、于同志:《案例指导制度若干重大疑难争议问题研究》,载《法学研究》2008年第6期,第5-6页。

旧可以在原有规范中继续保持其基本内涵的流动性特色，从而发挥抽象法律规定内涵之"与时俱进，不断更新"的正价值。非法刑事强制措施所得证据作为典型的抽象法律规定，在司法实务中不易把握。由此，法律适用者需随各个具体案件，依照法律精神或立法目的予以具体化以求实质公平。① 通过指导性案例阐释非法刑事强制措施所得证据，既保持了概念的内涵开放性又实现了其内涵的具体化，而不是使用僵硬的司法解释把非法刑事强制措施所得证据的内涵直接固定，丧失了原则性法律规定的补漏功能，抑制了这类规定正价值的张扬。

基于此，指导性案例制度在具体落实过程中需注意以下两个方面的内容。一方面，应重点展示排除违法刑事强制措施所得证据的论证过程。司法解释的表现形式基本等同于成文法，其不会叙明排除违法刑事强制措施所得证据的具体理由，只会直接以条文的形式给出结论，导致适用条文者难以在实践中举一反三。与此相反，展示法律适用的论证过程正是指导性案例的一大特色。"指导性案例中已经包括了该案大前提的确定、大小前提的连结和法律论证，给其他待决案件提供了方法论上的指导，"② 充分展示了"法官使用法律解释、漏洞补充、价值衡量等法律方法完成法律推理的法律智慧"③。排除违法刑事强制措施所得证据的法律适用过程颇为复杂，需要通过法律解释等方式证成将具体事件涵摄进相关规定中的合理性。这贴合了指导性案例的说理特色，使法

---

① 参见杨仁寿：《法学方法论》，中国政法大学出版社 2013 年版，第 186 页。
② 王利明：《我国案例指导制度若干问题研究》，载《法学》2012 年第 1 期，第 72 页。
③ 魏胜强：《为判例制度正名——关于构建我国判例制度的思考》，载《法律科学（西北政法大学学报）》2011 年第 3 期，第 189 页。

律适用者能够从指导性案例的法律论证过程中获得闻一知十的营养。结合当前实践案例，不少人民法院在处理此类法律争议时的说理论证效果有待进一步提高。这也从裁判文书说理的角度体现了指导性案例重点展示排除违法刑事强制措施所得证据之论证过程的价值。正如有论者以扣押为例指出，刑事扣押证明标准的形成需要说理程序的规制，尤其是遇见对抗性质的扣押行为和案件事实时，说理是弥合"裂隙"之墙的必经工序。[①] 可见，文书说理的充分性对判断刑事强制措施的适用是否达到证明标准，进而是否需要受到非法证据排除规则的规制来说是十分重要的。指导性案例应当在这方面发挥应有作用。这也是域外其他国家或地区司法实践中的普遍做法。另一方面，应重点发挥最高人民检察院指导性案例在阐释非法证据排除规则时的作用。目前，两高均有权发布指导性案例。但是，相比于最高法指导性案例，最高检指导性案例在阐释违法刑事强制措施能否触发非法证据排除规则时更具有适用的潜力和优势，可能会发挥更大的作用。理由在于，根据两高指导性案例制度的分工，最高法发布的指导性案例一般主要着眼于刑事审判阶段的疑难问题，较少涉及侦查、审查起诉等审前阶段的法律争议。相反，最高检指导性案例则广泛涉及审前环节的侦查监督、审查起诉、审查批捕、公益诉讼诉前程序以及审后的检察监督等问题，并不将视野局限在审判阶段。这是目前我国两高指导性案例在内容上的不同点，也是审判机关和检察机关在刑事诉讼中不同职能分工所产生的当然效果。[②] 刑事强制措施适用的主要场合是刑事侦查阶段和审查起诉阶段，非法证据排除

---

① 参见谭秀云：《刑事扣押的"相当理由"证明标准及其规制路径》，载《证据科学》2018年第2期，第195页。
② 参见张旻：《检察机关案例指导制度实证研究——以第一至第九批指导性案例为中心》，载《现代法治研究》2018年第1期，第2页。

规则的适用贯穿于整个刑事诉讼程序而不局限在审判环节。同时，检察机关和侦查机关在刑事侦查活动中的联系更加紧密，对各类刑事强制措施实践运用的情况更为了解。因此，最高检指导性案例可更全面地关照违法刑事强制措施能否触发非法证据排除规则的解读难题，故而应当发挥更大的作用。概言之，考虑到未来我国刑事强制措施体系可能进一步扩大，司法实践的情况会更加复杂，使用指导性案例来阐释非法证据排除规则在刑事强制措施制度中的应用方式应能够起到不错的实践效果。

综上所述，在从内在维度对刑事强制措施制度进行体系化构建的基础上，外在维度的刑事强制措施体系化则从证明要件和程序要件的确立这两个方面展开。前者旨在根据三类不同的刑事强制措施干涉公民基本权利强度的不同，形成层次化的证明标准设计，以符合比例原则的要求；后者旨在从事前、事中和事后三个环节对国家公权力机关运用刑事强制措施的活动施加限制，从程序上尽量消解国家权力与公民权利之间的不平衡状态，以符合分工负责、互相配合、互相制约原则的要求。由此，在理论上建构起由内在维度和外在维度两个方面的内容组成的我国刑事强制措施新体系。

结　语

从宏观上说,"法律体系形成、法律体系完备和法律体系健全应是三个不同层次的概念,三者之间是依次递进的关系。法律体系形成所回答的是法律体系之存在与有无的问题,是法律体系的最低要求;法律体系完备是指部门齐全进而满足形式上的要求;法律体系健全则是指其内容与形式、数量与质量都符合法治要求的良法体系,是法律体系应追求的最高层次。"[①] 如果从这个意义上审视我国刑事强制措施体系,则其已经跨越了"体系形成"的时期,正走在"体系完备"的阶段,并不断迈向"体系健全"的目标。本书旨在促进这一目标的达成。回溯历史,自我国1979年《刑事诉讼法》初步构建起了刑事强制措施体系以来,该体系已经运行了四十多个年头。在这个过程中,我国刑事强制措施制度从初创到完善再到发展,不断吸取刑事司法制度改革的有益成果,优化运行模式,夯实理论基础,服务司法实践,为公安司法机关打击刑事犯罪提供帮助。但是,随着我国公民基本权利意识的加强、社会经济发展速度的加快以及刑事侦查技术水平的提升,刑

[①] 杨解君:《中国法律体系化的探索:行政法与相关部门法的交叉衔接研究》,人民出版社2014年版,第3页。

事强制措施制度的运转面临新的课题。《刑事诉讼法》修改活动需要对此作出回应，对已经出现的制度建构问题和司法实践争议予以妥当解决。我国的刑事司法体制改革正深入推进，对刑事强制措施制度进行体系化革新恰逢其时。本书对我国刑事强制措施制度改良作出了新的体系化探讨，所得结论符合体系化研究之理论基础的要求。

首先，该体系从价值层面来说能兼顾权力行使与权利保障。作为几乎贯穿刑事诉讼程序始终的制度，刑事强制措施制度不仅是公安司法机关打击刑事犯罪时广泛运用的"武器"，还是在刑事诉讼程序运行过程中保障公民基本权利的机制。一方面，新构建的刑事强制措施体系可以发挥便利公权力行使的价值。公安司法机关只有充分运用各类刑事强制措施，才能够在刑事侦查活动中实现控制人身和保全证据的目的。未来立法在完善刑事强制措施体系时不能只看到保障公民基本权利的要求，还需要为国家权力的行使保留空间，不致刑事追诉活动陷入困境。本书对刑事强制措施的类型进行了完善，整合了刑事强制措施体系和侦查行为体系，使公安司法机关的权力运用逻辑更为清晰。在设置刑事强制措施证明要件和构建相关监督机制时，考虑到了部分案件的特殊性，作出了例外性规定以便公安司法机关事急从权。同时，法律原则在实践中具有法律解释功能，实务人员可以结合这些基本原则对相关条文进行解读。这在一定程度上保证了实务人员自由裁量权的行使。另一方面，新构建的刑事强制措施体系可以发挥保障公民基本权利的价值。刑事强制措施制度在促进国家公权力运行的同时，还需保护公民基本权利免受非法干预。犯罪嫌疑人或被告人以及其他与案件产生牵连的普通公民是刑事强制措施的适用对象。刑事强制措施制度需通过相应的程序设计来完成对以上主体合法权益的保障，使公民的人身自由权、财产权、隐私权等基本权利不受非法干预。本书通过设置刑事强制措施要件的方式达成了对刑事强制措施实施活动进行限制的目标，实现了对公民基本权利的有效保障，即证明要件从实质层面明确了刑事强制措施适用的具体标准，程序要件从形式层面落实了刑事强制措施适用的监督机制。可见，本书所述刑事强制措施体系可以发挥平衡权力行使和权利保障之关系的功能。当然，就我国目前司法实践来说，在未来相当长的一段时间内如何进一步实现刑事强制措施体系的权利保障功能或许是更需要研究的课题。

其次，该体系从结构层面来说采用的是原则指导与规则构建相结合的模式。在这个模式中，程序法定原则、比例原则以及分工负责、互相配合、互相制约原则是刑事强制措施体系运行需要遵循的三项基本原则。其中，分工负责、互相配合、互相制约原则关注的是各机关之间的权力分配状态，防止某一机关在刑事强制措施体系中的权力过大；程序法定原则的意义在于明确刑事强制措施制度的法定性，要求各刑事强制措施的运行均应当有法律规定的支撑；比例原则从手段合理性层面对刑事强制措施的立法和司法给予了关照，要求公安司法机关干涉公民基本权利时应当将措施的使用保持在合理限度之内。在这三项基本原则的基础上，刑事强制措施制度中的各项法律规则得以逐步展开，形成了由基本原则引导具体规则之构建的刑事强制措施新体系。

最后，该体系从标准层面来说能够形成内外部和谐的状态。一方面，从内部和谐的角度来看，基本原则、法定类型、证明标准以及程序审批机制是刑事强制措施体系的基本组成部分。这几个组成部分之间呈现出从前至后的递进关系，展现出了较为和谐的内部架构。随着刑事强制措施制度的完善，未来可能还会有其他要素加入这个体系中，进而形成更为完善的刑事强制措施制度。同时，从我国的整个法律体系来看，新的刑事强制措施体系与

《宪法》《民法典》中公民基本权利规定之间的关系更加紧密，是公民基本权利保障理念在刑事诉讼制度中的表现，体现出了《刑事诉讼法》与其他部门法之间的和谐状态。另一方面，从外部和谐的角度来看，新的刑事强制措施体系对随着我国社会经济发展而日渐重要的财产权和隐私权给予了关注，将干涉公民财产权和隐私权的侦查行为作为刑事强制措施体系的一部分进行规制。这弥合了我国社会当前的发展态势，是外部和谐的表现形式。

刑事强制措施制度的内容庞杂，学界对这一制度的研究应继续深入。首先，需加强对刑事强制措施执行场所的研究。刑事强制措施的种类繁多，其中有的是在看守所等实在空间中执行，有的是在银行账户等虚拟空间中落实。一方面，目前由于人身性刑事强制措施的广泛采用，各类看管场所的运转是我国司法实践和理论研究关注较多的问题。其中，包含行政拘留所、看守所、监狱等不同场所的执行活动。同时，公安司法机关在针对公民的实物资产实施侦查行为时会涉及财产管理场所的运行。另一方面，干涉公民隐私权的刑事强制措施的适用日渐频繁，因此以虚拟形式存在的执行场所已引起了人们的关注。如何在这些虚拟空间中对公民个人财产和信息进行限制和维持，在未来会是新型刑事强制措施运用时需要考虑的问题。其次，我国侦查机关的侦查技术水平不断提高，各类新型侦查装备逐渐被一线实务人员所采用。这些技术上的支持使得公安司法机关开始逐步尝试并扩大对非羁押性刑事强制措施的使用。这给予了我国刑事强制措施制度更宽广的延伸空间。未来，研究者不仅应关注高科技侦查技术给公安司法机关办理案件带来的便利，还应当关注在这个过程中公民基本权利的实现状态。最后，我国刑事诉讼程序近年来改革创新不断，缺席审判程序、认罪认罚从宽程序、捕诉合一程序等新机制的适用给刑事强制措施制度运行带来了思考。同时，留置措施的属性和适用也值得探讨。在这一背景下,刑事强制措施制度该如何有效融入,需要依据这些新的程序作出哪些针对性调整,将是未来刑事诉讼程序改革需要关注的又一命题。

在写作本书的过程中,笔者深切感受到了体系化研究方法的魅力,该方法在以后的研究和工作中可以给予我们更多的启发和帮助。一方面,法学研究者在研究过程中应时刻保有体系化思维。在以往的研究中,我们习惯于针对某一个具体问题进行分析。这样的研究思维固然会取得一些成果,但是长期来看我们还是需要保有从宏观上看待问题的体系化思维。因为,如欲使我们所提倡的观点在立法和司法中得到落实和运行,则必然不能将研究视野局限在该问题本身,还应当讨论与之有关的配套问题。否则,研究难收以小见大之效。对于刑事强制措施制度来说是如此,对于其他法律制度或法律规范的研究来说也是如此。质言之,法学研究者应密切关注所研究的主要问题和其他问题间的关联性,使之相互贯通并期待能促进所研究之主要问题的全面解决。另一方面,从事法律体系化研究不宜随意打破现有法律体系。虽然,在法学研究中应当注重体系化思维的贯彻,但是这不意味着肆意破除作为研究对象的现有法律体系。萨维尼在研究古罗马法中的占有制度时指出,从古代罗马法具体文本出发的最终目的就是要以发现体系而非发明体系的方式,寻求当下与过去之间的内在关联,使其成为一个融洽的整体。① 换言之,法学研究者不能因为开展的是体系化研究,便以完全打破现有体系为目标。相反,研究者应充分关注现有法律体系的合理性。在这个基础上进行完善,用有限的"破"达到适度的"立"。本书对刑事强制措施体系化的探讨是

---

① 参见李栋:《萨维尼法学方法论的内容及其展示》,载《法治现代化研究》2020年第1期,第156页。

从现有规范出发，尽量以发现体系作为目的而减少发明体系的意图，以便在维护现有规范稳定性的基础上适当建构起新的内容。

完整的法体系从未被发展完成，迄今为止被建构而适用的法体系均因后续的发展而被超越。因此，对法律制度进行体系化完善的工作应当是一件持续深入推进的长期工作。这项工作需要改革者始终保持内心的开放状态，意识到目前的改良在过去、现在、未来漫长的制度运行历程之中都仅仅只是一种暂时性整理方法而已，即法律制度的完善工作可能始终难称完满。本书的探讨虽暂告一段落，但这不意味着刑事强制措施体系化工作的完成。我国刑事强制措施制度应保持开放性，随着我国社会经济发展而不断完善，形成具有中国特色的刑事强制措施制度，充实具有中国特色的社会主义刑事诉讼法律制度，助益于实现国家治理体系和治理能力现代化，为开启全面建设社会主义现代化国家新征程、在新时代坚持和发展中国特色社会主义作出贡献。

参考文献

一、著（译）作

[1] 卞建林，杨宇冠. 非法证据排除规则实证研究［M］. 北京：中国政法大学出版社，2012.

[2] 陈光中. 刑事诉讼法［M］. 北京：北京大学出版社，2013.

[3] 陈瑞华. 比较刑事诉讼法［M］. 北京：北京大学出版社，2021.

[4] 陈卫东. 刑事诉讼法实施问题对策研究［M］. 北京：中国方正出版社，2002.

[5] 陈新民. 德国公法学基础理论（下）［M］. 山东：山东人民出版社，2001.

[6] 邓子滨. 刑事诉讼原理［M］. 北京：北京大学出版社，2019.

[7] 段书臣，刘澍. 证明标准问题研究［M］. 北京：人民法院出版社，2007.

[8] 樊崇义. 刑事审前程序改革与展望［M］. 北京：中国人民公安大学出版社，2005.

［9］顾敏康．逮捕、搜查与扣押的宪法问题：美国的经验教训［M］．北京：法律出版社，2009.

［10］顾祝轩．体系概念史——欧陆民法典编撰何以可能［M］．北京：法律出版社，2019.

［11］郭志远．证明标准研究——以刑事诉讼为视角［M］．北京：中国人民公安大学出版社，2010.

［12］郭烁．刑事强制措施体系研究：以非羁押性强制措施为重点［M］．北京：中国法制出版社，2013.

［13］高家伟．证据法基本范畴研究［M］．北京：中国人民公安大学出版社，2018.

［14］高景峰，杨雄．新刑事诉讼法强制措施解读［M］．北京：中国检察出版社，2012.

［15］高峰．刑事侦查中的令状制度研究［M］．北京：中国法制出版社，2008.

［16］洪浩．刑事诉讼法学［M］．武汉：武汉大学出版社，2019.

［17］洪浩．检察权论［M］．武汉：武汉大学出版社，2001.

［18］韩大元，王建学．基本权利与宪法判例［M］．北京：中国人民大学出版社，2013.

［19］黄茂荣．法学方法与现代民法［M］．北京：法律出版社，2007.

［20］胡锦光，韩大元．中国宪法［M］．北京：法律出版社，2004.

［21］胡杰．刑事诉讼对物强制措施研究［M］．武汉：武汉大学出版社，2018.

［22］赖玉中．刑事强制措施体系研究［M］．北京：中国政法大学出版社，2012.

［23］雷磊．法律体系、法律方法与法治［M］．北京：中国政法大学出版社，2016.

［24］连孟琦．德国刑事诉讼法［M］．台北：元照出版社，2016.

［25］林山田．刑事程序法［M］．台北：台湾五南图书出版有限公司，2000.

［26］林钰雄．干预处分与刑事证据［M］．北京：北京大学出版社，2010.

［27］梁慧星．民法解释学［M］．北京：法律出版社，2015.

［28］孟勤国．物权二元结构论——中国物权制度的理论重构［M］．北京：人民法院出版社，2002.

［29］马海舰．刑事侦查措施［M］．北京：法律出版社，2006.

［30］宋远升．刑事强制处分权的分配与制衡［M］．北京：法律出版社，2010.

［31］宋英辉，等．刑事诉讼原理［M］．北京：北京大学出版社，2014.

［32］孙连钟．刑事强制措施研究［M］．北京：知识产权出版社，2007.

［33］孙谦．逮捕论［M］．北京：法律出版社，2001.

［34］孙谦．刑事强制措施——外国刑事诉讼法有关规定［M］．北京：中国检察出版社，2017.

［35］孙远．刑事诉讼法解释问题研究［M］．北京：法律出版社，2016.

［36］孙长永．侦查程序与人权保障——中国侦查程序的改革和完善［M］．北京：中国法制出版社，2009.

［37］汪进元．基本权利的保护范围：构成、限制及其合宪性

[M]．北京：法律出版社，2013．

［38］魏玉民．非羁押性强制措施研究［M］．北京：法律出版社，2010．

［39］王兆鹏．美国刑事诉讼法［M］．北京：北京大学出版社，2005．

［40］王兆鹏．路检、盘查与人权［M］．台北：元照出版有限公司，2003．

［41］王兆鹏．刑事诉讼讲义［M］．台北：元照出版有限公司，2009．

［42］王利明．民法总则［M］．北京：中国人民大学出版社，2017．

［43］徐静村．刑事诉讼法学［M］．北京：法律出版社，2012．

［44］谢佑平．程序法定原则研究［M］．北京：中国检察出版社，2005．

［45］谢佑平，万毅．刑事侦查制度原理［M］．北京：中国人民公安大学出版社，2003．

［46］叶青．刑事诉讼法学专题研究［M］．北京：北京大学出版社，2007．

［47］杨雄．刑事强制措施的正当性基础［M］．北京：中国人民公安大学出版社，2009．

［48］杨解君．中国法律体系化的探索：行政法与相关部门法的交叉衔接研究［M］．北京：人民出版社，2014．

［49］张凌，于秀峰．日本刑事诉讼法律总览［M］．北京：人民法院出版社，2017．

［50］张建良．刑事强制措施要论［M］．北京：中国人民公安大学出版社，2005．

［51］张玉镶．刑事侦查学［M］．北京：北京大学出版社，2014．

［52］张红．基本权利与私法［M］．北京：法律出版社，2020．

［53］郑永流．法律方法阶梯［M］．北京：北京大学出版社，2020．

［54］中国社会科学院语言研究所词典编辑室．现代汉语词典［M］．北京：商务印书馆，2009．

［55］中国政法大学刑事法律研究中心．英国刑事诉讼法（选编）［M］．北京：中国政法大学出版社，2001．

［56］凯尔森．法与国家的一般理论［M］．沈宗灵，译．北京：商务印书馆，2013．

［57］维多利亚·科尔文，菲利普·斯坦宁．检察官角色的演变［M］．谢鹏程，等，译．北京：中国检察出版社，2021．

［58］汉斯-约格·阿尔布莱希特．德国检察纵论［M］．魏武，译．北京：中国检察出版社，2021．

［59］卡尔·拉伦茨．法学方法论［M］．陈爱娥，译．北京：商务印书馆，2003．

［60］克罗斯·罗科信．刑事诉讼法［M］．吴丽琪，译．北京：法律出版社，2003．

［61］马克思·韦伯．经济与社会［M］．阎克文，译．上海：上海人民出版社，2010．

［62］菲利普·米尔本，卡蒂亚·科斯图斯基，丹尼斯·萨拉斯．法国检察官［M］．刘林呐，等，译．北京：中国检察出版社，2021．

［63］孟德斯鸠．论法的精神［M］．张雁琛，译．北京：商务印书馆，1982．

［64］E·博登海默.法理学：法律哲学与法律方法［M］.邓正来，译.北京：中国政法大学出版社，2017.

［65］丹尼尔·J.凯普罗.美国联邦宪法第四修正案：令状原则的例外［M］.吴宏耀，译.北京：中国人民公安大学出版社，2010.

［66］罗纳尔多·V·戴尔卡门.美国刑事诉讼——法律和实践［M］.张鸿巍，译.武汉：武汉大学出版社，2006.

［67］肖恩·玛丽·博伊恩.德国检察机关职能研究——一个法律守护人的角色定位［M］.但伟，译.北京：中国检察出版社，2021.

［68］松尾浩也.日本刑事诉讼法［M］.丁相顺，译.北京：中国人民大学出版社，2005.

［69］田口守一.刑事诉讼法［M］.张凌，译.北京：中国政法大学出版社，2010.

［70］土本武司.日本刑事诉讼法要义［M］.董璠舆，译.台北：台湾五南图书出版有限公司，1997.

［71］约瑟夫·拉兹.法律体系的概念［M］.吴玉章，译.北京：商务印书馆，2017.

二、期刊论文

［1］卞建林.我国刑事强制措施的功能回归与制度完善［J］.中国法学，2011（6）.

［2］步洋洋.除魅与重构："捕诉合一"的辩证思考［J］.东方法学，2018（6）.

［3］陈光中，张小玲.中国刑事强制措施制度的改革与完善［J］.政法论坛，2003（5）.

［4］陈爱娥．法体系的意义与功能——借镜德国法学理论而为说明［J］．法治研究，2019（5）．

［5］陈庆安．我国限制出境措施问题研究［J］．政治与法律，2018（9）．

［6］陈卫东．逮捕程序司法化三题［J］．人民检察，2016（21）．

［7］陈金钊．体系思维的姿态及体系解释方法的运用［J］．山东大学学报（哲学社会科学版），2018（2）．

［8］陈金钊．体系语用的法思考［J］．东方法学，2021（1）．

［9］陈永生．论电子通讯数据搜查、扣押的制度建构［J］．环球法律评论，2019（1）．

［10］陈海平．论批捕权转隶法院［J］．河北法学，2021（6）．

［11］陈玉梅．隐私权的内涵略论［J］．求索，2008（11）．

［12］陈轶．我国取保候审制度的完善——从无罪判决的实证分析入手［J］．政治与法律，2005（2）．

［13］陈学权．论刑事诉讼中被追诉人的财产权保护［J］．学术研究，2005（12）．

［14］陈秀平，陈继雄．法治视角下公权力与私权利的平衡［J］．求索，2013（10）．

［15］程味秋，杨宇冠．美国刑事诉讼中逮捕和搜查［J］．中国刑事法杂志，2001（5）．

［16］程雷．大数据侦查的法律控制［J］．中国社会科学，2018（11）．

［17］崔凯．《监察法》"互相配合，互相制约"原则的明确及展开［J］．中南大学学报（社会科学版），2021（4）．

[18] 崔敏，郭玺. 论搜查程序 [J]. 中国刑事法杂志，2004 (5).

[19] 邓子滨. 路检盘查的实施依据与程序监督 [J]. 法学研究，2017 (6).

[20] 杜红原. 隐私权的判定——"合理隐私期待标准"的确立与适用 [J]. 北方法学，2015 (6).

[21] 冯威. 法律体系如何可能？——从公理学、价值秩序到原则模式 [J]. 苏州大学学报（法学版），2014 (1).

[22] 樊崇义. "以审判为中心"与"分工负责、互相配合、互相制约"关系论 [J]. 法学杂志，2015 (11).

[23] 樊崇义，赵培显. 我国强制措施制度的进步与发展 [J]. 人民检察，2012 (17).

[24] 樊奕君. 比例原则视角下刑事强制措施价值平衡研究 [J]. 中国刑事法杂志，2011 (12).

[25] 方柏兴. 对物强制处分的功能定位与结构重塑 [J]. 北京理工大学学报（社会科学版），2019 (1).

[26] 郭建果，钱大军. 法律体系的定义：从部门法模式到权利模式 [J]. 哈尔滨工业大学学报（社会科学版），2021 (6).

[27] 郭志远. 我国逮捕证明标准研究 [J]. 中国刑事法杂志，2008 (5).

[28] 郭华. 技术侦查中的通讯截取：制度选择与程序规制——以英国法为分析对象 [J]. 法律科学（西北政法大学学报），2014 (3).

[29] 郭烁. 新刑诉法背景下的强制措施体系 [J]. 政法论坛，2014 (5).

[30] 洪浩. 我国"捕诉合一"模式的正当性及其限度 [J]. 中国刑事法杂志，2018 (4).

[31] 洪浩. 从"侦查权"到"审查权"——我国刑事预审制度改革的一种进路 [J]. 法律科学（西北政法大学学报），2018（1）.

[32] 侯晓焱. 论我国搜查证明标准的完善 [J]. 国家检察官学院学报，2006（1）.

[33] 黄文艺. 法律体系形象之解构与重构 [J]. 法学，2008（2）.

[34] 黄波. 比例原则适用于未决羁押的路径研究——以羁押时间为样本 [J]. 江苏社会科学，2018（3）.

[35] 何家弘. 从侦查中心转向审判中心——中国刑事诉讼制度的改良 [J]. 中国高校社会科学，2015（2）.

[36] 胡之芳，郑国强. 论逮捕证明标准 [J]. 湖南科技大学学报（社会科学版），2012（3）.

[37] 胡铭，龚中航. 大数据侦查的基本定位与法律规制 [J]. 浙江社会科学，2019（12）.

[38] 侯晓焱. 论我国搜查证明标准的完善 [J]. 国家检察官学院学报，2006（1）.

[39] 吉冠浩. 刑事证明标准的形式一元论之提倡——兼论审判中心主义的实现路径 [J]. 证据科学，2015（6）.

[40] 蒋石平. 论侦查行为的实施原则 [J]. 西南民族大学学报（人文社会科学版），2007（7）.

[41] 金石. 刑事诉讼强制措施的适用应遵守比例原则——兼论相关检察监督 [J]. 西南政法大学学报，2006（4）.

[42] 李建明. 强制性侦查措施的法律规制与法律监督 [J]. 法学研究，2011（4）.

[43] 李栋. 萨维尼法学方法论的内容及其展示 [J]. 法治现代化研究，2020（1）.

[44] 李建良. 德国基本权理论概要——兼谈对台湾的影响[J]. 月旦法学教室, 2011 (2).

[45] 李明. 论刑事强制措施法定原则——兼评程序法定原则[J]. 中国刑事法杂志, 2008 (3).

[46] 李蓉. 论刑事诉讼权力配置的均衡[J]. 中国人民大学学报, 2006 (4).

[47] 李累. 论法律对财产权的限制——兼论我国宪法财产权规范体系的缺陷及其克服[J]. 法制与社会发展, 2002 (2).

[48] 林钰雄. 科技侦查概论（上）——干预属性及授权基础[J]. 月旦法学教室, 2021 (2).

[49] 林钰雄. 科技侦查概论（下）——干预属性及授权基础[J]. 月旦法学教室, 2021 (3).

[50] 林偶之. 功利主义视角下的刑事强制措施[J]. 西南法律评论, 2018 (1).

[51] 龙建明. 对物强制处分中被追诉人财产权保护研究[J]. 内蒙古社会科学, 2016 (1).

[52] 卢燕. 权力与权利的平衡——构建和谐社会的基石[J]. 求实, 2006 (8).

[53] 雷磊. 寻找"新样式"的法哲学——阿道夫默克尔的一般法学说述略[J]. 中国法律评论, 2020 (4).

[54] 雷磊. 融贯性与法律体系的建构——兼论当代中国法律体系的融贯化[J]. 法学家, 2012 (2).

[55] 刘根菊, 杨立新. 逮捕的实质性条件新探[J]. 法学, 2003 (9).

[56] 刘金友, 郭华. 搜查理由及其证明标准比较研究[J]. 法学论坛, 2004 (4).

［57］刘洋．检察理念革新视阙下知识产权犯罪中被害人的权益保护［J］．犯罪研究，2020（5）．

［58］刘玫，宋桂兰．论刑事诉讼强制措施之立法再修改——以刑事诉讼法修正案（草案）为蓝本［J］．甘肃政法学院学报，2011（6）．

［59］刘剑文．论领域法学：一种立足新兴交叉领域的法学研究范式［J］．政法论丛，2016（5）．

［60］刘中起，郑晓茹．流变中的公权力与私权利：从边界模糊走向制度平衡——〈权力与权利：共置和构建〉评介［J］．湖北大学学报（哲学社会科学版），2018（1）．

［61］梁迎修．方法论视野中的法律体系与体系思维［J］．政法论坛，2008（1）．

［62］蒙晓燕．法治国转型下的法律体系化建设［J］．北京社会科学，2015（7）．

［63］闵春雷．严格证明与自由证明新探［J］．中外法学，2010（5）．

［64］闵春雷．论审查逮捕程序的诉讼化［J］．法制与社会发展，2016（3）．

［65］马荣春．论刑法的和谐［J］．河北法学，2006（12）．

［66］马斌．作为制度体系的法：成因、主题及启示［J］．西部法学评论，2016（4）．

［67］马方．刑事传唤制度刍议［J］．人民检察，2005（23）．

［68］钱大军，马新福．法律体系的重释——兼对我国既有法律体系理论的初步反思［J］．吉林大学社会科学学报，2007（2）．

［69］冉克平．论人格权法中的人身自由权［J］．法学，2012（3）．

［70］秦策．比例原则在刑事诉讼法中的功能定位——兼评

2012年〈刑事诉讼法〉的比例性特色［J］．金陵法律评论，2015（3）．

［71］上官丕亮，秦绪栋．私有财产权修宪问题研究［J］．政治与法律，2003（2）．

［72］孙秋杰．和谐视野下权力与权利的互动平衡论略［J］．甘肃社会科学，2007（6）．

［73］孙谦．论逮捕的证明要求［J］．人民检察，2000（5）．

［74］宋英辉．完善刑事强制措施的理念与总体构想［J］．人民检察，2007（14）．

［75］宋宝莲，李永航．审查逮捕听证机制的实践思考［J］．中国检察官，2015（9）．

［76］孙长永．少捕慎诉慎押刑事司法政策与人身强制措施制度的完善［J］．中国刑事法杂志，2022（2）．

［77］尚彦卿．论分权制衡机制之下执行机构的设置——从民事执行权配置的视角出发［J］．法律适用，2013（12）．

［78］谭秀云．刑事扣押的"相当理由"证明标准及其规制路径［J］．证据科学，2018（2）．

［79］陶芳德，王雷．我国刑事强制措施适用现状及完善［J］．中国刑事法杂志，2010（6）．

［80］唐磊．论我国取保候审制度的完善［J］．社会科学研究，2005（1）．

［81］瓮怡洁．我国刑事搜查、扣押制度的改革与完善［J］．国家检察官学院学报，2004（5）．

［82］吴玉章．论法律体系［J］．中外法学，2017（5）．

［83］吴巡龙．限制出境新制［J］．月旦法学教室，2019（10）．

［84］温军，张雪妲．强制性侦查措施检察监督研究——"以

审判为中心"背景下的侦查权法律控制思考［J］. 学习与探索，2017（1）.

［85］万毅. 论强制措施概念之修正［J］. 清华法学，2012（3）.

［86］万毅. 论我国刑事强制措施体系的技术改良［J］. 中国刑事法杂志，2006（5）.

［87］王守安. 批准逮捕权应交给法院吗？［J］. 人民检察，2000（8）.

［88］王贞会. 刑事强制措施的基本范畴——兼评新〈刑事诉讼法〉相关规定［J］. 政法论坛，2012（3）.

［89］王戬. 规范与当为：宪法与刑事诉讼的良性互动［J］. 法学，2003（7）.

［90］王传红. 创新检察机关侦查监督工作若干问题研究［J］. 人民检察，2018（21）.

［91］王利明. 隐私权概念的再界定［J］. 法学家，2012（1）.

［92］王兆鹏. 重新定义高科技时代下的搜索［J］. 月旦法学杂志，2003（2）.

［93］王东. 技术侦查的法律规制［J］. 中国法学，2014（5）.

［94］项焱，张烁. 英国法治的基石——令状制度［J］. 法学评论，2004（1）.

［95］徐阳. 我国刑事诉讼强制措施权性质之辨析——分权视野的审视［J］. 大连理工大学学报（社会科学版），2010（2）.

［96］谢佑平，张海祥. 论刑事诉讼中的强制措施［J］. 北京大学学报（哲学社会科学版），2010（2）.

［97］谢佑平，贺贤文. 论我国刑事强制措施的完善［J］. 法治研究，2010（5）.

[98] 薛向楠. 中国刑事拘留制度的发展轨迹与完善路径（1954—2018）[J]. 中国政法大学学报, 2019（3）.

[99] 邢小兵, 张仁杰, 李德胜. 逮捕司法化转型的实践困境反思[J]. 中国检察官, 2017（11）.

[100] 杨依. 我国审查逮捕程序中的"准司法证明"——兼论"捕诉合一"的改革保障[J]. 东方法学, 2018（6）.

[101] 杨雄. 刑事身体检查制度的法理分析[J]. 中国刑事法杂志, 2005（2）.

[102] 杨代雄. 萨维尼法学方法论中的体系化方法[J]. 法制与社会发展, 2006（6）.

[103] 杨立新. 制定我国人格权法应当着重解决的三个问题[J]. 国家检察官学院学报, 2008（3）.

[104] 杨波. 审判中心下统一证明标准之反思[J]. 吉林大学社会科学学报, 2016（4）.

[105] 易延友. 刑事强制措施体系及其完善[J]. 法学研究, 2012（3）.

[106] 叶青, 张少林. 法国预审制度的评析与启示[J]. 华东政法大学学报, 2000（4）.

[107] 张新宝. 从隐私到个人信息：利益再衡量的理论与制度安排[J]. 中国法学, 2015（3）.

[108] 张翔. 分权制衡原则与宪法解释——司法审查以及宪法法院制度下的经验与理论[J]. 法商研究, 2002（6）.

[109] 张能全. 审判中心视野下的我国侦诉审关系原则调整与制度构想[J]. 广东行政学院学报, 2020（5）.

[110] 张可. 大数据侦查之程序控制：从行政逻辑迈向司法逻辑[J]. 中国刑事法杂志, 2019（2）.

[111] 张莉. 隐私权的内涵分析[J]. 中国司法, 2007（9）.

［112］张青山，曲信奇. 论逮捕必要性条件的司法审查模式［J］. 法学杂志，2010（5）.

［113］邹定华，蔡春生. 2013年桂林市检察机关适用指定居所监视居住强制措施的调查报告［J］. 中国刑事法杂志，2014（1）.

［114］周长军. 现行犯案件的初查措施：反思性研究——以新〈刑事诉讼法〉第117条对传唤、拘传的修改为切入［J］. 法学论坛，2012（3）.

［115］周欣. 侦查权与检察权、审判权关系解析［J］. 法学杂志，2007（3）.

［116］周睦棋. 中国刑事强制措施体系的价值转型与程序改革［J］. 中国人民公安大学学报（社会科学版），2015（6）.

［117］周新. 审查逮捕听证程序研究［J］. 中外法学，2019（4）.

［118］左卫民. 健全分工负责、互相配合、互相制约原则的思考［J］. 法制与社会发展，2016（2）.

［119］郑曦. 刑事诉讼个人信息保护论纲［J］. 当代法学，2021（2）.

［120］郑锦春，任勇飞. 对我国刑事强制措施制度改革完善之思考［J］. 中国刑事法杂志，2011（5）.

［121］赵祖斌. 论捕诉合一的边界［J］. 中国人民公安大学学报（社会科学版），2020（3）.

［122］朱嘉珺. 数字时代刑事侦查与隐私权保护的界限［J］. 环球法律评论，2020（3）.

［123］朱孝清. 略论"以审判为中心"［J］. 人民检察，2015（1）.

［124］朱良. 我国企业合规不起诉的实践样态与建构路径［J］. 北方法学，2022（5）.

[125] 朱福惠. 基本权利刑事法表达的宪法价值 [J]. 政法论坛, 2018 (4).

三、博硕士学位论文

[1] 郭松. 话语、实践与制度变迁——中国当代审查逮捕制度实证研究 [D]. 四川：四川大学, 2008.

[2] 林感. 我国侦查程序中强制措施证明标准的研究——以美国法为参考 [D]. 北京：中国政法大学, 2017.

[3] 宋远升. 刑事强制处分权的分配与制衡 [D]. 上海：复旦大学, 2010.

[4] 王满生. 刑事诉讼中程序法事实的证明研究 [D]. 重庆：西南政法大学, 2011.

[5] 万毅. 财产权与刑事诉讼——以被追诉人财产权保障为视角 [D]. 四川：四川大学, 2005.

四、外文文献

[1] Amrutanshu Dash, Dhruv Sharma. Arrest Warrants at the International Criminal Court: Reasonable Suspicion or Reasonable Grounds to Believe?[J]. International Criminal Law Review. 2016, 16 (1).

[2] Corey Whichard and Richard B. Felson. Are Suspects who Rssist Arrest Defiant, Desperate, or Disoriented [J]. Journal of Research in Crime and Delinquency, 2016, 53 (4).

[3] Crespo, Andrew Manuel. Probable Cause Pluralism [J]. Yale Law Journal, 2020, 129 (5).

[4] Christopher Slobogin. Policing, Databases, and Surveillance.

[J]. Criminology, Criminal Justi-ce, Law & Society, 2017, 18 (3).

[5] Joanne Choi. Administrative Turned Criminal Searches: The Fragmented Privacy Rights of Occupants in Condemned Housing [J]. Berkeley Journal of Criminal Law, 2020, 25 (2).

[6] Jacqueline G Lee, Alexander Testa. Evidence, Arrest Circumstances, and Felony Cocaine Case Processing [J]. Criminology, Criminal Justice, Law&Society, 2020, 21 (1).

[7] John R. Turner, Craig Hemmens, Adam K. Matz, Is it Reasonable? A Legal Review of Warrantless Searches of Probationers and Parolees [J]. Criminal Justice Policy Review, 2016, 27 (7).

[8] Maureen B. Brady. The Lost Effects of the Fourth Amendment: Giving Personal Property Due Protection [J]. Yale Law Journal, 2016, 125 (4).

[9] Robert M. Bloom, William T. Clark. Small Cells, Big Problems: The Increasing Precision of Cell Site Location Information and the Need for Fourth Amendment Protections [J]. The Journal of Criminal Law & Criminology, 2017, 106 (2).

[10] Steven Grossman. Whither Reasonable Suspicion: The Supreme Court's Functional Abandonment of the Reasonableness Requirement for Fourth Amendment Seizures [J]. American Criminal Law Review, 2016, 53 (2).

[11] Thomas Y. Allman. The Proportionality Principle after the 2015 Amendments [J]. Defense Counsel Journal, 2016, 83 (3).

后　记

对人的一生来说，六年的时间算不上短暂。但是，在珞珈山上的六年时光却让我觉得时间如此易逝。这六年的求学与生活经历是我人生当中的重要一段，拥有它的意义远非最终的结果所能涵盖。现在，我已与这段经历挥手作别，从珞珈山上的一名学生转变为人民法院的一名干警。本书既是我对学生身份的告别，也是对司法实务工作者身份的迎接。在写作本书时，我花费了一些气力和心血，但是由于自身学术水平的粗浅，本书可能未达到令人满意的程度。如果不是得到了很多人的帮助，本书恐怕也难以顺利出版。

本书是在我的导师洪浩教授的指导下，修改我的博士毕业论文而形成的成果。在我写作博士毕业论文期间，洪浩老师对我给予了细致全面的指导，提出未来希望我能够将本书付梓。在我从武汉大学法学院毕业后，洪浩老师鼓励我进入司法实务部门工作，加深对我国司法实践的理解，令自己的论文能有点"血肉"。同时，洪浩老师仍旧一直对我的学习写作给予关注和指点，嘱咐我平时要笔耕不辍，不断完善博士毕业论文。最终，本书书稿得以完成。更为重要的是，洪浩老师在指导我写作本书的过程中对"体系化"研究思路颇为强调，指出需要以宏大的理论视野尝试对我国刑事强制措施制度作体系化完善。这种研究思路基本贯穿于本书写作之始终，同时它也对我参加工作后的司法实践活动产生了积极影响。在实践中，或许是受到了来自理论研究方法的启发，我开始更习惯于从体系的视角看待实践中的新法制定、法律适用、制度建构、机关运行等基本问题，使自己能够有更为丰富且全面的思考。

在本书的写作过程中，感谢浙江大学的王敏远教授，感谢中南财经政法大学的蔡虹教授、杨宗辉教授与童德华教授，感谢武汉大学的蔡杰教授、占善刚教授、刘学在教授、林莉红教授、何荣功教授、崔凯副教授，感谢华中科技大学出版社对本书的支持。各位老师在我的博士毕业论文选题、开题、预答辩、答辩、修改等各个环节提出了许多宝贵的意见，对本书的完稿意义重大。尤其，我不会忘记2022年5月29日下午举行的那场博士毕业论文答辩。在答辩现场，各位老师仔细评点我的博士毕业论文，对博士毕业论文的章节排列、篇章题目、格式规范、措辞运用等问题进行了校正，提出的各项意见基本都被我吸收进了本书当中，使得本书的学术规范性和写作效果有了质的提高。

感谢王超博士、滕甜甜博士、张琦博士、陈哲博士、侯韦锋博士、李冠男博士、方姚博士、朱良博士、林海伟博士、赵祖斌博士、钟宇晴博士、史哲睿博士、赵晏民博士、钱程博士等同窗好友。因为有你们的无私帮助，我的博士毕业论文写作以及答辩才能够顺利完成。衷心感谢你们在自己繁重的学业压力下仍旧为我分担了不少工作，真诚祝福你们能够在未来拥有自己喜欢的生活和工作状态。同时，感谢我现在的工作单位武汉东湖新技术开发区人民法院，感谢该院的各位领导和同事，给我提供了这样一个宝贵的机会，得以在司法实务部门完成本书的出版工作，架起了理论研究和司法实践的桥梁。

要特别感谢我的家人。感谢我的父母。当我在武汉大学法学院攻读硕士研究生学位时，充分尊重我的个人想法，支持我继续攻读博士研究生学位，给予我物质上的帮助。在我参加工作后，充分信任和关爱我，使我能够全身心地投入到工作当中而不被生活琐事过多牵绊。感谢我的妻子高祺女士。在我写作博士毕业论文之时，你我尚未成婚，你对我的个人选择给予了充分的理解和支持。在本书修改过程之中，你在工作之余帮助我修改格式与错别字，可以说这本书也饱含着你的汗水。在本书出版之际，你我已成婚一年有余，我们早已携手进入了新的人生阶段。现在，你我已经成为了对方的动力之源，共同给我们的生活写下了绚烂的文字，给我们的生命涂上了斑斓的色彩。未来，愿我们一同向前，成就属于我们自己的人生佳作。

心中所感谢者甚多，难以全部付诸笔端。最后，再次真诚地感谢各位师友亲人，祝福大家身体健康、一帆风顺！

程　光

2023 年 12 月 25 日

于湖北省武汉市